中华易学

爱新觉罗·启骧题

张涛 主编

第二卷

人民出版社

责任编辑:宫　共
封面设计:源　源

图书在版编目(CIP)数据

中华易学. 第二卷/张涛 主编. —北京:人民出版社,2018.12
ISBN 978-7-01-020215-0

Ⅰ.①中…　Ⅱ.①张…　Ⅲ.①《周易》-研究　Ⅳ.①B221.5

中国版本图书馆 CIP 数据核字(2018)第 285614 号

中华易学

ZHONGHUA YIXUE

第二卷

张　涛　主编

人民出版社 出版发行
(100706　北京市东城区隆福寺街 99 号)

中煤(北京)印务有限公司印刷　新华书店经销

2018 年 12 月第 1 版　2018 年 12 月北京第 1 次印刷
开本:710 毫米×1000 毫米 1/16　印张:22.5　字数:303 千字

ISBN 978-7-01-020215-0　定价:60.00 元

邮购地址 100706　北京市东城区隆福寺街 99 号
人民东方图书销售中心　电话 (010)65250042　65289539

目　录

《周易》研究当代转化的关键

——立足中国，借鉴国外

涂道一

摘要： 20世纪初，随着西方列强的入侵、中国被半殖民地化等，《周易》的文化价值在学术界受到质疑。近百年来，已发表的有关《周易》文化的论著，大多数是依据西方思想体系来对《周易》中的关键词进行的解读，虽然一定程度上起到维护和解读《周易》的积极作用，但是也造成对它深层次的误解。《周易》的核心思想源自中华传统农业大地，几千年来，推进了中华民族天地人的和谐发展，它的许多基本理念是无法用西方思想体系来进行完整的解读。因此，新时代对《周易》的文化解读和研究需要进入新阶段，尤其是《周易》的当代转化，需要立足于中国，立足于《周易》自身的发展沃土，才能正确认识和对待《周易》。只有立足于中华思想体系，才能真正突出文化优势，发挥文化软实力的作用。

关键词：《周易》 认识 质疑 新阶段

在中国古代，对于"易道广大，无所不包"是有共识的，《周易》被尊称为"群经之首"，是中华文化的核心内容之一。但是，近百年来，西方思想体系占据主要地位，《周易》被质疑、边缘化，甚至虚无化。在新时代，提升民族文化自信，要从传统文化"汲取中国智慧、弘扬中国精神、传播中国价值"，需要对《周易》认识进行新的定位。

一、20世纪的《周易》认识：从质疑到客观评价

20世纪初，随着西方列强的入侵，中国被半殖民地化。五四以后相当长时期内，学术界一般认为：中国落后"挨打"的思想根源是中华传统文化，《周易》被认为是迷信的、反科学理性的，甚至被视为中华民族在近代落后的"罪魁祸首"，一些人提出"打倒孔家店""全盘西化"的口号。在这一期间，《周易》在学术界一些学派内是被全盘否定的。

后来，许多人认识到，全盘否定中华传统文化的看法是片面的，对中华传统文化应是：取其精华，去其糟粕；去粗取精，去伪存真；好的传承，不好的批判。这成为对中华经典近代转化的基本态度，一直延续至今。这样一来，中华文化中部分内容开始被从不同角度进行研究，对《周易》中的"精""真"也展开了讨论。

继承发扬传统文化"精华"的前提工作就是要鉴别它的优劣的准则。长期以来，国内学术界评判"精华"的准则不自觉（或自觉）地主要以西方思想体系为标准。这是因为百年来中国人的理想是：要像西方发达国家那样富强起来，形成只有学习（模仿）西方发达国家（包括文化、科学、经济、政治等各个方面等）才是正确的潜意识。

在20世纪初，《周易》被认为是占卜记录的汇集，是在几千年前社会生产水平低下的情况下产生的，是以巫教神学形式反映了人们对自然现象以及人与自然关系的了解，是一部筮书。中华经典中，对《周易》认识的现代转化开始较晚，国内大致开始在20世纪下半叶，主要反映在《周易》与自然科学的关系（科学易）的探讨[①]。许多人已经开始承

---

① 徐道一：《周易科学观》，地震出版社1992年版。

认《周易》中许多理念的重要价值，但是还是在使用西方思想体系基本概念来解读《周易》。这是由于在他们的潜意识中，把西方思想体系作为普世标准，"理直气壮"地用来解读《周易》。这使很多学者认为：《周易》中凡是符合科学认识的都是可以被认可的；凡是与科学认识不一致的都是不能承认的。

一百年来，已发表的许多立足于弘扬《周易》的著作，其中大多数是依据西方思想体系的科学、逻辑、模型、实验、物质、能量等角度来对太极、阴阳、八卦、五行、天干地支、"道"等重要概念的理解和论述。在当时，这一定程度上起到维护和解读《周易》的积极作用，但是也造成对它们的深层次的误解。

突出的例子是对《周易》等著作中的"道"的论述。李焕喜提出："用今天的话来说，《老子》所说的道，主要是指客观存在于宇宙天地之中的自然能量"，"如果我们把道比喻成自然能量或者大气，道的物质性、道的永恒性、道的空间性、道与万物（生命）的相互关系等问题，可能就比较容易理解了"，"老子所谓的道，庄子等所谓的气，与我们今天所说的能量，似乎存在着某种天然的内在联系，即本质上它们应当是相同性质的思维"。[1]

"能量"一词在西方思想体系已有明确的含义，它与物质密切相关。太阳、水、风等具有能量，石油、煤、木等燃烧产生能量，把"道"说成是"自然能量"，显然不能正确地理解中华思想体系中"道"的含义。这反映一些学者立足于西方思想体系来片面认识我国古代概念的一个走极端的例子。[2]

---

[1]　李焕喜：《一个自然科学家所领悟的老子人文智慧》，开明出版社 2016 年版。

[2]　徐道一：《增强对周易的文化自信》，见秦文学主编《2017 海峡两岸周易文化论坛暨第二十八届周易与现代化国际讨论会论文集（义理)》，（香港）中国科技教育出版社 2017 年版。

二、质疑《周易》的深层次原因

一些学者进行中西文化的对比研究中，对中华文化进行过比较多的了解和探讨，但是，对它的认识还是存在着许多似是而非的缺陷。这主要由于他们看待中华文化的立足点还是西方思想体系，使他们无法对中华文化做进一步深入探讨。

在接受"取其精华，去其糟粕"以后，许多学者"以西方思想体系为榜样"的主导思想并没有根本性改变。多年来被承认为传统文化"精华"的内容局限于在西方不具有主流的社会科学、哲学领域，其中多数是"局部的""次要的"，不涉及根本性问题，从而形成了立足于西方思想体系来解读中华传统文化的基本格局。

把《周易》看成为"落后"的潜在依据是：《周易》是扎根于农业社会的。传统农业与近代工业相比较，工业的生产效率高，代表先进生产力，代表未来社会发展方向。传统农业（小农经济）生产效率较低，而被认为是落后生产力的代表，定位为被逐渐淘汰的产业部门，要由高效、高产的工业化农业取而代之。《周易》是古代中华农业文明的产物，也是古人对农业生产和社会实践经验的理论总结，从而在现代也被认为是在根本上要被淘汰的思想，只是其中某些局部在当代可能有用。

然而，20世纪工业社会发展的突出问题是：一方面它推进了人类社会的发展，同时也带来了严重问题，需要对上述的基本认识进行反思。

古代西方文明的载体开始是工商业，是城市，它的鼎盛、衰微和农村没有关系。近代工业生产体现着人和自然之间的物质变换方式，但是，生产中的自然物质已是脱离（割离）了生态和环境的具体物体。工业（商业）的生产基本上是封闭的，只要那里"有利可图"，就可搬到那里，因此是自由的、无根的，是基本上不关心生态环境问题的。① 工业（商业）的生产是在与周围环境基本隔离（封闭）的条件下进行的（不需要考虑或很少受生态环境因素的影响），从而生产效率高，对生态环境的破坏效率也很高。此外，工业产品是无机物或是不具有生命的有机物，它们可以在非生态和封闭环境中生产。

20 世纪 80 年代，联合国教科文组织召开了三次"科学与文化"国际学术会议。在第二次会议发表的"关于二十一世纪生存的温哥华宣言"中提出："人类面临的形势是，在人类和地球其它生物之间的平衡已濒临崩溃。……问题的根源……在于某些科学上的进步……即把世界当作一家机器。……（更新思想）要求从根本上改革发展模式。"②

这需要从根本上反思对农业的看法。农业的产品是生命体，离不开土地，农业生产和周围环境（绿水青山、空气等）密切联系，不可分割，即古人反复强调的"天时、地利、人和"，也就是与生态、环境密切有关，因此农业具有重视生态的基本性质。

钱穆说："人类文化，由源头处看，大致不外三型。1. 游牧文化；2. 农耕文化；3. 商业文化。……此三型文化，又可分成两类。游牧和商业文化为一类，农耕文化为一类。"③ 汪国风引用上述钱穆论据后说："农耕文化的命根子是经过开垦、能够稳产或高产的土地，农民被束缚在土地这条根上，从而便形成安土重迁等观念。"④

传统农业与商业（工业）在生产方式上存在根本性的差别：前者与生态环境有密切联系，从而农民是全心全意地要保护好土地，以及与此有关的绿水青山、生命体和其他的环境要素。土地是不能随意搬运的，因而农民有需要为自身长期考虑（即持续发展思想）的观念。

---

① 张孝德：《走向生态文明 中国和平崛起的文明创新之路》，《中国经济时报》2011 年 12 月 28 日。

② 徐道一：《走向生态伦理——记"科学与文化"第三次国际学术会议》，《自然辩证法研究》1992 年第 10 期，第 69 页。

③ 钱穆：《中国文化史导论》，商务印书馆 1994 年版，第 2 页。

④ 汪国风：《两种不同类型的文化》，《徐州师范大学学报》（社会科学版）2005 年第 6 期。

中国的传统农业持续发展几千年，农作物产量逐步提高，与生态环境基本协调，证明所生产的农产品是生态的、安全的，没有破坏土地、水等环境，并有利于健康。

从农业具有生态特性的角度来看，扎根于农业的《周易》也具有这一特性，它强调"天地人三才之道"，在八卦中强调乾卦和坤卦等的深刻含义就可理解了。

中华文明能持续发展的另一重要因素是特殊的地理环境：几百万年以来青藏高原的不断隆起。我国西部青藏高原（被称为"世界屋脊""地球第三极"）在近几百万年不断地隆起，形成的特殊地质、地理、气象条件，对全球，尤其是中国大陆的地貌、气候、生物等变化具有重要作用和影响，对近万年来中华文明形成过程也发生了重要影响。①

《周易》的核心思想是"一阴一阳之谓道""与天地准""天人合一"等。它和其他中华经典都源自传统农业的大地，也推进了中华民族几千年来与天地人的基本和谐发展。它们的许多基本理念是无法立足于西方思想体系来进行完整地解读的。

三、在新时代对《周易》研究需要进入新阶段

21世纪人类社会将从以人为中心的突出"高效率"（同时高消耗、高浪费、高污染）的工业社会走向生态社会。生态社会是以资源环境承载能力为基础的，以人与人、人与自然的和谐共生为发展宗旨的，从而达到长治久安（持续发展）。

2016年5月17日，习近平同志在京主持召开哲学社会科学工作座谈会上的讲话（以下简称"5.17讲话"）中提出当前存在问题时指出"学术原创能力还不强"；在"加快构建中国特色哲学社会科学"一节中

---

① 徐道一：《青藏高原的剧烈隆起对中华文明产生的影响》，《古地理学报》2004年第2期。

又指出"要按照立足中国、借鉴国外，挖掘历史、把握当代，关怀人类、面向未来的思路"。这为《周易》的当代转化指出了方向。

对中华传统文化的当代转化，尤其是《周易》的当代转化，它的关键应是立足于中国，而不是立足于国外。

西方科学尽管高深，但存在不少违反自然规律（尤其是与生态、环境有关）的东西，长期发展下去，对人类的持续发展和生存不利。科学正处于大转折时期，未来主导产业革命的方向可能是主要发展生态产业。①

中国古代知识体系（以《周易》为其理论核心）在许多理论概念上与西方科学不同。中华文化是不分唯心、唯物的，是心物一体的；它不按西方科学的学科来分类，而是对天地人进行整体考察；它着重于整体、有机、综合地研究自然、社会各种事物，建立了独特的理论体系和方法，从而形成了与科学有很大差异的特殊体系。从自然观、研究对象、研究方法、发展观和哲学观念等论证了《周易》与西方科学是两个具有基本差异的思想体系。②

《周易》与科学存在显著差异，两者的关系主要应该是互补关系，两者可以互相取长补短，但是不能以此代替彼，更不宜立足于以一个思想体系的基本概念来解读另一个思想体系的基本概念。这是文化自信的基本要求。③

党的十九大报告中指出要坚定中国特色社会主义"道路自信、理论自信、制度自信"，说到底是要坚定文化自信。"文化自信是一个国家一个民族发展中更基本、更深沉、更持久的力量。"习近平同志还指出：

---

① 欧阳志远：《生态化——第三次产业革命的实质与方向》，中国人民大学出版社 1994 年版。

② 徐道一：《周易与科学的一些基本概念的比较研究》，[韩国]《东洋社会思想》2003 年第 3 期，第 234 页。

③ 徐道一：《增强对周易的文化自信》，见秦文学主编《2017 海峡两岸周易文化论坛暨第二十八届周易与现代化国际讨论会论文集（义理）》，（香港）中国科技教育出版社 2017 年版。

"历史和现实都表明，一个抛弃了或者背叛了自己历史文化的民族，不仅不可能发展起来，而且很可能上演一幕历史悲剧。"

2013年8月，习近平同志在全国宣传工作会议上的讲话中指出："讲清楚中华优秀传统文化是中华民族的突出优势，是我们最深厚的文化软实力。"当前在讲"突出优势"时是立足于西方思想体系的基本概念来论证的，存在一些根本性的缺陷。只有立足于中华思想体系，才能真正讲清楚突出优势，发挥文化软实力的效果。

作者单位：中国地震局

从诠释视域剖析《周易》的"阴阳观"

（中国台湾）赵中伟

摘要：《周易》的"阴阳"，是易学中一个重要的对偶范畴。"阴阳"二字，从本义的"日照的向背"，理解和解释为"太极"或"道"，化生万物变化对立的气，其诠释发展是如何产生的？本文从四个角度，包括"阴阳"意义为何不返回本义、"阴阳"意义的本体论发展、"阴阳"意义的"视域（界）融合"以及"阴阳"诠释的无止尽发展等，来探析"阴阳"诠释视域的特色与价值。现今诠释学的发展，是以德国海德格尔的"此在诠释学"及德国伽达默尔的"语言诠释学"为核心，本文以其学说作为论证的重点以及依据，以剖析"阴阳"的诠释意义与价值。潘德荣在《诠释学导论》指出，在伽达玛（即伽达默尔）看来，诠释学的问题不仅从起源的意义超越了现代科学方法论的范围；并且，理解与解释显然组成了人类的整个世界经验。此明白表示，"理解与解释显然组成了人类的整个世界经验"。职此之故，《周易》的"阴阳"观，就是在理解与解释之中，将诠释展现了最大的内涵能量与实际效用。其"阴阳"诠释视域的特色为：第一项特点诠释是开放性而非保守性；第二项特点诠释是融合性而非排他性；第三项特点诠释是创新性而非僵化性；第四项特点诠释是本体性而非现象性；第五项特点诠释是无限性而非有限性。

关键词：周易　阴阳　诠释哲学　视域融合　本体诠释

现今哲学研究的方向，已从传统关于"本义"探求的文字训诂，提升到理解与解释的"诠释哲学"，迈向了诠释的新里程。这包括德国海德格尔的"此在诠释学"及德国伽达默尔的"语言诠释学"之理解与解释及应用。

在《周易》的研究当中，"阴阳"是易学中一个重要的对偶范畴，即展现了"诠释哲学"的特色，将诠释展现了最大的内涵能量与实际效用。本文从四个角度，包括"阴阳"意义为何不返回本义、"阴阳"意义的本体论发展、"阴阳"意义的"视域（界）融合"以及"阴阳"诠释的无止尽发展等，来探析"阴阳"诠释视域的特色与价值。

一、哲学研究，从"本义"的探求
提升到"诠释哲学"

依历史发生顺序，"阴阳"二字连用，最早见于《诗经·大雅·公刘》"既溥既长，既景乃冈，相其阴阳，观其流泉"①。溥，指广大；景，指日影；相，指测定。其中"阴阳"，表示山势之阴北阳南的向背。

就字源来说，"阴"字，未见于甲骨文，金文有"𨹉"《𪊽羌钟》、"𨺉"《上官鼎》、"𨻶"《𧊒伯𥂴》等。刘心源分析说："清阮元云，𨻶即庩，引《左传·隐公二年》费庩父为证。案金今通，金从今声，古泉布阴作𨻶。"②皆指地名或诸侯名的意思③。

---

① （汉）毛亨传，郑玄笺，（唐）孔颖达等正义：《毛诗正义·大雅·公刘》，（清）阮元校刻《十三经注疏》，中华书局 1980 年影印本，第 543 页。

② （清）阮元：《奇觚室吉金文述·庩父鼎》卷 16，第 18 页。引见周法高《金文诂林》2 册下，[日] 京都中文出版社 1981 年版，第 2037 页。

③ 孙广德：《阴阳五行说的政治思想》第 1 章，台湾商务印书馆股份有限公司 1993 年版，第 4—5 页。

　　东汉许慎《说文解字》解释说："阴，闇也。水之南，山之北也。从𨸏、侌声。"①"阴"本指幽暗的意思，后以水的南面，山的北面称为"阴"。《说文解字》又将"阴"作"霒，云覆日也。从云，今声"②。以云气遮蔽太阳，来解释"阴"字。

　　"阳"字，甲骨文就已出现，罗振玉《殷虚书契前编·五·四二·五》作"𣃔"。商承祚说："案其从昜者，与扬之从昜同。"③据金祥恒教授的解释，认为"阳"是人名④。金文作𣃔《虢季子白盘》、𣃔《予姬鼎》、𣃔《吴伯盨》等，亦均是表示地名或诸侯名的意思。⑤

　　《说文解字》则说："阳，高明也。从𨸏、易声。"⑥"阳"表示山丘高耸，而又明亮。段玉裁则根据"阴"之字义，解释说："闇之反也。……不言山南曰易者，阴之解可错见也。山南曰阳，故从𨸏。"⑦即是说明，"阳"之本义，是幽暗的相反，表示明亮之义。而许慎在《说文解字》，对"阳"未以"山南"解说"阳"的原因，主要在于其对"阴"之"水之南，山之北"解释中，可以类推错见。

　　《说文解字》又说："易，开也。从日、一、勿。"⑧清代桂馥认为"开"指光明的意思⑨。段玉裁则解释说："此阴阳正字也，阴阳行而会易废矣。辟户谓之乾，故曰开。"⑩依段氏的说法，"阴阳"的正字应

---

① （清）段玉裁：《说文解字注》卷14篇下，（台湾）艺文印书馆1970年版，第738页。

② （清）段玉裁：《说文解字注》卷11篇下，（台湾）艺文印书馆1970年版，第580页。

③ 商承祚：《殷虚文字类编》卷14，第5页。引见李孝定《甲骨文字集释》第14、8册，（台湾）"中央研究院"历史语言研究所1965年版，第4133页。

④ 金祥恒：《续甲骨文编》第4册，附录，第42页。引见孙广德《阴阳五行说的政治思想》第1章，台湾商务印书馆股份有限公司1993年版，第4页。

⑤ 金祥恒：《续甲骨文编》第4册，附录，第42页。引见孙广德《阴阳五行说的政治思想》第1章，台湾商务印书馆股份有限公司1993年版，第5页。

⑥ （清）段玉裁：《说文解字注》卷14篇下，（台湾）艺文印书馆1970年版，第738页。

⑦ （清）段玉裁：《说文解字注》卷14篇下，（台湾）艺文印书馆1970年版，第738页。

⑧ （清）段玉裁：《说文解字注》卷9篇下，（台湾）艺文印书馆1970年版，第458页。

⑨ （清）桂馥：《说文解字义证》，岳麓书社2000年版，第1294页。

⑩ （清）段玉裁：《说文解字注》卷9篇下，（台湾）艺文印书馆1970年版，第458页。

为"佥易"。因"阴阳"二字常用通行，致"佥易"的本字就废除了。《说文解字》以"开"解释"易"，是根据《系辞上传》"辟户谓之乾"而来①，即指"乾"的含义为打开门户，化生万有，是以"阳"以喻"乾"，亦具有"乾"之功能，故以"开"来解释"阳"，是与桂馥的说法不同。

从"阴阳"的甲骨文及金文字形来看，"阴"字似乎与日无关系；而"阳"字则与日关系非常密切，每一个字形皆有日；并表示日高悬于天，光芒下照，也就是日光照射到的地方。清代朱骏声《说文通训定声》就说："阴者见云不见日，阳者云开而见日。"②

据此，"阴阳"的本义就是指日照的向背，面对日照的地方称"阳"；反之，背着日照的地方称之为"阴"。这种"阴阳"本义两极化的对立，影响到《周易》"阴阳"理论的整个辩证思维架构，且增添其形上辩证的逻辑理论基础。

到了《周易》的"经""传"文中③，意义发生了重大变化。除了本义之外，已朝向创造意义提升与转化。

当代诠释学专家潘德荣在《诠释学导论》就明白指陈："理解的本质是什么？如果是指向'原意'的，那么这个'原意'终将会因时间的流逝而磨损，最终化为无；如果理解是'生产'意义的，那么

---

① 本文引用《周易》原典，根据（清）阮元校刻《十三经注疏·周易正义》，中华书局 1980 年影印本。

② 引见冯契主编《哲学大辞典》，"阴阳"条，上海辞书出版社 1992 年版，第 709 页。

③ 就著作的年代而言，"经"是作于"西周初年"，约当公元前 1111 年，距今（2018 年）约 3100 余年；而"传"则作于"战国时代"，约当公元前 403 年，距今约 2400 余年。两者相差约 700 余年。就作者言，"经"和"传"，皆不知作者，且"不是出于一人之手"。就内容言，"经"包括卦象、卦名、卦辞及爻题和爻辞等 5 部分，主要为"上古史实"。"传"的内容部分，即是一般所称的《十翼》，共分为 7 种 10 篇，即是《彖传》上下、《象传》上下（俗称的《大象传》及《小象传》）、《系辞传》上下、《文言》《说卦传》《序卦传》《杂卦传》等。"《易传》虽是筮书的注解，然而超出筮书的范畴，进入哲学书的领域"。参见高亨《周易大传今注·自序》，齐鲁书社 2000 年版，第 1—2 页。

一切语言、文字流传物将会在这个'生产'过程中变得越来越丰富、充足。"①

《周易》一书"阴阳"二字，在"经""传"中，"阴"字出现二十次，其中"经"一次②，"传"十九次。"阳"字十九次，都在"传"中。其中"阴阳"二概念连用的有十六次，占全部"阴阳"出现次数的百分之八十，可见"阴阳"概念，在《周易》书中的密切性及重要性。

"阴阳"二字的意义，除了在"经"出现：《中孚卦·九二爻》"鸣鹤在阴，其子和之"之"阴"字，表示山的背面，接近本义外，其余都走向了创造义发展。

此中的创造义朝向两个方向：

一是属于"经验"及"理智"层次的③，根据"阴阳"的属性④，予以分辨。以"阴"论之，"阴之为道，卑顺不盈"⑤。具有卑弱柔顺的性质；以"阳"论之，"阳，刚直之物也"⑥。具有刚强正直的性质。例如"阴虽有美含之"（《坤卦·文言》），"内阳而外阴，内健而外顺"（《泰卦·彖辞》），"阳卦多阴，阴卦多阳，其故何也？阳卦奇，阴卦偶。其

---

① 潘德荣：《诠释学导论》第 7 章，（台湾）五南图书出版有限公司 1999 年版，第 192 页。

② "阴"字出现在经文《中孚卦·九二爻》"鸣鹤在阴，其子和之"。此"阴"字，表示山的背面。

③ 经验，指感觉经验。即人们在同客观事物直接接触的过程中，通过感觉器官（此指内外感官），获得的关于客观事物的现象和外部联系的认识。参见冯契主编《哲学大辞典》，"经验"条，上海辞书出版社 1992 年版，第 1127 页。理智（或理性），指向内读、向内念；引申其义，即研究、探讨了解的意思，亦指概念、判断、推理等思维活动。参见《哲学大辞典》"理性"条，第 1410 页。

④ 属性，指事物性质的具体表现，分为本质属性，是决定一事物之所以成为该事物，并把该事物与其他事物区别开来的那种属性。根本属性，是事物内部本质属性中最本质的属性。"阴阳"属于根本属性。参见黄楠森、李宗阳、涂荫森主编《哲学概念辨析辞典》，"属性、本质属性、根本属性"条，中共中央党校出版社 1993 年版，第 314—315 页。

⑤ 参见《坤卦》上六爻辞，引见（三国魏）王弼、（晋）韩康伯注，（唐）孔颖达等正义《周易正义》卷一《坤》，（清）阮元校刻《十三经注疏》，中华书局 1980 年影印本，第 18 页。

⑥ （三国魏）王弼、（晋）韩康伯注，（唐）孔颖达等正义：《周易正义》卷一《乾》，（清）阮元校刻《十三经注疏》，中华书局 1980 年影印本，第 16 页。

德行何也？阳一君而二民，君子之道也。阴二君而一民，小人之道也”（《系辞下传》）等，皆是以“阴阳”的属性——“阴”为卑弱柔顺，“阳”为刚强正直来解释，且都是经验及理智的认识过程。

另一则是属于“超验”层次，①为形上学中宇宙化生的变化，即在形上本体化生万物的过程当中，“阴阳”转化成两种相互对立的气或气的两种状态②，以化生一切万有。

关于此，在“传”中最著名的两段论述是：

一阴一阳之谓道，继之者善也，成之者性也。

一，指变化，而非指一个。性，指人的本质，天道在人及万物的显现。此言本体的“道”，经由“阴阳”气的变化，开创万物，成为万物的“善性”。最为特殊的是，在化生万有的过程中，必须经由“阴阳”气的变化。诚如朱熹所说的：“阴阳迭运者，气也。其理则所谓道。”③充分说明了“阴阳”在化生万物当中的地位与功能。

再者，《系辞上传》说：

是故易有太极，是生两仪，两仪生四象，四象生八卦，八卦定吉凶，吉凶生大业。

易，指变化。此章言最高的本体为“太极”“两仪”以下，指万物的化生过程。此章虽未言“阴阳”，然而“两仪”，即指“阴阳”④。此

---

① 超验，指超越于经验，为经验所不能达到，存在于认识之外，而与认识无关。参见冯契主编《哲学大辞典》，“超验”条，上海辞书出版社1992年版，第1524页。

② 冯契主编：《哲学大辞典》，“阴阳”条，上海辞书出版社1992年版，第709页。

③ （宋）朱熹撰，廖名春点校：《周易本义》卷三《系辞上传》，中华书局2009年版，第228页。

④ 朱熹说：“两仪者，始为一画，以分阴阳。”（宋）朱熹撰，廖名春点校《周易本义》卷三

说明借由"一分为二，二分为四，四分为八"的"加一倍法"。就是以奇（阳）偶（阴）二数出发，分别再加以奇偶二数，逐次再加以奇偶二数；即二为一的倍数，四为二的倍数，八为四的倍数，十六为八的倍数，三十二为十六的倍数，六十四为三十二的倍数，以说明宇宙万物的化生，是以二的倍数，呈几何级数增加。并认为宇宙中个体事物的发展，是从一到多，从单纯到复杂的无穷尽过程，形成一个既对立又互相依存的有机整体。①

在此会产生一个问题，为何"道"与"太极"字不同，却有相同的意义，即是"字不同义同"，都表示最高本体？

此在理解与解释言，即是"理一分殊"。其义指宇宙间有一个最高的理，万物各自的理，是最高的理之分殊，也就是此理的显现。换言之，此最高的理，是一普遍的规律，即是"理一"；而万物各自的理则是"分殊"②。出自于程颐《答杨时论西铭书》说："《西铭》明理一而分殊，墨氏则二本而无分。"③ 基于此，"道"与"太极"，虽字不同，然而意义却是相同的。

二、《周易》的"阴阳"意义，为何不返回本义

现在我们从诠释视域剖析《周易》的"阴阳观"。

第一个是《周易》"阴阳"意义的理解与解释，为何不返回本义？

从诠释视域言，主要有两个因素：一是作者的"前理解"不同，致理解与解释的观点亦不同。二是诠释是不断创造的，意义是不停的生产

《系辞上传》，中华书局 2009 年版，第 240 页。

① 此为北宋邵雍主张。参见张其成编《易学大辞典》，"加一倍法"条，华夏出版社 1992 年版，第 472 页。

② 冯契主编：《哲学大辞典》"理一分殊"条，上海辞书出版社 1992 年版，第 1413 页。

③ （宋）程颢、程颐著，王孝鱼点校：《河南程氏文集》卷第九，《二程集》，中华书局 2006 年版，第 609 页。

与变化，不会走向回头路，仅以本义诠释。

先就"前理解"来论："前理解（Preunderstanding）"，是指读者原本的见解。前理解，由德国哲学家伽达默尔提出。此指解释的理解活动之前存在的理解因素，它们构成解释者与历史存在之间的关系。前理解是理解的前提，理解不能从某种精神空白中产生，它在理解之前就被历史给定了许多的已知东西，形成了先在的理解状态。这些前理解包括解释者存在的历史环境、语言、经验、记忆、动机、知识等因素，形成了先在的理解状态。这些因素即便与将来理解的东西发生抵触，也可以作为一种认识前提在理解活动中得到修正。因此理解不是个人的、全新的、完全主观的，它是一个历史过程，是一个从前理解到理解，再到前理解的指向未来的循环过程。它总在历史性的、先在的"前理解"状态基础上，获得新的理解。①

这就是说，由于个人的生长背景、历史环境不同，是以个人的"前理解"也不同。同时，并指出个人的理解，不是凭空产生，他具有先在的理解基础，即是"这些前理解包括解释者存在的历史环境、语言、经验、记忆、动机、知识等因素"。个人新的理解，即是在"前理解"的基础上，向前发展，创新成长。

诠释学专家洪汉鼎进一步分析认为："前理解"包括三种要素：前有（Vorhabe）、前见（Vorsicht）和前把握（Vorgriff）。按照海德格尔在《存在与时间》中的看法，"把某物作为某物加以解释，这在本质上是通过前有、前见和前把握来进行的"。前见指此在（此指通过对"存在"的领会而展开的存在方式②。又指"理解的展开状态的本体论形式构架"③）的理解存在，与它先行理解的因缘关系整体的先行占有关系；

---

① 杨荫隆主编：《西方文学理论大辞典》"前理解"条，吉林文史出版社1994年版，第952页。

② 参见《维基百科》网页，"此在"条，https://zh.wikipedia.org/wiki/%E6%AD%A4%E5%9C%A8，2016年9月3日。

③ 潘德荣：《诠释学导论》第4章，（台湾）五南图书出版有限公司1999年版，第96页。

前见指前有中的那些可以在这种特殊的理解事件中被解释的特殊方向，也就是解释者理解某一事物的先行立场或视角；在前结构里被给出的可达到理解的概念则被称之为前把握。①

明白指出，"前理解"是个人在理解和解释时的最高存在境界、自身独特见识，以及自身综合见地等。

洪汉鼎深入论证表示："前理解或前见，是历史赋予理解者或解释者的生产性的积极因素，它为理解者或解释者提供了特殊的'视域'（Horizont）。视域就是看视的区域，它包括了从某个立足点出发所能看到的一切。谁不能把自身置于这种历史性的视域中，谁就不能真正理解传承物的意义。这种视域包括传统的观念与当代的境遇。我们是具有传统观念，并立足于当代某个特殊境遇里。"②

所谓"前理解"，就是"从某个立足点出发所能看到的一切"；再加上，结合"把自身置于这种历史性的视域中"，形成一种创新的视野。

当代学者袁保新以诠释《老子》为例，具体举例说："每一诠释系统都是诠释者与经典对话所发展的一个互融理境，即是表面上诠释者的每句话都是依据《老子》的文辞来说，但是这个诠释过程，诠释者本身的问题意识其实就已经掺进内容之中，他们所使用的概念语言，也无所逃地受到其隶属时代所蕴含的框架。"③由此可见"前理解"对于我们理解与解释的诠释，具有主导性作用，影响是极为深远的。

关于"前理解"的重要性，美国学者帕特里夏·奥坦伯德·约翰逊引证伽达默尔的说法论证说："正因为我们被某物占有，我们才能对

---

① 洪汉鼎：《当代哲学诠释学导论》第 2 章，（台湾）五南图书出版股份有限公司 2014 年版，第 56 页。

② 洪汉鼎：《当代哲学诠释学导论》第 4 章，（台湾）五南图书出版股份有限公司 2014 年版，第 144—145 页。

③ 袁新保：《从海德格、老子、孟子到当代新儒学》，（台湾）学生书局 2008 年版。引见黄垚馨《〈道德经〉在西班牙的当代诠释》，台湾辅仁大学跨文化研究所比较文学 2016 学年度第 2 学期博士论文，2017 年 7 月，第 110 页。

新的某物开放。伽达默尔说，这就是解释学循环的认识：我们的理解总是以'前理解'为条件，没有这种条件，一切理解都是不可能的。"① 就因为有了"前理解"，我们的论述才能产生多元多样，缤纷多彩；否则，千人一面，没啥意思。

次就诠释是不断创造的，意义是不停的生产与变化，不会走向回头路，仅以本义诠释来论：

"理解在本质上是创造的，理解的过程是一个创造真理的过程。也正由于这种主观因素，使'真理'本身具有某种相对性，它是非确定的，不断流动着的，同时又是多义的。"② 潘德荣明确表达了意义的创造性。也由于此，再加上"前理解"的因素，是以它又是多义的。在《周易》"阴阳"意义的解读当中，这是非常明显且具体的。

潘德荣更清楚地表明："理解不是单纯的'复制'，而始终是'生产性'的，这种生产性归功于时间间距而形成的新视界。"③ "时间间距"，就是指时间差。"唯有时间间距才使合理的理解成为可能。伽达玛（即伽达默尔，翻译不同）认为，在时间间距没有给出确定的尺度时，我们是难以对历史的东西进行有效的判断的。我们能更好地理解历史流传物，就是因为我们已经从时间间距中获得了一个确定的尺度。这句话的潜台词就是，人们很难对自己的时代创作出的作品作出更有价值的判断。这是因为，我们的理解总是在一定'前判断'，一种特定的视界中进行的。"④

有了"时间间距"，不受时空的影响，诠释者较能从自身的视野，结合"效果历史"，融合历史发展的时空中，形成新的视域，产生新的

---

① ［美］帕特里夏·奥坦伯德·约翰逊：《伽达默尔·解释学的普遍性》，何卫平译，中华书局2003年版，第71页。

② 潘德荣：《诠释学导论》第3章，（台湾）五南图书出版有限公司1999年版，第71页。

③ 潘德荣：《诠释学导论》第5章，（台湾）五南图书出版有限公司1999年版，第141页。

④ 潘德荣：《诠释学导论》第5章，（台湾）五南图书出版有限公司1999年版，第141页。

创造意义。

按照伽达默尔的看法，"时间间距"不是我们理解与解释的阻碍，而是我们理解与解释的基础。有了"时间间距"，我们对于事件的理解与解释，将更具真实性，而且清晰明白。他说："时间不再主要是一种由于其分开和远离而必须被沟通的鸿沟，时间其实乃是现在植根于其中的事件的根本基础。因此，'时间距离'（即'时间间距'）并不是某种必须被克服的东西。"①

伽达默尔明确地写道："重要的问题在于把时间距离看成是理解的一种积极的创造性的可能性。"②可见"时间间距"与产生创造性的意义是相关联的。职此之故，洪汉鼎对"时间间距"总结式地指出："因此，只有从某种'时间距离'出发，我们才可能达到对事物的客观认识，在'时间距离'没有给我们确定的尺度时，我们的判断出奇地无能。同时，唯有'时间距离'才使作品的意义真正显现出来。"③

《周易》的"经""传"相差了七百余年，有了极大的"时间间距"，是以在"阴阳"的意义诠释发展上产生了变革式的创造意义，从本义之日照的向背，创造转化成化生万物的两种对立的气，是其来源有自的。

对于经典的创造性意义，洪汉鼎精辟地表示：

> 经典的普遍性并不在于它的永恒不变，而在于它不断翻新，永远是活生生的新的东西。文本作为一种经典，不论是历史的，还是

---

① ［德］伽达默尔：《真理与方法》第1卷，第302页。引见洪汉鼎《当代哲学诠释学导论》第4章，（台湾）五南图书出版股份有限公司2014年版，第141页。

② ［德］伽达默尔：《真理与方法》第1卷，第302页。引见洪汉鼎《当代哲学诠释学导论》第2章，（台湾）五南图书出版股份有限公司2014年版，第69页。

③ 洪汉鼎：《当代哲学诠释学导论》第2章，（台湾）五南图书出版股份有限公司2014年版，第69页。这里我们要注意的是，伽达默尔《真理与方法》第5版（1986）里，对"时间距离"解决诠释学的真正批判性问题的能力有所保留，在1960年版里，他坚定地说："只有'时间距离'能解决诠释学的真正批判问题。"可是在1986年版里，他改为"'时间距离'常常能解决诠释学的真正批判问题"（［德］伽达默尔《真理与方法》第1卷，第304页）。

现代的，不论是文学的，还是历史的，它必须不断地与现代语境相联系，必须不断诠释和理解。①

《周易》的"阴阳观"，从《十翼》开始的诠释者以下，不断地诠释和理解，"不断翻新，永远是活生生的新的东西"。具体地说，"诠释学告诉我们，任何的经典都应当是当代的经典，任何真理都应当是当代的真理，经典只有不断与现代视域的融合，它才能开出新的意义和真理"②。

为何《周易》对"阴阳"的理解不返回本义？

潘德荣在《诠释学导论》剖析说："一般的诠释学，其目的在于为文本的理解与解释，指出一个正确的方向；并提供理解的规则、方法及解读方式。"而其"目的在于不断的'接近'本文的'原意'。"③

事实上又如何？"这是我们一般认知的诠释之方向和目的。事实上未必如此，因为'在历史上没有意义的完全复活，而只是一种无限重复的近似'。"④清楚地说明，本义是根本找不到的；所能找到的"只是一种无限重复的近似"，即是接近作者的本义，而不是作者真正的本义。也因为如此，《周易》对"阴阳"的理解与解释，不返回本义，朝向一种创造性及本体性的理解与解释。

为何如此？"理解永远是个人的理解，这是理解的个别性之根源，在理解的过程中，它表现为不断渗入其中的个人独特的主观性。由于主观因素的介入，理解便偏离了理解者的初衷，他追寻着'原意'，而得到总是不同于'原意'的新的意义，或者说，在'原意'中融入了新的意义，就此而言，意义的世界不是被发现的，而是被创造出来的。"⑤良

---

① 洪汉鼎：《诠释学与中国经典诠释问题》，《政大中文学报》2013 年第 19 期，第 26 页。

② 洪汉鼎：《诠释学与中国经典诠释问题》，《政大中文学报》2013 年第 19 期，第 26 页。

③ 潘德荣：《诠释学导论·引论》，（台湾）五南图书出版有限公司 1999 年版，第 9 页。

④ ［比］B. 斯特万：《解释学的两个来源》，引见《哲学译丛》1990 年第 3 期。引见潘德荣《诠释学导论》第 2 章，（台湾）五南图书出版有限公司 1999 年版，第 33 页。

⑤ 潘德荣：《诠释学导论》第 3 章，（台湾）五南图书出版有限公司 1999 年版，第 71 页。

有以也。

"理解永远是个人的理解，这是理解的个别性之根源。"充分说明了任何理解，都有个人主观的"前理解"在其中。然而，"理解的主观性，实质上意味着诠释的创造性"①。

因此，我们在诠释时常说"作者已死"，主要的因素是：永远找不到作者的"原意"。换言之，任何意义的产生，都是诠释者的新意。

三、"阴阳"诠释的本体论发展

我们要问为何"阴阳"的意义朝向本体论发展，成为最高本体"太极"或"道"化生万有的首要变化对立的气？②

就我国哲学发展方向言，"古人沿着'天地之上为何物'的思维理路，探寻自然、社会现象背后的本体，并把这个本体视为超越形而下的形而上者"③。事实上，探寻万象背后的真实本体及生命本质，一直是人类所追求最深沉的"梦"。而本体的追求与探索，是形上学或存有论必须剖析的。

再就诠释视域言，洪汉鼎解析诠释学发展的历史说："诠释学作为一门关于理解和解释的技艺学，以理解、解释作为其主要内容和本质特征。当诠释学发展到海德格尔与伽达默尔时期，西方诠释学已从早期的方法论转向本体论。"④

帕特里夏·奥坦伯德·约翰逊深入举证说："对于海德格尔而言，理解是本体论的，它构成人的存在的一部分。在海德格尔的思想中，

---

① 潘德荣：《诠释学导论》第 6 章，（台湾）五南图书出版有限公司 1999 年版，第 150 页。

② "阴阳"在易学的形上体系当中，虽非第一序，而是第二序；但它们则是最高本体化生万有的首要变化因素。

③ 张立文：《中国哲学范畴发展史》，中国人民大学出版社 1989 年版，第 537 页。

④ 洪汉鼎：《当代哲学诠释学导论》第 2 章，（台湾）五南图书出版股份有限公司 2014 年版，第 25 页及封底。

'历史的理解结构显示出充分的本体论背景。'"①

此表明了我们在理解当中，是走向"此在"的"此"的意义乃是"理解的展开状态的本体论形式构架"②，"显示出充分的本体论背景"，构成了人存在的意义与价值。难怪海德格尔要强调"理解是本体论的"。

"就某种意义上说，诠释学就是'整理出一切本体论探索之所以可能的条件'"③。潘德荣引用海德格尔的说法，作了综合的论证。

基于此，《周易》"阴阳观"的意义诠释，朝向本体论发展，是大势所趋，不可阻遏的。

当代华裔哲学家成中英对本体诠释学，作了细致的分析："'本体'是中国哲学中的中心概念，兼含了'本'的思想与'体'的思想。本是根源，是历史性，是时间性，是内在性；体是整体，是体系，是空间性，是外在性。'本体'因之是包含一切事物及其发生的宇宙系统，更体现在事物发生转化的整体过程之中。"④

他又说："什么是本体？它是实体的体系。即体，它来源于实体的本源或根本，即本。本和体是紧密相关的。因为本不仅产生了体，而且是不断地产生体，这可以根据本来解释体的变化。"⑤

本体诠释包括了两个方向：一是指"本"，是指根源，即探求万化的本根及其内涵，寓含形上学的宇宙发生论及本体论。"体"则是指体系，即是建构有机完整的体系及系统，以说明整个思想的发展及变化。因之，本体诠释，就是其所言的"包含一切事物及其发生的宇宙系统，

---

① ［美］帕特里夏·奥坦伯德·约翰逊：《伽达默尔·哲学解释学》，何卫平译，中华书局2003年版，第17—18页。

② 潘德荣：《诠释学导论》第4章，（台湾）五南图书出版有限公司1999年版，第96页。

③ 潘德荣：《诠释学导论》第4章，（台湾）五南图书出版有限公司1999年版，第93页。

④ ［美］成中英主编：《本体与诠释·从真理与方法到本体与诠释》，生活·读书·新知三联书店2000年版，第5页。

⑤ ［美］成中英主编：《本体与诠释·从真理与方法到本体与诠释》，生活·读书·新知三联书店2000年版，第22页。

更体现在事物发生转化的整体过程之中"。

成中英再指出:"本体是有层次的,对自我的认识原始于对事物的理解,当我们对自我有更深的要求时,也就能更深认识和掌握世界,更能清除局部性、片面性,而体现了认识和理解的整体性、系统性、发展性与根源性。此即所谓本体。"① 本体诠释最大意义与价值,不仅认知与体悟本体存在我们生命中的重要性,具有终极性、至上性与绝对性;而且,能够清除与明了个人认知的"局部性、片面性,而体现了认识和理解的整体性、系统性、发展性与根源性"。

成氏将"本体"分成两种:一是基于本体的诠释。西方的 ontology 或古典形而上学体系属此。就是先有一个本体的概念,然后用来解释外部的世界。二是寻找本体的诠释。此是基于对中国哲学本体论的特殊理解。此是没有任何预设和前置的,只是在反思的过程中形成一套世界观,这个世界观与个人自我观结合在一起,就成了"他"的本体。这个本体是个人诠释、找寻、归纳外在世界的依据,当"境"不断转化时,本体概念的内容也随之发生改变,所以这种本体是动态的"自本体",而不是静止的"对本体"②。

成氏对"本体"的解析,是极为透辟的。《周易》中的"本体"——"太极"和"道",就是一种"自本体","此是没有任何预设和前置的,只是在反思的过程中形成一套世界观,这个世界观与个人自我观结合在一起,就成了'他'的本体。这个本体是个人诠释、找寻、归纳外在世界的依据,当'境'不断转化时,本体概念的内容也随之发生改变"。

以"太极"概念解析,它的本义,是讲筮法变化,画爻成卦。以朱

---

① [美]成中英主编:《本体与诠释·从真理与方法到本体与诠释》,生活·读书·新知三联书店 2000 年版,第 22 页。

② 景海峰:《解释学与中国哲学》,"景海峰:解释学与中国哲学——中国战略与管理研究会"网页,http://www.cssm.org.cn/view.php? id=15308,2018 年 1 月 26 日。

熹、毛奇龄、李塨等为代表①，以朱熹的说法最具有代表性。朱氏主张
"太极"说有两层内容：就筮法言，"太极"是指筮法变化，画爻成卦的
根源；就哲学言，"太极"是指世界的本源。其在《周易本义》中，就
是以筮法说解释"太极"章："此数言者（即太极生两仪，两仪生四象，
四象生八卦），实圣人作易自然之次第，有不假丝毫智力而成者，画卦
揲蓍，其序皆然。"②朱熹认为此章是作易者画卦揲蓍，极为自然的顺
序。而此顺序则是采用加一倍法③，累积迭上而成。此种说法并不是主
流。对"太极"解释的主流，则是认为"太极"为万有的本根及本源之
义，也就是最高本体的"太极"。④

以"道"概念解析，是我国形上哲学范畴体系中最重要的核心概念
之一。道家哲学以"道"作为形上本体的第一因，以及宇宙化生之源；
甚而成为立名之因的所在⑤，就是对于"道"之诠释价值的肯定与提升。

---

① 朱熹说法，参见《朱子语类》及《朱子文集》；毛奇龄说法，参见《仲氏易》；李塨说法，
参见毛奇龄所引《易小帖》。

② （宋）朱熹撰，廖名春点校：《周易本义》卷三《系辞上传》，中华书局 2009 年版，第
240 页。

③ 又称为"一分为二法"或"四分法"，张其成编《易学大辞典》，华夏出版社 1992 版，第
472 页。朱熹在《答虞士朋书》（一）有极为详尽的说明："易有太极，是生两仪者，一理之
判，始生一奇一偶而一画者二也。两仪生四象者，两仪之上各生一奇一偶而为两画者四也。
四象生八卦者，四象之上各生一奇一偶而为三画者八也。此乃《易》纲领，开卷第一义。
然古今未见有识之者，至康节先生始传先天之学而得其说，且以此为伏羲之《易》也。"即
是认为《周易》画卦的顺序，是由一分为二，二分为四，四分为八的衍生。参见陈俊民校订
《朱子文集》卷四十五，（台湾）允晨文化实业股份有限公司 2010 年版，第 1992 页。

④ 赵中伟：《"太极"思维的转化与发展》，中华易经学会《第 16 届国际易学大会论文集》
（2011 年 11 月），第 236—255 页。

⑤ 道家一名的建立，即是先秦老庄学说，以"道"为其学说宗旨的学派，而加以立名。一般
认为是源于西汉司马谈的《论六家要旨》，"夫阴阳、儒、墨、名、法、道德，此务为治者
也。……道家使人精神专一，动合无形，赡足万物"。称道家为"道德家"，或直接称为"道
家"。参见（汉）司马迁撰，（南朝宋）裴骃集解，（唐）司马贞索隐，（唐）张守节正义《史
记》卷一百三十《太史公自序第七十》，中华书局 2013 年版，第 3965—3966 页。到了东汉，
班固《汉书·艺文志》，"道家者流，盖出于史官"，正式将老庄学说称为道家。参见（汉）
班固撰，（唐）颜师古注《汉书》卷三十《艺文志第十》，中华书局 1962 年版，第 1732 页。

《周易》中对"道"的诠释，从经到传，就是一种创造性的转变与发展，以及本体论的体系建构。从本义的"道路"①，一直到作为形上本体化生之源的引申意义。这其中的诠释方式，经过多次转折与创造，构成其哲学内涵与价值体系，为易学形上哲学奠定了深厚的基础。

进言之，《周易》从经到传，对"道"的层层转折，环环相扣的逐步递升的诠释，其最终的目的就在于"本体诠释学"，即是"建立一个本体的意识与本体论的系统为诠释学的基础对象"②。简言之，《周易》从经到传，对"道"的诠释，是作为本体论系统的核心概念，以建构其形上哲学体系。

基于上因，从《周易》的"经"到"传"，对"道"的诠释，可以归纳为四个阶段：

——道路：《周易》的"经"，根据"道"的本义，作"道路"解读。

——道理（或法则、规范、正道等）：《周易》的"经"与"传"，皆将"道"表现在个别特殊的事物方面，解释为合于事物的"道理""法则""规范"或"正道"。《易传》则特别将"道理"归类为天道、地道及人道三类。

——天地之道：《易传》将"道"的诠释，从个别归纳为一般，特殊统合为普遍，从"道理"提升为"天地之道"，作为社会最高的规律或准则。

——形上之道：《易传》经由本体诠释与创造诠释，建构其本体意识与本体论系统，将"道"作为化生之本，万物之源的"形上之道"③。

---

① （汉）许慎：《说文解字》云："道，所行道也，从辵首，一达谓之道。"参见（清）段玉裁《说文解字注》2 篇下，（台湾）艺文印书馆 1970 年版，第 76 页。

② ［美］成中英主编：《本体诠释学·序》第 2 辑，北京大学出版社 2002 年版，第 1 页。

③ 赵中伟：《形而上者谓之道——〈易传〉之"道"的本体诠释与创造诠释》，《哲学与文化》2004 年第 10 期，第 75—94 页。

"世界是一个不完全的符号。'存在'是一个诠释过程。'存在'即是诠释与被诠释。对事物的理解就是能够述说事的真实情况。"① 成中英针对"本体诠释"的意义与价值，作了无限延伸的论述。

西方诠释学的发展，是由方法论的技艺学，再逐渐到本体论，经过一段漫长的发展过程。

洪汉鼎就明白解释说："西方解释学在其早期，即施莱尔马赫及其以前时期，乃是一种如何理解和解释的方法论的技艺学；但当解释学发到海德格尔和伽达默尔时期，西方解释学已从早期的方法论转向本体论。"②

施莱尔马赫是诠释学的开山祖师，其所主张的诠释学，为"一般诠释学"或"浪漫主义诠释学"。到了狄尔泰，则强调"体验"，称为"体验诠释学"，是一种"哲学诠释"。其二人的诠释学，都属于"是一种如何理解和解释的方法论的技艺学"。到了海德格尔主张"此在诠释学"，伽达默尔重视"语言诠释学"，其二人进入了"诠释哲学"，达到了从"方法论转向本体论"。

海德格尔对本体论的看法，洪汉鼎深入分析说："海德格尔对此进行生存论分析的基础本体论里，诠释学的对象不再单纯是文本或人的其他精神客观化物，而是人的此在（此指理解的展开状态的本体论形式构架）本身，理解不再是对文本的外在解释，而是对人存在方式的揭示（Auslegung）。诠释学不再被认为是对深藏于文本里的作者心理意向的探究，而是被规定为对文本所展示的存在世界的阐释。这种转向的完成，则是伽达默尔的哲学诠释学。诠释学哲学就是这样一门关于人的历史性的学说：人作为'在世存在'总是已经处于某种理解境遇之中，而

---

① ［美］成中英主编：《本体与诠释·何为本体诠释学》，生活·读书·新知三联书店2000年版，第25页。

② ［加］让·格朗丹：《哲学解释学导论》，何卫平译，洪汉鼎《解释学译丛序》，商务印书馆2009年版，第1页。

这种理解境遇，必须在某种历史的理解的过程中，加以解释和修正。伽达默尔说：'理解从来就不是一种对于某个所与对象的主观行为，而是属于效果历史（此指历史通过制约我们的历史理解力而产生效果)①。这就是说，理解属于被理解东西的存在'。"②

海德格尔的"此在诠释学"，立根于存在本体论中，诠释学成为"此在"的本体论结构，理解和解释成为人存在的根本方式。至此，诠释学由方法论的技艺学，提升到了人的存在的普遍结构，故由方法论变成了本体论。

进入了诠释学集大成的大师伽达默尔，益发重视诠释的本体论性质。他在其名著《真理和方法》中就说："理解是本体论的。"③"语言的思辨的存在，具有普遍的本体论意义"。④

> 理解与解释，就其是获得意义的途径和形式而言，它们都是方法论的；就其意义的存在方式而言，它们又都是本体论的。⑤

> 解释所依据的不仅是技术性的规则，它最深层的基础乃是本体论意义上的"世界观点"。⑥

潘德荣深入解释指出："（伽达玛主张）就是不再把理解仅仅当作人

---

① 参见《百度百科》网页，"效果历史"条，http://baike.baidu.com/subview/2905770/2905770. htm，2016 年 9 月 3 日。
② 洪汉鼎：《当代哲学诠释学导论》第 1 章，（台湾）五南图书出版股份有限公司 2014 年版，第 23 页。
③ [德] 伽达默尔：《真理和方法》，引见李翔海邓克武编《成中英文集·本体诠释学》，湖北人民出版社 2006 年版，第 1 页。
④ 参见 [德] 汉斯－格奥尔格伽达默尔：《真理与方法》2 册，洪汉鼎译，商务印书馆 2007 年版，第 640 页。
⑤ 潘德荣：《诠释学导论》第 3 章，（台湾）五南图书出版有限公司 1999 年版，第 76 页。
⑥ 潘德荣：《诠释学导论》第 7 章，（台湾）五南图书出版有限公司 1999 年版，第 189 页。

的认知方法，而且主要的不在于此；它直接就是此在的存在的方式，生命的意义并不抽象地存在于别的某个地方，它就在理解之中，是被理解到的意义。正因如此，理解就具有本体论的性质。"①

伽氏特别强调生命的意义与价值，不在于思维逻辑辩证与认知，而在于就是"此在的存在的方式"；基于此项原因，"理解就具有本体论的性质"。

伽达默尔重构我们经验的历史性与语言性的诠释哲学，在其认知与了解的诠释学，不再仅仅是一种诠释文本，寻求本义的技艺或技术，甚至不再仅仅是一种精神科学的普遍方法论，而是与我们的存在紧密结合的普遍哲学本体论。从此，诠释哲学理解与解释的方向，就是追求存在的本体论。

"当代诠释学的最新发展，是作为理论和实践双重任务的诠释学；或者说是作为实践哲学的诠释学。伽达默尔在《科学时代的理性》中说："诠释学是哲学，而且是作为实践哲学的哲学。"这种诠释学，既不是一种单纯理论的一般知识，也不是一种光是应用的技术方法，而是一门综合理论与实践双重任务的哲学。"②

作为一位专业的西方诠释学家，洪汉鼎大胆地预测说："从单纯作为本体论哲学的诠释学，到作为实践哲学的诠释学的转向；或者说，从单纯作为理论哲学的诠释学，到作为理论和实践双重任务的诠释学转向，这可以说是 20 世纪哲学诠释学的最高发展。与以往的实践哲学不同，这种作为理论和实践双重任务的诠释……使我们不再以客观性，而是以实践参与作为人文社会科学最高评判标准。……诠释学作为哲学，就是实践哲学，它研讨的问题就是所有那些决定人类存在和活动的问题，那些决定人之为人，以及对善的选择极为紧要的最伟大的

---

① 参见潘德荣《诠释学导论》第 4 章，（台湾）五南图书出版有限公司 1999 年版，第 75 页。

② 参见洪汉鼎《当代哲学诠释学导论》第 1 章，（台湾）五南图书出版股份有限公司 2014 年版，第 17 页。

问题。"① 这说明了今后诠释学研究的方向，是理论与实践并重的诠释哲学；并要求我们不只是空谈而已，且要实际参与其中。

综此，《周易》"阴阳"观的意义，迈向本体论的理解与解释，不仅其来有自，且是诠释的大势发展如此，不可遏阻的。

四、"阴阳"观的"视域（界）融合"

在《周易》中，"阴阳"的变化，分为四种变化形式，即是"阴阳"对立、变化、合一及不测。

首先就"阴阳"相互对立言：阴与阳是两个相反的概念，不仅性质相反，甚而连作用亦相反。当然，其相反的性质及作用，并不是彼此排斥，永不相往来；事实上，其目的则在于相反相济，相辅相成。其最终的功用，则是相同的，朝向化生万物而努力。既是阴阳相反，相互对待、对立，亦是指自然界的一切事物或现象，都存在着相互对立"阴阳"两个方面。例如"阳卦多阴，阴卦多阳，其故何也？阳卦奇，阴卦偶。其德行何也？阳一君而二民，君子之道也。阴二君而一民，小人之道也"② 等，充分反映出"阴阳"对立的特性。

其次就"阴阳"相互变化言："阴阳"的变化是无穷的，阳可以变阴，阴可以变阳，阳中有阴，阴中有阳。即是从量变到质变，由质变到量变，交相互变，更迭无尽。而在相互变化之中，方能产生无穷无尽的万物。反之，若不变化，"阴阳"各守岗位，不相往来，则何能有如此缤纷的世界？亦即是阴阳变化，包括阴阳互根，是指阴阳相互依存，相互为用，阴依存于阳，阳依存于阴，双方都以对方的存在作为自己存在的前提称之。阴阳消长，是指阴消阳长，或阳消阴长之

---

① 洪汉鼎：《当代哲学诠释学导论》第 1 章，（台湾）五南图书出版股份有限公司 2014 年版，第 23 页。

② 《周易·系辞下传》第 4 章。

互为消长的运动变化之中，阴阳之间这种彼此消长动态变化称之阴阳变化。此外，阴阳变化主要是指阴阳变易，阳变为阴，阴变为阳，从量变到质变。也就是指阴阳对立的双方，在一定的条件下可以互相转化，阴可以转化为阳，阳可以转化为阴。阴与阳不仅是对立的统一，还包括量变及质变。事物发展变化，表现为由量变到质变，又由质变到量变的质量互变过程。例如《泰卦》为"内阳而外阴"（《泰卦·象辞》），到了《否卦》为"内阴而外阳"（《否卦·象辞》），彼此互变，相互转化。

首先是量变，又称渐变，与质变相对。指事物在数量上的增加或减少，以及场所的变更，是一种连续的、逐渐的、不显著的变化。①

其次是质变，相对应于量变，是指较大的变化，事物的本质或者性质发生了变化，是一个哲学的概念。②而量变是事物的属性发生较小的变化，而本质或者性质没有发生变化。阴阳变化，先由量变，再转化为质变。

再三就"阴阳"相互合一言："阴阳"经由"太极"或"道"的变化产生，其目的并不仅是形成对立，相互变化；其最大的目的，则在于经由变化而相互合一；就是阴阳统一，相互相济，以达到阴阳和谐，化生万物。即如"阴阳合德而刚柔有体"（《系辞下传》）。孔颖达解释说："若阴阳不合，则刚柔之体无从而生。以阴阳相合，乃生万物。"③

最后，就"阴阳"不测言："阴阳"的化生，有其一定的规律性，从相对到变化，再经由相合而生生不息。但是，其化生后的变化发展，则是神妙不可测的，即如"阴阳不测之谓神"（《系辞上传》）、《老子》

---

① 冯契主编：《哲学大辞典》，"量变"条，上海辞书出版社 1992 年版，第 1556 页。

② 冯契主编：《哲学大辞典》，"质变"条，上海辞书出版社 1992 年版，第 1033 页。

③ （三国魏）王弼、（晋）韩康伯注，（唐）孔颖达等正义：《周易正义》卷八《系辞下》，（清）阮元校刻《十三经注疏》，中华书局 1980 年影印本，第 89 页。

所说的"玄之又玄，众妙之门"①。即是说明万物化生之后的未来发展，则在于各自的修为造化，美·麦克阿瑟（Douglas MacArthur，1880—1964）说："上帝发牌，归你打。"② 蕴含是极为深刻的。"阴阳"的不测，即是在此规律过程中，一项不可避免的偶然性运转方向；而非固定的僵化，形成命定的发展。

在"阴阳"变化中，与诠释视域有关的有两个，就是"阴阳"相互合一，与"阴阳"不测。其中"阴阳"相互合一，表示诠释的"视域（界）融合"；"阴阳"不测，表示诠释的永无止尽。

我们谨就"阴阳"相互合一诠释的"视域（界）融合"来分析。

"阴阳"相互合一，如同牛顿所主张的纯粹自然力，"引力和斥力——的对立两极相互作用的结果"③。

"引力（Gravitation、Gravity）"，指具有质量的物体之间加速靠近的趋势，任意两个物体或两个粒子间与其质量乘积相关的吸引力，自然界中最普遍的力称之。④"斥力（Repulsive force）"，指两物体间有一种要增加其间距离的力，物体之间互相排斥之力。⑤

潘德荣解释说："两极对立的力存在的首要前提，就是它们必处于一个统一体中，唯在统一中方显出其对立。这对立的两极，不是说先有了其中某一极，然后复又出现一极与之对立，它们是共处一体、同生同灭的；两极中的每一极，在孤立的状态下不具有任何意义，事物的规定性在于这两极的力联结和消长，在它们一定的量的比例关系中确定了事

① （三国魏）王弼注，楼宇烈校释：《老子道德经注校释》，中华书局 2008 年版，第 2 页。
② 参见《人生佳句摘记—Uncle Fat 胖叔叔故事海—udn 部落格》网页，http://blog.udn.com/abi803/2620383，2018 年 8 月 1 日。
③ 潘德荣：《诠释学导论》第 2 章，（台湾）五南图书出版有限公司 1999 年版，第 38 页。
④ 参见《百度百科》网页，"引力（自然基本之力）"条，https://baike.baidu.com/item/%E5%BC%95%E5%8A%9B/13783671，2018 年 8 月 2 日。
⑤ 参见《百度百科》网页，"斥力"条，https://baike.baidu.com/item/%E6%96%A5%E5%8A%9B，2018 年 8 月 2 日。

物的本质；正因为它们每每表现出不同的比例，个体的事物才得以相互区别。这个普遍法则决定一切事物。"①

此中可以看出"引力与斥力"的变化，具有四项特点：

一是必须处在一个统一体中，只有在统一体中方显出其对立。如同"太极"或"道"，是统一体，方能产生"阴阳"对立。

二是不是先有了一极，再出现另一极，而是同时出现的，且是同生同灭的。即是"阴阳"，不是先有"阴"后有"阳"，或先有"阳"后有"阴"，"阴阳"是同时出现的。

三是两极中的每一极，在孤立的状态下不具有任何意义。即如"阴阳""孤阴不生""独阳不长"②，不可能独自化生，必须两者合一方能产生量变及质变。

四是在两力的联结和消长中，在不同的比例的量化当中，产生不同的物质变化。如同"阴阳"的对立、变化、合一、不测，致产生各类各型的万物。

潘氏特别以"自然与精神对立"来说明"引力与斥力"的变化特点，更是强化"阴阳"变化的特色及价值。他说："这个普遍法则决定一切事物，即使是最高层次的两极对立——自然与精神对立——也毫不例外，在自然与精神的对立统一体中，当现实占量的优势时，便表现为自然；而在观念占优势时，表现为精神（理性、智慧）。所谓'运动'，乃是指对立的力，在两极之间往返活动。这样的一种把世界归结为力的不同组合之观点，我们不能简单称之为'形而上学'；就其视事物为对立统一体、并从对立的统一中导出事物的普遍联系而言，已触及到了辩证法的核心——对立统一规律。"③

---

① 潘德荣：《诠释学导论》第 2 章，（台湾）五南图书出版有限公司 1999 年版，第 40 页。
② 参见《维基百科》网页，"阴阳"条，https://zh.wikipedia.org/wiki/%E9%98%B4%E9%98% B3，2018 年 8 月 2 日。
③ 潘德荣：《诠释学导论》第 2 章，（台湾）五南图书出版有限公司 1999 年版，第 40 页。

"阴阳"的变化与合一，不仅是辩证法的，而且，更是形而上学的宇宙化生论的过程之一。

在此必须要说明的，《周易》的"阴阳"观，不存在"两值"逻辑系统（two-valued logic），是指"是非不可并立，真假不容混淆"①的系统，在哲学中称之为"同一律"。即指一个物在不同的情况之下，它常是它，它常是它自己。亦指存有是存有，或者存在者是存在者。"事物与自身等同"②。

语意学专家徐道邻指出："这个建立于同一律上之上的逻辑系统——过去我们误认为唯一可能的思想体系——这一个认定'是非不可并立，真假不容混淆'的系统，我们现在一般称之为'两值的'逻辑系统（two-valued logic）——因为在这个思考体系里只有'是'和'不是'，或者'真'和'假'两个价值，而不容有第三个价值存在。……但是，从语意学的研究来看，这一个逻辑系统，却也给我们人类的思考行为，带来了不少的灾害。"③

进言之，"两值"逻辑系统误导了我们对于事情认定的方向，只有两种，不是对，就是不对；事实上，还有中间的部分，可能是对，可能是错，对错的比例不同而已。例如对的占51%，错的部分则占49%，这就不代表这个一定是全对的或全错的。

"阴阳"的变化，无论从对立、变化、合一、不测，一定是"阴阳"两股气，彼此互动变化，"阴"变"阳"，或"阳"变"阴"，绝对没有"纯阴"或"纯阳"的两值逻辑系统；如果是"纯阴"或"纯阳"的状态，即会造成"孤阴不生""独阳不长"就无法化生万有了。

就此而论，潘德荣指出："'对立面的联结'，不仅注意到对立的

---

① 徐道邻：《语意学概要》第14章，（香港）友联出版社2010年版，第126页。

② 邬昆如：《形上学》第2部分第1章，（台湾）五南图书出版股份有限公司2004年版，第197页。

③ 徐道邻：《语意学概要》第14章，（香港）友联出版社2010年版，第126页。

两极，并且不忽视这两极的内在交融，从而把对立的东西系统化的纳入一个整体之中。"①"阴阳"的化生过程，即是如此，就是"对立面的联结"。

再进一步说，"对立的两极，在事物的统一体中，消融了对立的倾向，而融合为一个整体；并唯有在这种对立的克服中，显示了两者的存在"②。道尽了"阴阳"化生变化的意义与功能和价值。

由此而论，从形上落实到生活现实当中，亦不宜有"两值"的逻辑观念，以免造成自身的灾难。

徐道邻深入分析"两值"逻辑的缺失指出，"两值的"逻辑，诚然是我们人类思考的出发点，但是这种"两值"的范型，却无形中控制了我们的思考方式，而使我们常常过分地予以滥用。因此在我们一般人的字汇里，通俗的对立字句，全都是异常丰富的。譬如："真假""有无""生死""是非""大小""黑白""冷热""长短"等等，这无不是在说明我们之充分运用"两值"字句，而这种字句之运用，也正说明了我们大家之广泛的趋向于作"两值思考"。所以小孩子看电影一定问哪一个是"好人"，哪一个是"坏人"；乡下人买东西回来，一定问他这件东西买的是"贵"还是"便宜"；纳粹党人指世界上的一切，分成为"阿瑞安"的和"非阿瑞安"的。③

"两值"逻辑最大缺失，就是仅看到及抓住一面，而完全否定另一面，致造成判断的重大错误。这种错误，有时不只是"真假""有无""生死""是非""大小""黑白""冷热""长短"的对立字眼，甚至是"哪一个是'好人'，哪一个是'坏人'"。更严重的是"控制了我们的思考方式，而使我们常常过分的予以滥用"，产生巨大的灾难而不知。纳粹党人将人分成"阿瑞安"和"非阿瑞安"死于其手的将近1000—

① 潘德荣：《诠释学导论》第 2 章，（台湾）五南图书出版有限公司 1999 年版，第 40 页。
② 潘德荣：《诠释学导论》第 2 章，（台湾）五南图书出版有限公司 1999 年版，第 41 页。
③ 徐道邻：《语意学概要》第 14 章，（香港）友联出版社 2010 年版，第 127 页。

1200 万人，即是对"两值"逻辑的偏执影响所致。

"凡是两值性的字句，都是具有'排他性'的字句（因为如承认其一面，即不能不否认其另一面）。凡是具有排他性的字句，都是向人类情感系统挑战的字句。你说刚才走过去的那个人是一个好人，他就等于说他绝对不是一个坏人。也就等于说，凡说他是坏人的人，本身也就是一个坏人。在你说他是一个好人……就是凡是认为他是坏人的人都不对；一个说他是坏人，也就是说凡是认为他是好人的人都不对。那么你们二人为了自己的自尊心，为了自己对于自己和对世界的信仰，焉得而不大吵一顿，结果来一个不欢而散？"① 徐氏再分析指出。

所以，《周易》的"阴阳观"就避免了这项偏执两极化的缺失，反对"阴阳"孤立，重视"阴阳"合一；唯有在"阴阳"的和谐当中，能产生一切能量，化生万有，建立美好的世界。我们再重申呼吁一次："对立的两极，在事物的统一体中，消融了对立的倾向，而融合为一个整体；并唯有在这种对立的克服中，显示了两者的存在。"

如何消除"两值"逻辑？

第一要认清"两值"逻辑产生的原因。

徐道邻分析出两值字句的毛病有两种：

（一）这些字句，多半是主观性的。一个人和一个人的反应不同，美丽和丑恶，味美和味恶，好和坏，一不小心，我们常常容易把主观的评判说成客观的事实，而使听话的人迷惑。

（二）两值字句，往往是一种性质的两个极端。黑和白，中间还有许多种程度的灰色：冷和热，是自零下许多度到一百度，几百度和几千度。凡是具有程度的性质，而我们具有衡量的标准，我们最好以程度字句来表达，而不要用两值的字句来表达。你要委托人买一件衬衫，你说"领口要 15 吋半的"，不要说领口要"大"的。你要洗热水

---

① 徐道邻：《语意学概要》第 14 章，（香港）友联出版社 2010 年版，第 128—129 页。

浴，你说"水要 40 度"，不要说请你烧得"烫"一点。有人问你，今天外面热不热？你去看一看寒暑表，你说"华氏 84 度"。从语意学来讲，这是人类用以表达思想的最"安全"的语辞（也可以说是"消过了毒"的语词，但这并不是说，为了达到某一种目的时，最"有效"的语词）①。

如何避免"两值"逻辑？

第一在语意及语言使用上，我们为达到语意及语言使用的安全，最好尽量避免"两值"字句的使用，而是使用准确、具体、清晰、量化、客观、条理、系统（共七项）的句子。例如每月收入三万元，不要说我收入不多。喜欢何种口味，宜清楚地表达自身对酸甜苦辣咸的喜好，不要说口味不忌。

第二在思维及判断上，最好也避免"两值"的字句。例如要研究某人是"怎样的一种性格"，不要研究他是一个"好人"或是一个"坏人"。要研究你的夫人，是为了哪一件事情而对你不满，不要研究她是否还"爱"你，或者是为什么"不爱"你。因为，事物的发展有多种不同的变化，不可仅以对立的两值思考，僵化限制，固执不通。即是取消二元对立，找出人性的普世价值。主要是二元对立主义，是一种是与非、善与恶的截然对立主张②，且着重权威扮演的角色。但是，我们发现权威并非全能，是非善恶并非截然二分，应修改认知与判断，重新思考出一套合于人性需求的意义与价值。

《周易》"阴阳观"，具有诠释学理解与解释的"视域（界）融合"的特色。

---

① 徐道邻：《语意学概要》第 14 章，（香港）友联出版社 2010 年版，第 129—130 页。

② 陈冠蓉说："人的内心非常多变，绝对不是只有善恶两面。"参见陈冠蓉《从全校性阅读书写课程谈学习障碍个案的辅导——以"我的爱之味便当计划"为中心的研究》（上）。

五、"视域（界）融合"，主体与客体合一

"视域（Horizont）"。视域就是看视的区域，它包括了从某个立足点出发所能看到的一切①。洪汉鼎清楚的解释。

析言之，"视域"，本指视力范围。"视域"概念在胡塞尔那里的最重要意义首先在于，它说明了单个对象与作为这些对象之总和的世界之间的过渡关系，说明了具体、充实的视域与抽象、空乏的视域之间的过渡关系。②

陈荣华指出："所谓'视域（Horizont/horizon）'，是指意识一定被某个观点所限制后，往外理解其他事物。在诠释学中，理解自己或他人的视域就是理解当时的诠释学处境，亦即传统中留下来的观点或方向，再进而检讨思考，藉以得到文本的意义。"③

"视域"，综合来说，就是指诠释者自身对文本理解与解释的范围。

所谓"视域（界）融合"，是由伽达默尔提出，指由解释者的主体理解视野和被解释对象（如历史文本、文学作品、文化传统等）的历史视野之间的相互作用所产生的一种融合状态，是理解活动的最高境界。伽达默尔认为，在理解活动中，解释者主体被历史和文化传统等因素组成的"前理解""前结构"所限定，构成一种指向对象的理解视野；而被解释对象如文学作品、历史文本等，也具有自己的理解视野，它期待并指向解释主体的解释，寻求最大限度地得到历史性的合理解释。在这两种视野的相遇中，主体的理解视野不能随意地解释历史对象；而被解

---

① 洪汉鼎：《当代哲学诠释学导论》第 4 章，（台湾）五南图书出版股份有限公司 2014 年版，第 144 页。

② 参见《百度百科》网页，"视域"条，https://baike.baidu.com/item/%E8%A7%86%E5%9F%9F/7564732，2017 年 12 月 29 日。

③ 陈荣华：《高达美诠释学：真理与方法导读》，（台湾）三民书局股份有限公司 2011 年版，第 158—159 页。

释对象的理解视野，也不能因其特定的历史内容而使主体的能力受到不应有的妨碍，甚至消融主体，使主体堕入无法求得的历史真实性的徒劳追求中。解释的主体和对象的关系应该达到一种"视界融合"。因此，在此基础上，使理解产生出新的意义，即既不是主体意义的实现，也非对象客体意义的还原的一种新质的理解，具有历史有效性的理解。这将给历史的解释活动带来前进。①

换言之，在诠释时，诠释者不能无限上纲地随意任性解释对象文本，造成对象文本意义与文本内容之间的完全割裂。而对象文本也不能因其特定的内容，以局限解释者的思考与诠释，甚而"消融主体"，使解释者完全受限于对象文本的约束。因此，在此情形下的诠释内涵，既不是解释者的主体意识，也非对象文本意义的还原，而是产生两者相合的"一种新质的理解"，形成"视域（界）融合"，致使诠释达到了提升与发展。即是我们对于作品的认识，是经由文本、诠释者（包含前理解）及"效果历史"三者融合的综合意义。

我们在理解与解释文本时，究竟是如何诠释的？有下列四种选项：

其一是以自己主观意见为主。其二是以客观对象文本为主。其三是既不是主观，也不是客观，而是以第三者的意见为主。其四是主观与客观的融合，两者相合一体。

"视域（界）融合"告诉我们的是第四项：主观与客观的融合，两者相合一体。

为什么如此？

"按照伽达默尔的看法，理解者和解释者的视域不是封闭的和孤立的，它是理解在时间中进行交流的场所。理解者和解释者在与文本接触中，不断扩大自己的视域，使它与其他视域相交融，这就是伽达默尔所

---

① 杨荫隆主编：《西方文学理论大辞典》"视界融合"条，吉林文史出版社1994年版，第837—838页。

谓的'视域融合'。他说:'理解其实总是这样一些被误认为是独自存在的视域的融合过程。'视域融合不仅是历时性的,而且也是共时性的。在视域融合中,历史与现在,客体与主体,自我与他者,陌生性与熟悉性构成了一个无限的统一整体。"① 洪汉鼎深入解析伽达默尔的"视域(界)融合"表示。

从中可以看出,我们在诠释时,不是孤立与封闭的,而是自身的视域与文本和其他的视域交融,更是"在视域融合中,历史与现在,客体与主体,自我与他者,陌生性与熟悉性构成了一个无限的统一整体"。

所谓"视域(界)融合"意义就是:当读者带着自己的历史"视域"去理解某种历史作品时,两种不同的历史"视域"必然会产生一种"张力"(tension)。读者必须摆脱由作品自身历史存在所产生的"成见",但又不能以自己的"成见"任意曲解其理解的对象。只有在解释者的"成见"和被解释者的"内容"融合在一起,并产生出意义时,才会出现真正的"理解"。这种过程,Gadamer 称之为"视域融合"(fusion of horizons)②。

陈荣华在《葛达玛诠释学与中国哲学的诠释》表示:"意识总是在某一观点下限制它自己的视线(Sehen, vision),在由此视线向外看,就是一个有限的视域。所谓视域的融合,在诠释时,诠释者让这两个视

---

① 洪汉鼎:《当代哲学诠释学导论》第 4 章,(台湾)五南图书出版股份有限公司 2014 年版,第 145 页。"历时性",为瑞士语言学家 F. 索绪尔所创用的概念。指语言中不为同一集体的意识所能感觉到的连续的成分间的关系。即语言在较长的历史时期中所经历的变化。此亦指纵观性。参见杨荫隆主编《西方文理论大辞典》"历时性"条,吉林文史出版社 1994 年版,第 104 页。"共时性",亦为瑞士语言学家 F. 索绪尔提出的概念,与历时性相对。指能为特定历史阶段的集体的意识所能感觉到的同时存在,并构成系统的语言成分之间的联系。即语言在一定的历史阶段的横断面的静态存在。此亦指横观性。"共时性"条,第 349 页。

② 参见《高达美的诠释学》网页,http://www.nhu.edu.tw/-sts/class/class_03_3.htm,2017 年 8 月 10 日。另亦见 [德] 伽达默尔《诠释学:真理与方法》,洪汉鼎译,商务印书馆 2007 年版,第 395—399 页。

域更深入地互相影响，以突显诠释者错误的成见，及肯定正确的成见，且在正确成见的引导下，才能让现在传统与过去传统互相融合。由此融合出来的意义，超出了原先的偏见和特殊性，成为一个能被现在与过去互相接纳的共识。然诠释经验基本上是诠释者的传统中的两个视域之互相影响与融合。诠释者不是正如历史学所主张的，先放弃自己的视域，再跳入诠释对象的视域去，而是，诠释者将诠释对象的视域应用到自己的视域里，让它们消除差异，最后融合成一完整的意义。"①

陈氏主要的论点，就是要说明"视域（界）融合"最大的目的，就是"诠释经验基本上是诠释者的传统中的两个视域之互相影响与融合"，"诠释者将诠释对象的视域应用到自己的视域里，让它们消除差异，最后融合成一完整的意义"，而不是放弃自身的理解与解释，以进入诠释对象当中，成为诠释对象的一部分。

对于陈氏所说的"先放弃自己的视域，再跳入诠释对象的视域去"，洪汉鼎根据伽达默尔的说法，深入说明指出："伽达默尔对历史主义所谓'设身处地'的理解方式进行了批判。按照历史主义的看法，理解传统我们需要一种历史视域，而这种历史视域是靠我们把自身置入历史处境中而完全丢弃我们自己视域而取得的。伽达默尔反对这种看法，他说，为了能使自己置入一种历史视域中，我们就必须具有一种视域。在《真理与方法》第 1 卷中，他写道："为什么叫做自我置入（Sichversetzen）呢？无疑，这不只是丢弃自己。当然，就我们必须真

---

① 陈荣华：《葛达玛诠释学与中国哲学的诠释》，（台湾）明文书局股份有限公司 1998 年版，第 129—134 页。另陈荣华《高达美诠释学：〈真理与方法〉导读》亦云："视域融合是指诠释者视域与文本视域各自扬弃其局限性，提升和统一在更普遍的视域里，这是理解的完成。……在西方传统哲学，完成事物的理解，只是把握它本有的意义，不会使它的意义改变。高达美诠释学不同，事物的意义必须改变，由此它才能针对诠释者的处境，呈现出与诠释者密切相关的意义，这才是有效的真理。……诠释学的思考是双向的，它由诠释者到达事物，再由事物返回诠释者，彼此互动影响，取消差异，直至统一。"参见洪汉鼎《当代哲学诠释学导论》第 4 章，（台湾）五南图书出版股份有限公司 2014 年版，第 164—165 页。

正设想其他处境而言，这种丢弃是必要的。但是，我们也把自身一起带到这个其他的处境中。只有这样，才实现了自我置入的意义。例如，如果我们把自己置于某个他人的处境中，那么我们就会理解他。这也就是说，通过我们把自己置入他的处境中，他人的质性，亦即他人的不可消解的个性才被意识到。"①

传统诠释方式，主要是探讨作者本义。如何探讨？就在于以"心理体验"方式的"设身处地"，遥想作者如何构思、想象、运笔、创作，以和作者心灵相契，就能得到作者的本义。伽氏特别反对，"无疑，这不只是丢弃自己"。

怎样做才对？

"这样一种自身置入，既不是一个个性完全移入另一个性中，也不是使另一个性受制于我们自己的标准，而是一种两个性的融合。这融合标志一种向更高的普遍性的提升。这种普遍性不仅克服了我们自己的个别性，而且也克服了那个他人的个别性。获得一种普遍性的视域。就意味着我们学会了超出近在咫尺的东西去观看，但这不是为了避而不见这种东西，而是为了在一个更大的整体中，按照一个更正确的尺度去更好地观看这种东西。因此，诠释学与历史传承物的接触，尽管本身都经验着文本与现在之间的紧张关系，但诠释学的活动并不以一种朴素同化去掩盖这种紧张关系，而是有意识地去暴露这种紧张关系。在《真理与方法》第1卷中，伽达默尔说，正是由于这种理由，'诠释学的活动就是筹划一种不同于现在视域的历史视域。历史意识只意识到它自己的他在性，并因此把传统的视域与自己的视域区别开来。但另一方面，正如我们试图表明的，历史意识本身，只是类似于某种对某个持续作用的传统进行迭加的过程。因此它把彼此相区别的东西同时又结合起来，以便在

---

① 参见洪汉鼎《当代哲学诠释学导论》第4章，（台湾）五南图书出版股份有限公司2014年版，第145—146页。

它如此取得的历史视域的统一体中与自己本身再度相统一。'伽达默尔在这里明确地说，理解并不是一种心灵之间的神秘交流，而是一种'对共同意义的分有（Teilhabe）'"①。

洪氏指出，伽氏主张的"自身置入"与传统诠释的"设身处地"是不同的。不同的地方，在于"设身处地"，是指作者主观的"心理体验"；而"自身置入""是一种两个性的融合。这融合标志一种向更高的普遍性的提升。这种普遍性不仅克服了我们自己的个别性，而且也克服了那个他人的个别性。获得一种普遍性的视域"。总之，"视域（界）融合"，"理解并不是一种心灵之间的神秘交流，而是一种'对共同意义的分有（Teilhabe）'"。这才是"视域（界）融合"的意义与目的所在。

伽达默尔在《真理与方法》第 1 卷中，说："真正的历史对象，根本就不是对象，而是自己和他者的统一体，或一种关系。在这种关系中，同时存在着历史的实在以及历史理解的实在。一种名副其实的诠释学，必须在理解本身中，显示历史的实在性。因此，我就把所要的这样一种东西，称之为'效果历史'。理解按其本性，乃是一种效果历史事件。"他还说："理解从来就不是一种对于某个被给定'对象'的主观行为，而是属于效果历史。这就是说，理解是属于被理解东西的存在。"②

伽氏提醒我们，在理解的过程中，必须配合"效果历史"——历史通过制约我们的历史理解力而产生效果③，"必须在理解本身中，显示历史的实在性"；由于如此，理解不可能是主观的，而是结合"效果历史"，形成与客观对象的一种"视域（界）融合"。

"按照德伽达默尔的看法，任何传承物在每一新的时代，都面临新

① 洪汉鼎：《当代哲学诠释学导论》第 4 章，（台湾）五南图书出版股份有限公司 2014 年版，第 146 页。

② 洪汉鼎：《当代哲学诠释学导论》第 4 章，（台湾）五南图书出版股份有限公司 2014 年版，第 149 页。

③ 参见《百度百科》网页，"效果历史"条，http://baike.baidu.com/subview/2905770/2905770.htm，2016 年 9 月 3 日。

的问题和具有新的意义，因此我们必须重新理解，重新加以解释。传承物始终是通过不断更新的意义表现自己，这种意义就是新问题的新回答；而新问题之所以产生，是因为历史的过程中，新的视域融合形成，而我们的解释从属于这一视域融合"①。洪汉鼎进一步说明，为何"效果历史"对"视域（界）融合"的重要性。

"一个重建的'问题'永远不会处于它原来的视界之中，因此，我们的理解作为回答，就必定会超出此前所理解的历史，历史就是以这种方式发展着。"②潘德荣为上述问题做了回答。

美国著名哲学家帕玛提供了一种解释："在某种意义上，诠释者与文本的视域，都是具有普遍性的，而且也都是建立在存有之基础上。因此，与流传下来之文本的视域相遇，实际上启发了人自己的视域，并且能够导致自我开显和自我理解。"③"视域（界）融合"的功能，就在于"启发了人自己的视域，并且能够导致自我开显和自我理解"。

"视界融合标志着新的更大的视界之形成，这个新视界的形成无疑是一个不断发生的过程，在这个过程中，一切理解的要素、进入理解的诸视界持续地合成生长者，构成了'某种具有活生生的价值的东西'，正是因为它们是在一种新的视界中被理解到的。因此，融合的过程也就意味着对我们所筹划的历史视界之扬弃，我们通过历史视界使历史与我们区别开来，融合就是扬弃历史视界的特殊性，从而使之与我们合成一个新的统一体；融合同时也是对我们自己的前判断所规定之视界之扬弃，我们现在所拥有的实际上是包含着历史视界的新视界。这便是理解的真谛，理解最后所达到的，就是获得以视界融合为标志的新视界。"④

---

① 洪汉鼎：《当代哲学诠释学导论》第2章，（台湾）五南图书出版股份有限公司2014年版，第63—64页。

② 潘德荣：《诠释学导论》第5章，（台湾）五南图书出版有限公司1999年版，第133页。

③ [美]帕玛：《诠释学》，严平译，（台湾）桂冠图书股份有限公司1997年版，第235—236页。

④ 潘德荣：《诠释学导论》第5章，（台湾）五南图书出版有限公司1999年版，第136页。

潘氏的见解，使我们了解到"视域（界）融合"是"某种具有活生生的价值的东西"。我们扬弃旧的，迎接新的，使我们的理解不断前进，展现创新的意义与价值。这就是"理解最后所达到的，就是获得以视界融合为标志的新视界"。

"视域（界）融合"有无止境？"这并不是说，业已达到的视界融合是理解的终点，相反的，它只是人类理解过程的一个阶段"①。它是永无止境的，一个视域接着一个视域，一个阶段捱着一个阶段地完成，再向下一个阶段阐发深刻的理解与解释的意义与价值。

《周易》的"阴阳观"，与"视域（界）融合"，有颇多契合之处。

首先，"阴阳"的化生，绝对不是"纯阴"或"纯阳"的变化，所谓"孤阴不生""独阳不长"。其化生一定要"阴阳"二者相互对立、变化及合一，方能创生一切万有；只要缺少一方，即无法成功化生。如同"视域（界）融合"般，不是主体为主，亦非客体挂帅，而是主客合一的理解与解释。

即是"视域（界）融合"，其诠释或理解就是"前理解"与文本的相合。这是一个双向交流、不断融合的过程。在这个过程中，文本的意义在流动中变化，被不断赋予新的内涵；我们的前理解也在不断变化更新，致使我们的视域也在不断地扩大及成长，形成更高、更远、更广的识见。此即是说，必须自己的视域与他人的视域融合在一起，才能形成崭新且创造的视域。

其次，"阴阳"在变化当中，是主动求合，而非被动等待的。例如：阴疑于阳必战，为其嫌于无阳也，故称龙焉（《坤卦·文言》）。疑，同凝，指凝情。战，接也②，即指交合。此段即是说《坤卦》为全阴之卦，可是在《坤卦》上六爻阴极之时，必定凝情与阳气，以相互交合，以化

---

① 潘德荣：《诠释学导论》第 5 章，（台湾）五南图书出版有限公司 1999 年版，第 136 页。

② 《说文解字》云："壬，位北方也。阴极阳生，故《易》曰：'龙战于野'。战者，接也。"参见（清）段玉裁《说文解字注》卷 14 篇下，（台湾）艺文印书馆 1970 年版，第 749 页。

生不息。因为,《坤卦》没有阳爻,且以"龙"代表阳。此充分展现出"阴阳"在变化当中,是主动求合,而非被动相交。

"视域(界)融合"也一样,主体的"视域"是主动与客体的"视域"相合,联结成一体,以形成新的"视域"。

第三,"阴阳"理论的建立,主要是求"合"而非求"分"。唯有其"合",才能"阴阳合德,而刚柔有体,以体天地之撰,以通神明之德"①。撰,指创作。唯有"阴阳"合德一体,才能使阳刚和阴柔成为形体,以体察天地化育万物的功能,贯通天地变化神妙光明的德性。

"视域(界)融合"的目标,就是要"合",约束主体的独断性与封闭性。唯有与其他"视域"相合,才有更精彩的诠释生成。

六、"阴阳"诠释的永无止尽

最后,我们要问理解与解释的诠释,有无止尽之时?

洪汉鼎大声指出:研讨文学文本和哲学文本的语文学家,也知道这些文本的意义,是不可穷尽的。②

这就说明:理解与解释的诠释,是永无止尽的。

在《真理与方法》第1卷中,伽达默尔就说:"对一个文本,或一部艺术作品里,真正意义的汲舀是永无止境的,它实际上是一种无限的过程。"③也因此,我们对历代经典的诠释,没有人敢说,其所注解的经典,已达到"终极",不需要再诠释了。而是,"真正意义的汲舀是永无止境的,它实际上是一种无限的过程"。

---

① 《系辞下传》第6章。

② 洪汉鼎:《当代哲学诠释学导论》第4章,(台湾)五南图书出版股份有限公司2014年版,第144页。

③ 参见洪汉鼎《当代哲学诠释学导论》第4章,(台湾)五南图书出版股份有限公司2014年版,第130页。

"这里说得再明白不过，任何文本或精神的客观化物，乃至一切富有意义的形式之意义，只能是生成性的、开放性的、不断变化而永无止境的。"① 关于"理解与解释的诠释，是永无止尽"，洪氏说得再明白也不过了。

在《周易》的"阴阳观"当中，"阴阳"不测，就表示诠释的无止尽。"阴阳不测之谓神"②。其中的"不测"，据有两层意义：一是指"阴阳"的气，化生万物，不可预料，神妙莫测；一是指"阴阳"化生万物，生生不息，无有穷尽，无有止息。

就"阴阳"不可预料，神妙莫测分析：

韩康伯指出：

神则寂然虚无，阴阳深远，不可求难，是无一方可明也。③

阴阳不测之谓神。神也者，变化之极，妙万物而为言，不可以形诘者也，故曰"阴阳不测"。尝试论之曰：原夫两仪之运，万物之动，岂有使之然哉！莫不独化于大虚，欻尔而自造矣。造之非我，理自玄应；化之无主，数自冥运，故不知所以然，而况之神。是以明两仪以太极为始，言变化而称极乎神也。夫唯知天之所为者，穷理体化，坐忘遗照。至虚而善应，则以道为称。不思而玄览，则以神为名。盖资道而同乎道，由神而冥于神也。④

欻，音忽。指忽然。韩氏明白指出，"阴阳"不测的主要原因，一

---

① 参见洪汉鼎《当代哲学诠释学导论》第 3 章，（台湾）五南图书出版股份有限公司 2014 年版，第 108 页。

② 《系辞上传》第 5 章。

③ （三国魏）王弼、（晋）韩康伯注，（唐）孔颖达等正义：《周易正义》卷七《系辞上》，（清）阮元校刻《十三经注疏》，中华书局 1980 年影印本，第 78 页。

④ （三国魏）王弼、（晋）韩康伯注，（唐）孔颖达等正义：《周易正义》卷七《系辞上》，（清）阮元校刻《十三经注疏》，中华书局 1980 年影印本，第 78 页。

是在本体"太极"或"道"的化生，是变化不可知的。"是以明两仪以太极为始，言变化而称极乎神也。夫唯知天之所为者，穷理体化，坐忘遗照。至虚而善应，则以道为称。不思而玄览，则以神为名。盖资道而同乎道，由神而冥于神也。"二是"阴阳"本身的变化莫测，神妙不可知。"神则寂然虚无，阴阳深远，不可求难，是无一方可明""阴阳不测之谓神。神也者，变化之极，妙万物而为言，不可以形诘者。"

孔颖达进而疏证说："天下万物，皆由阴阳，或生或成，本其所由之理，不可测量之谓神也，故云'阴阳不测之谓神'。"[①] 天下万物，皆由"阴阳"二气变化而成。其如何变化？诚不可知，所以称之为"阴阳不测之谓神"。

关于"阴阳不测"，朱子解析周敦颐《太极图说》"一动一静，互为其根"说："推之于前，而不见其始之合；引之于后，而不见其终之离也。"[②] 此充分说明"阴阳"变化的莫测高深。由于"阴阳"的本体为"太极"或"道"，为最高的形上实体，其具有无穷无限的属性，化生"阴阳"之气，亦是无穷无限。是以"推之其前，不知其相合之始；引之于后，不知其分离之终"，真是"阴阳不测之谓神"了。

朱伯崑剖析说："一阴一阳，相互流转，其始无端，不见其合；一动一静，相互推移，其终又不见其离。意思是，阴阳流行是一个连续不断的过程，没有开头，也没有终结，即阴了又阳，阳了又阴，循环不已。"[③] "阴阳"的变化，一动一静，阳阳变化，永恒的流转，生生不息，是一个连续不断的过程，没有开始，也没有结束，更是无法预测的。

朱熹再深一层解释说：

---

① （三国魏）王弼、（晋）韩康伯注，（唐）孔颖达等正义：《周易正义》卷七《系辞上》，（清）阮元校刻《十三经注疏》，中华书局1980年影印本，第78页。

② 参见《太极图说》，朱熹《朱子全书》第13册《太极图说》，上海古籍出版社、安徽教育出版社2002年版，第73页。

③ 朱伯崑：《易学哲学史》第2册，（台湾）蓝灯文化事业股份有限公司1991年版，第514页。

阴阳本无始，但以阳动阴静相对言，则阳为先，阴为后；阳为始，阴为终。犹一岁以正月为更端，其实姑始于此耳。岁首以前，非截然别为一段事，则是其循环错综，不可以先后始终言，亦可见矣。①

所以，在朱熹认为，"阴阳"不测，即是"阴阳无始"。他认为"阴阳"虽然无始无终，无穷无尽，若要勉强分个先后，在逻辑找出先后次序，由于"阳动阴静"，所以阳就为先，阴就为后；阳就为始，阴就为终。然而，事实上，"阴阳本无始"，阴阳是不可以分孰先孰后的。"阴阳"只是循环错综，不停变化而已。朱子特别举一岁为例，正月为岁始，且为新旧岁更换之时，只是为界定岁月，"姑始于此"，并非正月就是世界的开始之日。因为，我们实在不知道岁月何时开始，何时终了。这才是"阴阳无始"的意义及内涵。

进言之，宇宙的化生，经由"阴阳"的变化产生，它没有开始，更没有终结，只有永无止境的错综循环，生生不息变化，以建构缤纷璀璨的世界。即是"就事物变化的总过程说，阴阳错综的循环，并无先后终始可说。也就是说，阳动之前为阴静，阴静之前，又为阳动；推而上之，追溯过去，其始无端；推而下之，以至未来之际，其卒无终。此种观点，即是肯定阴阳二气处于永恒的流转过程，是对气无始无终说的阐发。由此朱熹认为，整个物质世界的变化，也是这样，既无开端，也无终始"②。

张岱年分析"阴阳不测之谓神"就说："由阴阳两个方面的相互作用而引起的变化是非常复杂微妙，不可穷尽，不可完全预测的。《周易大传》用一个专门名词来表示变化的微妙不测，这个名词叫'神'。《易

---

① （宋）黎靖德编，王星贤点校：《朱子语类》卷九十四，中华书局 1986 年版，第 2377 页。

② 朱伯崑：《易学哲学史》第 2 册，（台湾）蓝灯文化事业股份有限公司 1991 年版，第 514 页。

大传》说'阴阳不测之谓神'。"①"阴阳"化生的一切变化和作用，包括对立、变化、合德等，是微妙难知，不可穷尽，更不能预测，不能推论，所以说是"神"，就是神妙莫测的。

吕绍纲则进一步解析："阴阳变化难以测定则是神。一阴一阳则是事物变化的必然性，阴阳不测是必然性赖以表现出来的偶然性。"②"阴阳"的必然性，是变化的规律；相对的，"阴阳"的偶然性，则是变化的不规律，是变化不测的。必然性与偶然性、规律与不规律的对立和统一，冲突和融合，产生"阴阳"的复杂多变，不可测定。

就"阴阳"化生万物，生生不息分析，《系辞上传》说："生生之谓易。"此指"阴阳"对立、变化、合一、不测，而生生不绝，这就是易道。孔颖达说："生生，不绝之辞。阴阳变转，后生次于前生，是万物恒生，谓之易也。前后之生，变化改易。"③"生生"，即是生之又生，永无止息，"后生次于前生，是万物恒生"，表示生命发展的永恒性与无限性，更是永续不绝的。

朱熹也说："阴生阳，阳生阴，其变无穷。理与书皆然也。"④充分显示"阴阳"不测的功能之一，就是"阴生阳，阳生阴，其变无穷"。

《系辞下传》也说："天地之大德曰生。"就是特别标出，天地最弘大的德性，就是化生万物。孔颖达申论说："言天地之盛德，在乎常生，故言曰生。若不常生，则德之不大。以其常生万物，故云大德也。"⑤"常生"，就是永恒生生；唯有永恒生生，所以称其德"大"，故曰

---

① 张岱年：《中华的智慧：中国古代哲学思想精粹·周易大传》，上海人民出版社1989年版，第67页。
② 吕绍刚：《周易辞典》，"阴阳不测之谓神"条，吉林大学出版社1992年版，第292页。
③ （三国魏）王弼、（晋）韩康伯注，（唐）孔颖达等正义：《周易正义》卷七《系辞上》，（清）阮元校刻《十三经注疏》，中华书局1980年影印本，第78页。
④ （宋）朱熹撰，廖名春点校：《周易本义》卷三《系辞上传》，中华书局2009年版，第229页。
⑤ （三国魏）王弼、（晋）韩康伯注，（唐）孔颖达等正义：《周易正义》卷八《系辞下》，（清）阮元校刻《十三经注疏》，中华书局1980年影印本，第86页。

"大德"。

再以《周易》六十四卦的排序而言，亦是一个生生不息的宇宙论排序。

首二卦为《乾》《坤》，表示万物化生的基始，"乾知大始，坤作成物（《系辞上传》)"。知，指主导。作，指作为。乾是形式动力，坤是质料实现，两者是一切化生根本因素，化生一切，永远不息。

最末两卦是《既济》《未济》，象征万物化生的无穷性。济，指渡河，又指完成。既济指完成，未济指未完成，两者相合，生生不息，表现了《周易》中事物变化的无穷尽。一个过程的终止，正是另一个过程的开始，化生无穷，永无休止的辩证思想。

同时，《未济卦》全部爻都不正，意味一切事物都有待发展。程颐剖析表示："《序卦》：'物不可终穷也，故受之以未济终焉。'既济矣，物之穷也。物穷而不变，则无不已之理。易者，变易而不穷也。故既济之后，受之以未济而终焉。未济则未穷也，未济则有生生之义。"① 道尽了《既济》《未济》两卦，排在六十四卦之末的意义与价值所在。

由上可知，《周易》"阴阳观"意义的创造及本体诠释，不仅阐释化生的无尽，也说明理解与解释的无穷。

黄俊杰特别说明"诠释者"与"文本"的关系："解经者与经典作者及'文本'之间，永无止境的创造性的对话，赋予经典以万古常新的生命，使经典穿越时间与空间的阻隔，与异代之解读者如相与对话于一室，而千年如相会于一堂。"② 将"诠释者"与"文本"的关系述说得美丽生动，"与异代之解读者如相与对话于一室，而千年如相会于一堂"，令我们心向往之。

---

① 黄忠天：《周易程传注评·未济卦》卷6，（台湾）高雄复文图书出版社2004年版，第555页。

② 黄俊杰：《东亚儒学史的新视野·从儒家经典诠释史观点论解经的"历史性"及其相关问题》，（台湾）财团法人喜玛拉雅研究发展基金会2011年版，第61页。

关于诠释的"永无止尽",成中英有较为中肯深入的说明,他说:"'无限性'……那是一个不断揭示(真理、实体)的进程而不是潜在的完备,也不是对真实所作的静止的并且一成不变的理解"①。我们为追求及探索"真理","那是一个不断揭示(真理、实体)的进程";而且,理解与解释不是"一成不变的"。

总之,诠释所以无尽,就是因为"诠释学是想象艺术,这就意味着理解是一种想象的艺术、自由的艺术,解释空间无限,理解开放和创造。……特别表现在伽达默尔在对'理解总是一种自我理解,自我认识'的强调"②。洪汉鼎对此做了一个完美的结语,也让我们深刻体认诠释的永无止尽,是有其原因的。

七、"阴阳"诠释视域:自由开放,宽容 广大,永无止尽,本体创新

在伽达玛看来,诠释学的问题不仅从起源的意义超越了现代科学方法论的范围,并且,理解与解释显然组成了人类的整个世界经验。③ 此明白表示,"理解与解释显然组成了人类的整个世界经验"。

《周易》的"阴阳观",就是在理解与解释之中,将诠释内涵展现了最大的能量与效用。因此,其"阴阳"诠释视域的特色如下:

第一项特点,诠释是开放性而非保守性。潘德荣在《诠释学导论》中,开宗明义就张显:"诠释的精神——自由、开放、宽容的精神。"④ 就是由于理解与解释是自由、开放、宽容,所以我们的诠释能够根据

① 李翔海、邓克武编:《成中英文集·本体诠释学》,湖北人民出版社 2006 年版,第 5 页。
② 洪汉鼎:《当代哲学诠释学导论》第 5 章,(台湾)五南图书出版股份有限公司 2014 年版,第 242 页。
③ 潘德荣:《诠释学导论》第 5 章,(台湾)五南图书出版有限公司 1999 年版,第 120 页。
④ 潘德荣:《诠释学导论》第 1 章,(台湾)五南图书出版有限公司 1999 年版,第 28 页。

文本，建立系统，没有矛盾，再配合"效果历史"，让我们的心灵智慧，能够海阔天空，大展鸿图地驰骋，将意见完整表达。诚如诠释学者帕玛认为，高达美诠释学的特征在于具有这样的关怀："理解……并非操作和掌控，而是参与和开放；不是知识、而是经验，非方法论而是辩证。"① 一语道尽其中的关键所在，就是"参与和开放"，而非保守与封闭。这是"阴阳"诠释视域的第一项特点。

第二项特点，诠释是融合性而非排他性。我们传统的诠释，重在自身的主导性与独占性，刻意排他与否定对方，以突显自己的优势。然而，诠释的"视域（界）融合"则不然，强调与对象的融合，而非排他性。伽达默尔在《真理与方法》第 1 卷中就说："真正的历史对象根本就不是对象，而是自己和他者的统一体，或一种关系，在这关系中，存在着历史的实在以及历史理解的实在。一种名副其实的诠释学，必须在理解本身中显示历史的实在性。因此，我就把所需要的这样一种东西，称之为'效果历史'。理解按其本性，乃是一种'效果历史'事件。"② 也由于彼此的融合，我们的"视域"为之扩大，观点则是世界而非个人，重在普遍性而非特殊性。因此，融合性而非排他性，是"阴阳"诠释视域的第二项特点。

第三项特点，诠释是创新性而非僵化性。传统的诠释，较强调从训诂考据的方式，以探索本义。事实上，"训诂学从追求'原义'的考据圈套中解放出来，走向未来，走向诠释学，走向更广大的发展研究"③。这就是研究传统经典的主要方向。即是在理解文本时，诠释的特色是创新性，而非僵化不变的固执追寻本义。法国吕科尔就进而深入解析说：

---

① 引自 Charles R. Ringma, *Gadamer's Dialogical Hermeneutic*, Heidelberg：Universitätsverlag，1999，pp.40-41。原注为：Palmer, Hermeneutics, p.215。

② 引见洪汉鼎《当代哲学诠释学导论》第 4 章，（台湾）五南图书出版股份有限公司 2014 年版，第 128—129 页。

③ 参见潘德荣《诠释学导论·（成中英）哲学诠释学的发展与本体诠释学——序潘德荣著〈诠释学导论〉》，（台湾）五南图书出版有限公司 1999 年版，第 6 页。

"理解不是要将自己回置于原初的语境中，挖掘本文背后的意义，而是本文向我们所展现的一切。本文总是在新的语境关联中获得新生。"① 在提示诠释者在理解与解释时，不是"将自己回置于原初的语境中，挖掘本文背后的意义"，而是创造出新的意义，增进新的内涵与价值，"在新的语境关联中获得新生"。诠释的创新性而非僵化性，是"阴阳"诠释视域的第三项特点。

第四项特点，诠释是本体性而非现象性。我们的思维，追求不断向上提升，攀上峰顶，"海到无边天作岸，山登绝顶我为峰"② 的雄心壮志，臻于最高的存在。理解与解释的诠释也是一样，不到最高的意义，绝不罢休。《周易》"阴阳观"的诠释视域，亦复如此。它在"太极"或"道"的变化之下，"阴阳"对立、变化、合一、不测，化生万有，形成美丽光洁的世界。"就某种意义上说，诠释学就是'整理出一切本体论探索之所以可能的条件'"③，"理解与解释的作用在于，通过揭示实在的陈述、观念和思想体系来确立本体（Benti）"④。因此，诠释的方向，一定是朝向本体性，而非仅停留在现象界。这是"阴阳"诠释视域的第四项特点。

第五项特点，诠释是无限性而非有限性。在易学的宇宙论上，"太极"或"道"化生"阴阳"，"阴阳"化生万有，显示"阴阳不测"的特点，就说明了化生的神妙性及生生不息的本质，具有无限性的存在。理解与解释的诠释更是如此，"诠释的循环是一个生产性的循环，它的目的是，扩展理论的框架和挖掘新的意义，深化和丰富人们的原始领

---

① 引见潘德荣《诠释学导论》第 7 章，（台湾）五南图书出版有限公司 1999 年版，第 192 页。

② 参见《百度百科》网页，"海到无边天作岸，山登绝顶我为峰"条，https：//baike.baidu.com/item/%E6%B5%B7%E5%88%B0%E6%97%A0%E8%BE%B9%E5%A4%A9%E4%BD%9C%E5%B2%B8%EF%BC%8C%E5%B1%B1%E7%99%BB%E7%BB%9D%E9%A1%B6%E6%88%91%E4%B8%BA%E5%B3%B0，2018 年 8 月 6 日。

③ 参见潘德荣《诠释学导论》第 4 章，（台湾）五南图书出版有限公司 1999 年版，第 93 页。

④ 参见潘德荣《诠释学导论》第 7 章，（台湾）五南图书出版有限公司 1999 年版，第 223 页。

悟"①。此段说明诠释意义的目的，不是保守不变，固执不通；显然的其主要的目的，则在于"扩展理论的框架和挖掘新的意义，深化和丰富人们的原始领悟"；并且是永无止尽的无限发展，而不是仅限制在有限的范围之中。"由于理解者的主观性参与了理解过程，'本文'的意义就不再是一个静止和凝固的东西。它本身展现为历史，永远不会被穷尽。"②说得再明白也不过的。由此可知，诠释是无限性而非有限性，是"阴阳"诠释视域的第五项特点。

作者单位：台湾辅仁大学

---

① 参见潘德荣《诠释学导论》第 3 章，（台湾）五南图书出版有限公司 1999 年版，第 68 页。

② 参见潘德荣《诠释学导论》第 2 章，（台湾）五南图书出版有限公司 1999 年版，第 49 页。

《周易·文言》语言表达方式探微[*]

程建功

摘要：《文言》以阐发君子德行为中心，以乾坤对举、阳主阴辅的方式安排整体结构，综合运用说明、叙述、议论、抒情等表达方式，从多角度进行阐发。同时采用通篇用韵、骈散结合的方式，并借助对偶、排比、比喻等多种修辞手法增强和美化表达效果，致使全文显得气势贯通、构思奇妙、词意畅达、说理透彻，加之语言凝练、句式优美、韵律和谐，真可谓"千古文章之祖"。

关键词：文饰　君子德行　乾坤　对偶　韵语

《周易·文言》（以下简称《文言》）分附在乾、坤两卦的象辞之后，是对两卦卦爻辞的集中阐发。关于"文言"的篇名，古人和今人的解说虽多，其实质内容大同小异。唐人陆德明谓："文言，文饰卦下之言也。"① 唐代大儒孔颖达《正义》云："当谓释二卦之经文，故称'文言'。"② 今人王德有也指出："'文'指乾、坤两卦的经文，'言'指解说

---

* 本文系国家社科基金项目"《易传》的社会伦理思想研究"（项目编号：15XZX015）的阶段性成果。

① （唐）陆德明：《经典释文》，上海古籍出版社2013年版，第74页。

② （三国魏）王弼、（晋）韩康伯注，（唐）孔颖达正义：《宋本周易注疏》，中华书局1988年版。以下《文言》原文均引自该书，不再标注。

经文的言词。'文言'，即经文之说解。"① 可见，《文言》乃文饰乾、坤两卦之言，确切地说是文饰或解说乾、坤两卦的卦爻辞之言。《文言》分《乾文言》和《坤文言》两篇，据笔者统计共有 1052 字。其中《乾文言》796 字，宋代大儒朱熹将其分为六节②，后人大多遵从；《坤文言》仅有 256 字，余敦康将其分为两节，明确指出第一节阐发卦辞意蕴，第二节依次解释六爻爻辞。③ 这种划分颇为合理，也当遵从。由于《文言》的阐发对象为乾、坤两个门户之卦，加之"哲理意蕴深刻详明"，故对《文言》思想内容研究和介绍的著作较多，而对其表达方式和艺术特色的探讨则相对较少。南朝文论大家刘勰《文心雕龙》中曾举例提及《文言》《系辞》的妙思，清代桐城派的刘大櫆在论及散文形式美时也曾以《文言》《系辞》为典范，但都是稍加涉及，并未作深入具体的论说。清代阮元对《文言》情有独钟，不仅在与友人的书信中对《文言》大加赞美，而且作《文言说》一文进行专项探讨，认为《文言》符合"寡其词，协其音，以文其言，使人易于记诵"的美文特点，并称其为"千古文章之祖"。④ 可惜该文围绕"文"的内涵问题，只论说了其中的"用韵比偶之法"，并未对《文言》全篇的表达方式作出全面的论述。今人傅惠生曾作《〈周易·文言传〉语篇分析及其英译》一文，认为"从语篇关系角度看，《文言传》与经文的关系不仅是饰，更为重要的功能和作用是补充说明"⑤。尽管本文是从翻译角度对文本进行的分析，但因涉及语言的连贯、语义的衔接、结构的安排等非常具体的写作手法问题，对我们依然具有启发意义。黄黎星在《文言传：千古文章之祖》一文中

---

① 朱伯崑主编，李申、王德有副主编：《周易知识通览》，齐鲁书社 1993 年版，第 203 页。
② （宋）朱熹：《周易本义》，中华书局 2009 年版，第 35—42 页。
③ 余敦康：《周易现代解读》，中华书局 2016 年版，第 23—26 页。
④ 郭绍虞主编：《中国历代文论选》第三册，上海古籍出版社 2001 年版，第 586—587 页。
⑤ 傅惠生：《〈周易·文言传〉语篇分析及其英译》，载《中国英汉语比较研究会第六次全国学术研讨会暨学会成立十周年庆典论文集》，上海外语教育出版社 2006 年版，第 618—636 页。

对《文言》的思想内容和艺术手法两方面作了细致的论述，认为"《文言传》在义理上广为引申，旁通四达，哲理意蕴至为深刻详明，而且其文章注重修辞，文采斐然，具有垂范后世的典范意义"①。该文对我们的助益最多，可惜黄先生该文在论及艺术特色时只突出强调了《文言》重修辞和文采斐然的特点，并未能论及《文言》的整体结构特点和论述方法。在以上各家所论基础上，笔者认为《文言》在语言表达方式上至少有以下六个方面的特点。

一、乾坤对举，阳主阴辅

《文言》分《乾文言》和《坤文言》，由于《乾卦》《坤卦》两卦为《周易》的门户之卦或父母之卦，所以《文言》作者专门就这两卦的卦爻辞进行文饰和演绎。这既是由两卦本身的属性和特点所决定的，同时又离不开《文言》作者的刻意为之。唐人李鼎祚《周易集解》引姚信曰："乾、坤为门户，文说乾、坤，六十二卦皆放焉。"②可见，《文言》作者确实是为了突出两卦的重要性而有意这样安排的。这样的安排造成了《文言》全篇一个非常鲜明的结构特点，就是《乾卦》《坤卦》对举。尽管作者受崇阳抑阴易学基本观念的影响，在具体阐发时有所偏重，《乾文言》共有六节，《坤文言》只有两节；《乾文言》的字数也是《坤文言》的三倍；但这绝不等于说《乾文言》重要而《坤文言》不重要。《坤文言》在解说六三爻辞时说："阴虽有美，'含'之以从王事，弗敢成也。地道也，妻道也，臣道也。地道'无成'而代'有终'也。"对此解说，历代易学家有两种针锋相对的观点：一种观点认为这是在说明阳尊阴卑，表明尊卑关系不可颠倒；因此主张阴须绝对服从阳；另一种

---

① 黄黎星：《文言传：千古文章之祖》，《淮阴师范学院学报》2010年第2期。

② （唐）李鼎祚：《周易集解》，中华书局2016年版，第20页。

观点则认为这是在说明乾坤并建，表明阴阳之间的关系是互相协作的关系，因此主张阴与阳应和衷共济。余敦康认为按照后者的理解"地道之所以顺承天道，并不是因为卑贱者必须绝对服从尊贵者，而是为了实现共同的目标，使事业得到圆满的成功，履行自己应尽的职能。所谓'地道无成，而代有终也'，说的就是这个意思。比较起来，后一种理解是摒除了等级之分的偏见，把握了阴阳哲学的普遍原理，也切合原文的本义"①。余敦康的观点无疑是正确的，因为从《文言》作者安排的结构关系上来看，二者的关系正是一种阳主阴辅、相辅相成的关系，缺一不可。从哲学上来看，这种关系不是那种非此即彼一方压倒另一方的绝对关系，而是以一方为主导另一方为辅助的互为依存的相对关系，这也符合《易传》对阴阳关系的基本认识。

《文言》作者的这种基于阴阳哲学原理的认识，不仅比同时代的学者要高明，即使与《易传》的其他作者相比也显得更加客观。笔者之所以将这种结构方式作为《文言》表达方式的第一条来阐述，正是因为这种结构方式中不仅蕴含着作者对阴与阳之间和衷共济关系的独到认识，而且显现出了作者对《乾卦》《坤卦》两卦在《易》中地位的深刻理解与把握。因为有了对乾、坤阴阳关系执一驭万的基本理解和认识，其余六十二卦的阴阳关系均可以此为参照，无须再加解说。这应当是《文言》作者只对《乾卦》《坤卦》两卦加以文饰和阐发的主要原因。

二、君子德行，通贯全篇

从《文言》全篇的结构关系来看，以君子德行通贯全篇是其重要的结构手段。可以这样说，《文言》作者是把乾、坤两卦的内部关系作为君臣关系来对待的。由于不论君道还是臣道都是君子之道，所以用君子

---

① 余敦康：《周易现代解读》，中华书局2016年版，第25页。

之德行来阐发《乾卦》《坤卦》两卦所包含的微言大义也就成为《文言》的必然选择。《文言》全篇直接用"君子"表述的有九处，其中《乾文言》有两处见于对卦辞"元亨利贞"的解说，表达了对治国理政君子的高度期许；有两处见于对九三、九四爻辞的解说，表达了对君子进德修业的深切期望；另有两处是对初九爻辞的进一步阐发，认为"君子"以完成道德修养为行动目标，所谓的"潜龙勿用"，是因为行动尚未完成，所以"君子"还不能有所作为，明显是在告诫君子应进德以待时；另有一处则是对九二爻辞的阐发和赞美，由于作者认为九二爻辞显现了君德，因此这个君子是"学以聚之，问以辩之，宽以居之，仁以行之"的谦谦君子和仁义君子。需要指出的是九五、上九虽未用"君子"之德行加以阐发，但前者先后用"圣人"和"大人"来赞美，后者也用"知进退存亡而不失其正者，其唯圣人乎"这样极致的语言进行赞赏。显然这是君子成为圣人和大人后的完美表现，其品行远胜于君子。可见，《乾文言》通篇与君子德行紧密相关，描述的是君子逐步自我完善德行而成圣成仁的艰难过程。

《坤文言》仅有两处涉及"君子"，前者是对六二"直方大"君子品德的赞扬，后者则是对六五"黄中通理"君子德行的大加赞美；因为这两爻都属于君位，所以作者特意加以阐发和赞扬。需要说明的是，坤卦尽管只有两爻与君子直接相关，但绝不等于对卦辞和其他爻辞的解说与君子德行无关。仔细分析，可明显看出《坤文言》对卦爻辞的阐发重在其顺德：对卦辞的解说为"至静而德方""坤道其顺乎，承天而时行"；对初六的解说为"盖言顺也"；对六三的解说是"地道也，妻道也，臣道也"，而以上三道，无一例外均为顺德；对六四的解说是"盖言谨也"，虽未言及顺，但谨言慎行何尝不是一种顺德？除了上六阴柔过头、失德争斗外，其余各爻都与君子的顺德有着或明或暗的关联。

从以上所述不难看出，《文言》全篇紧紧围绕君子的德行展开论述，只不过《乾文言》重在阐发君子"进德修业"的刚健德行，《坤文言》

偏于君子"承天时行"的柔顺德行而已。《文言》的结构方式和论述方法中心明确、各有侧重。

<h1 style="text-align:center">三、多方申论，曲尽其意</h1>

在具体论述上，《文言》还有一个突出的特点，就是围绕一个中心的多角度阐发。本来卦辞已由《彖辞》进行过解说，卦象则由《大象》做过解说，爻象、爻辞由《小象》做过解说，《文言》再行解说易于陷入重复。的确，《文言》的极个别解说与《彖辞》和《小象》的思路一致，但《文言》的难能可贵之处在于能够独辟蹊径，跳出已有的论说圈子，针对一个对象展开多方面的阐发，这一点在《乾文言》的论述中表现得尤为突出。具体而言，《乾文言》对卦辞的阐发分为两方面，其一是将"元亨利贞"释为"四德"，"四德"说《左传》中已有记载，并非《文言》的独创，但作者对"四德"的阐发更加深刻具体，不能不说具有独特的价值。对此，傅惠生认为《文言》是对"卦辞和彖传的补充"，因《彖传》中的'利贞'是一个致使结构，解说与四德不同"，同时"表明孔子赞同四德之说"①。确乎如此，其实《文言》作出这样的解说不仅是赞同，更是有意为之，因为这与作者以君子德行为中心的阐发完全一致。其二是将"元亨""利贞"作为两个复合词组并结合卦象所作的解说。原文是："乾元者，始而亨者也；利贞者，性情也。乾始能以美利利天下，不言所利，大矣哉！大哉，乾乎！刚健中正，纯粹精也；六爻发挥，旁通情也；时乘六龙，以御天也；云行雨施，天下平也。"正如傅惠生所言："这段文字对卦辞的解释显然不同于四德说，与《彖传》观点相似，又不完全相同，显然是后来补充的文字，对'元亨利贞'做

---

① 傅惠生：《〈周易·文言传〉语篇分析及其英译》，载《中国英汉语比较研究会第六次全国学术研讨会暨学会成立十周年庆典论文集》，上海外语教育出版社2006年版，第619页。

进一步的阐释和归纳。整个段落的着眼点是强调天的自然属性对人的启示。"① 且不论其思想内容的独到与深刻，单从这种多角度阐发的尝试以及运用的抒情手法来看，也足可看出《文言》作者对乾卦的重视和对乾卦卦辞的由衷赞叹。总体来说，《文言》对卦辞的阐发，前者就卦辞的德行而言，与人事关联；后者则从乾作为天的功能角度阐发赞美，与自然关联；这种阐发与《易传》"天人合一"的整体宇宙观和人生观正相一致。

《乾文言》对爻辞的解说可分为四个方面：一是借孔子之口阐发爻辞的字面义与隐含义；二是从爻的时位角度所作的过程性阐发；三是从自然的角度，尤其是从"天时"的角度对爻辞所作的阐发；四是从君子德行的角度进行的阐发。这样的表达，既有就事论事的解释说明，又有从时位关系、天时自然和社会人事角度的阐发，可谓主旨明确、全面观照。同时整个《乾文言》，不论是对卦辞的解说，还是对爻辞的阐发，从其运用的具体表达方式来看，则可谓融叙述、说明、议论、抒情于一炉，浑然天成，没有丝毫的矫揉造作。值得注意的是《坤文言》，虽然不像《乾文言》那样进行多方细致的解说和阐发，但在极其有限的解说和阐发中，同样是从自然与人事两方面入手。可见，以君子德行为立论中心，从自然和社会纵横两个方面进行具体论述是《文言》的基本结构思路。另外，不管是《乾文言》还是《坤文言》，作者的论说始终充满着浓烈的情感，这应当是《文言》作者借对乾卦、坤卦的解说，委婉地表达了自己对自然与社会人生的看法。

四、骈散结合，构思奇妙

关于《文言》运用对偶句的特点，清人阮元《文言说》曾例举：

---

① 傅惠生：《〈周易·文言传〉语篇分析及其英译》，载《中国英汉语比较研究会第六次全国学术研讨会暨学会成立十周年庆典论文集》，上海外语教育出版社 2006 年版，第 621 页。

"乐行忧违"，偶也；"长人合礼"，偶也；"和义干事"，偶也；"庸言庸行"，偶也；"闲邪善世"，偶也；"进德修业"，偶也；"知至知终"，偶也；"上位下位"，偶也；"同声同气"，偶也；"水湿火燥"，偶也；"云龙风虎"，偶也；"本天本地"，偶也，"无位无民"，偶也；"勿用在田"，偶也；"潜藏文明"，偶也；"道革位德"，偶也；"偕极天则"，偶也；"隐见行成"，偶也；"学聚问辨"，偶也；"宽居仁行"，偶也；"合德合明，合序合吉凶"，偶也；"先天后天"，偶也；"存亡得丧"，偶也；"余庆余殃"，偶也；"直内方外"，偶也；"通理居体"，偶也。"①

这些对偶句几乎涉及了《文言》全篇的所有内容。在短短一千多字的篇幅中运用如此繁多的对偶句，一方面可看出作者对骈偶形式的偏爱及其娴熟的语言驾驭能力，另一方面也足以说明这是《文言》行文的一个突出特点。众所周知，过于注重语言形式往往易于造成对内容表达的妨害，但《文言》全篇并非一味地运用偶句，而是采用偶句与散句相结合的方法。如：

初九曰：潜龙勿用，何谓也？子曰：龙德而隐者也。不易乎世，不成乎名；遁世无闷，不见是而无闷；乐则行之，忧则违之；确乎其不可拔，潜龙也。

其中"乐则行之，忧则违之"为严对，"不易乎世，不成乎名"可视为宽对，其余各句为散句。再如：

九四曰：或跃在渊，无咎。何谓也？子曰：上下无常，非为邪

---

① 郭绍虞主编：《中国历代文论选》第三册，上海古籍出版社 2001 年版，第 586—587 页。

也；进退无恒，非离群也。君子进德修业，欲及时也，故无咎。

其中"上下无常，非为邪也；进退无恒，非离群也"为对偶句，其余则为散句。这种骈散结合的表达手法，不仅更加准确流畅地表达了思想内容，而且使语言表达张弛有度、极富节奏感，有一种朗朗上口的美感。

关于《文言》构思巧妙的特点，刘勰在《文心雕龙·丽辞》篇中有过简要论说，谓"《易》之《文》《系》，圣人之妙思也：序《乾》四德，则句句相衔；龙虎类感，则字字相俪"[1]。所谓"序《乾》四德，则句句相衔"，是指《文言》开篇对"四德"的解说前后勾连、衔接紧密；所谓"龙虎类感，则字字相俪"，是指孔子对九五爻辞所作"同声相应，同气相求"等内容的解说字字相对，句句相偶；并认为这些都是《文言》的奇妙构思的显现。《文言》的奇思妙想例句除了以上所引述的内容外，还有以下例句：

> 君子进德修业。忠信所以进德也。修辞立其诚，所以居业也。知至至之，可与几也。知终终之，可与存义也。是故居上位而不骄，在下位而不忧。
>
> 刚健中正，纯粹精也；六爻发挥，旁通情也；时乘六龙，以御天也；云行雨施，天下平也。
>
> 君子黄中通理，正位居体，美在其中，而畅于四支，发于事业，美之至也！

这些句子不仅形式优美，而且想象丰富、构思精妙、内容深透。作为美文的典范例证，确乎是名副其实。

---

[1] （南朝梁）刘勰撰，周振甫译注：《文心雕龙选译》，中华书局1980年版，第202页。

五、善用修辞，文采斐然

正如黄黎星所说，《文言》"所运用的骈偶、排比、顶真、贯穿、谐韵等丰富多彩的修辞手法，都运用得相当圆熟，可谓文字精练，对仗工稳，韵律天成，意象优美，诵读起来，真有'大珠小珠落玉盘'之美感"①。《文言》的修辞之美确实如此，但其只是罗列了《文言》的一些经典名句，同时做了以上的概括性说明，并未做修辞方面具体的对应性分析。大致而言，《文言》运用的主要修辞手法有以下几种。

首先，对偶是运用最为广泛的修辞手法，因前已述及，此不再赘述。其次，排比也是《文言》常用的修辞手段。如：

> 元者，善之长也；亨者，嘉之会也；利者，义之和也；贞者，事之干也。君子体仁足以长人，嘉会足以合礼，利物足以和义，贞固足以干事。
>
> 君子学以聚之，问以辩之，宽以居之，仁以行之。
>
> 上不在天，下不在田，中不在人。
>
> 夫大人者，与天地合其德，与日月合其明，与四时合其序，与鬼神合其吉凶。
>
> 亢之为言也，知进而不知退，知存而不知亡，知得而不知丧。
>
> 地道也，妻道也，臣道也。

这些都是典型的排比，不仅句式规整，而且义理详明。此外还有一些句式不太典型的排比。如：

---

① 黄黎星：《文言传：千古文章之祖》，《淮阴师范学院学报》2010 年第 2 期，第 256 页。

> 潜龙勿用,阳气潜藏;见龙在田,天下文明;终日乾乾,与时
> 偕行;或跃在渊,乾道乃革;飞龙在天,乃位乎天德;亢龙有悔,
> 与时偕极;乾元用九,乃见天则。
>
> 刚健中正,纯粹精也;六爻发挥,旁通情也;时乘六龙,以御
> 天也;云行雨施,天下平也。
>
> 刚至静而德方,后得主而有常,含万物而化光。

"潜龙勿用,阳气潜藏"句,属于递进式排比,只是句式不太规整。整
句以四言为主,可惜"乃位乎天德"一句为五言。其实为了表意的准
确,个别地方略加变通实为聪明之举,因此这样的排比值得肯定。"刚
健中正,纯粹精也"句,内容属于多角度阐发的并列式排比,形式上均
为四言句式,且每句都用"也"字煞尾。尽管句子的内部结构并不一
致,但这种形式整齐、内容精妙的变通性排比也属难得。"刚至静而德
方"一句,用"而"字把互不相干的内容联结到一起,且字数相同,这
种不伤害语义的非典型排比,不仅造成了一种形式上的优美与和谐,而
且自然得体地阐发了内容,可谓巧妙。

再次,比喻也是《文言》运用较多的修辞手段,比较典型的句
子有:

> 同声相应,同气相求。水流湿,火就燥。云从龙,风从虎。
> 天地变化,草木蕃;天地闭,贤人隐。
> 阴疑于阳必战,为其嫌于无阳也。

"同声"句用"声气、水火、燥湿、风云、龙虎"作比,喻指万物各从
其类的具体情形。"天地变化"句用自然现象暗喻社会发展的繁荣景象;
"天地闭"句则暗喻社会上下闭塞不通的乱象,从而致使贤人退隐。"阴
疑"句以自然的阴阳之气暗喻现实社会的阴柔之主对阳刚之臣的猜忌,

导致天下大乱。这些比喻可谓巧妙而妥帖。此外，《乾文言》有一节阐发六爻的爻辞时反复出现"龙德"，属于对君子之德（实为君主之德）的博喻；这种博喻不仅多方阐发，而且显示出了圣君成长的必经历程，手法可谓高明。前述"潜龙勿用，阳气潜藏"的一组排比句，从形式上看是排比；从其内容看，由于是从自然现象角度所作的阐发，显然是一种暗喻。这种暗喻层层递进，前后勾连，殊为难得。

除了以上较为突出的修辞手法外，《文言》还运用了反复的手法，如"其唯圣人乎！知进退存亡而不失其正者，其唯圣人乎！"句首、句尾用同一语感叹，突出强调了圣人之伟大。还有顶真的手法，仔细考察，似乎只有"知至，至之，可与几也；知终，终之，可与存义也"一例，这种顶真用变换词性的方式来表达深奥哲理，也颇为难得。还有复辞的手法，如"九三重刚而不中，上不在天，下不在田……九四重刚而不中，上不在天，下不在田，中不在人"，通过变换个别字、句，既造成了形式上的规整美观，又显示出二者在内容上的细微区别。

总之，《文言》综合运用了多种修辞手法来表情达意，由于作者始终用一种赞美的情感展开阐发，加之作者极具功力的语言运用能力，因此《文言》全篇显得感情充沛、气势浑厚、思路通畅、用语优美、词意畅达、说理透彻，真可谓才气纵横、文采斐然。

六、句句押韵，音韵和谐

清人阮元曰："孔子以用韵比偶之法，错综其言而自名曰'文'。"①认为《文言》乃孔子文饰之言，这种文饰的最大特点就在于采用了押韵、对偶等修辞手法，而在文意上纵横交错、前后贯通。可见用韵是《文言》的又一突出特点。按常理，《文言》全篇采用的是骈散结合的句

---

① 郭绍虞主编：《中国历代文论选》第三册，上海古籍出版社 2001 年版，第 587 页。

式，并不能像诗歌那样自如地用韵，但仔细考察，《文言》全篇几乎处处用韵，的确难能可贵。如：

> 元者，善之长也；亨者，嘉之会也；利者，义之和也；贞者，事之干也。君子体仁足以长人，嘉会足以合礼，利物足以和义，贞固足以干事。君子行此四德者，故曰乾元亨利贞。

以上各句的尾字，"长"古韵为阳部，"会"为月部，"和"为歌部，"干"为元部，"人"属真部，"礼"属脂部，"义"属歌部，"事"属之部，"者"是鱼部，"贞"是耕部。其中"会""和""干"属邻韵通押，"长""干"还同为阳声韵；至于"人""礼"则属脂、真通押，"义""事"则同为阴声韵。同时散句中的鱼部和之部、歌部均为阳声韵，尾句耕部和首句的阳部还形成了合韵，可见它们都有或近或远的韵律关系。正因如此，这种骈散结合的句子读起来却是那样地顺口流畅也就不值得奇怪了。尽管这种押韵方式与诗歌韵律相比并不工整，但在表意准确的前提下兼顾韵律，已颇为不易。再如：

> 同声相应，同气相求：水流湿，火就燥；云从龙，风从虎。圣人作而万物睹，本乎天者亲上，本乎地者亲下，则各从其类也。

其中"求""燥"为幽、宵合韵，"虎""睹""下""类"同为鱼部韵。这段文字也是骈散结合，不仅构思巧妙，而且韵律工整，由此足见作者深厚的语言功力。

阮元曾对《文言》的韵律做过这样的评价："《文言》几百字，几于句句用韵。孔子于此发明乾坤之蕴，诠释四德之名，几费修辞之意，冀达意外之言。要使远近易诵，古今易传，公卿学士皆能记诵，以通天地万物，以警国家身心。"① 确实如此，《文言》通篇在力争用韵的前提条件下，以君子之德为中心，采用精巧的结构安排，阐发了乾坤两卦与天地万物、国家身心紧密相关的深刻蕴涵，由于作者巧妙运用了多种语言表达方法和修辞手法，致使全文读起来节奏明快、韵律清爽、朗朗上口、易记易诵，因此，称其为"千古文章之祖"可谓毫不为过。

作者单位：河西学院

---

① 郭绍虞主编：《中国历代文论选》第三册，上海古籍出版社 2001 年版，第 586 页。

《周易》何以尊为群经之首的历史考察*

任利伟

摘要：先秦时期的思想家重视天道在人事中的自然演化，以天道为依据来阐发治国、处世、伦理、修养之道，奠定了《周易》在中国思想文化史上的主导地位。《周易》列"六经"之首是汉代天人之学的升华和总结，在很大程度上影响了汉代乃至后来学术发展的路向，对于后世统治者政治与文化策略的操作极具示范意义。

关键词：《周易》 汉代 群经之首

《周易》作为中国非常古老的经典文献，以其独特的喻象符号和精深的思想内涵对中华文明产生的影响至深至巨。从汉代开始，《周易》被尊崇为群经之首，有着深刻的社会、政治、文化等多方面的因素。自此以后，《周易》便在中国传统思想文化史上确立了其崇高的历史地位。只有立足于宏阔的学术视野，着眼于中国思想文化发展演变的规律，而不仅仅是局限于儒家经典意义层面，我们对于《周易》作为群经之首的引领作用与包容意义才能有着更为深入的理解。

---

* 本文系北京市社科基金重点项目"易学思想与儒释道文化融合"（项目编号：16ZXA001）的阶段性成果。

一

在中国先秦经典中，《周易》产生的历史渊源至为悠久，可追溯至传说中的伏羲时期。随着社会历史的发展，《周易》由原始的八卦符号演变为六十四卦，直到西周初期卦辞、爻辞才编定完成。《周易》经文的形式和内容确定之后，其象征意蕴与卜筮功能不仅得到了进一步凸显，而且也逐渐渗透和积累了较为丰富的道德文化观念。《周易》卦爻辞总结了当时一般的道德经验，也强调了对于正统道德规范的坚守，然而，《周易》经文蕴蓄的道德伦理思想尚未形成一定的体系。真正促使《周易》从筮书之书转为义理之学、从趋向巫术占卜功用转向探讨伦理教化功能的，则是《易传》的出现，也标志着《周易》经典最终成型。

从春秋时代诸多历史典籍中易占功能的记载、微言义理的发挥，再到战国时代诸子百家的蜂出并作、激荡相摩，《易传》堪称先秦时期中国思想之集大成。当时各家各派之所以重视《周易》，正是从中领悟到了"《易》与天地准，故能弥纶天地之道"①，看到了其中深藏的"推天道以明人事"②的内在力量，进而试图贯通自然秩序与人事秩序。也恰恰是《周易》"弥纶天地之道"这一本质特征，使其在先秦时期包括儒家经典在内的众多典籍之中无出其右，卓然不群。

《易传》的形成是中国文化的一次"觉醒"。经历这次"觉醒"，《周易》中的宗教神学内容不断受到削弱，代之而起的则是具有浓厚人文主义色彩的天人之学。在天人整体之学的框架之下，天道屡被援引以形塑人道，同时参照人道来论证天道。天道与人道往复回旋论证的思维模式，在中国思想发展进程中逐步地形成了一种儒道互补包容的基本格

---

① （三国魏）王弼、（晋）韩康伯注，（唐）孔颖达等正义：《周易正义》卷七《系辞上》，（清）阮元校刻《十三经注疏》，中华书局1980年影印本，第77页。

② （清）永瑢等：《四库全书总目·经部·易类一》，中华书局1965年版，第1页中。

局。在《易传》建构的天、地、人"三才之道"以及太极、阴阳的理论体系中，深刻地反映了中国先民对宇宙自然和人类社会对立统一规律的基本认识。"一阴一阳之谓道"既包含了丰富的辩证法思想，也代表了传统哲学思辨的最高成就；"形而上者谓之道，形而下者谓之器，化而裁之谓之变，推而行之谓之通"不仅阐明了传统思想的经典命题，而且把天道推演与社会治理紧密地结合起来，展现了事业应惠泽于"天下之民"的宏大境界；"天下同归而殊途，一致而百虑"①既反映了《周易》对各派思想及其发展趋势的总体认识，也表现了中国思想文化的根本精神和价值理想。

《易传》思想是春秋、战国时期各家各派相互争锋、彼此融合的产物，这一思想体系在形成过程中始终贯穿着一条自然主义与人文主义有机结合的清晰脉络，蕴涵了易学的思想精髓和价值理想。先秦时期的思想家通过《易传》成功地把天道引入人事，重视天道在人事中的自然演化，以天道为依据来阐发治国、处世、伦理、修养之道。正是这种在天人整体之学视野观照下的对政治教化、道德伦理的倡导，奠定了《周易》在中国思想文化史上的主导地位。

二

汉代汲取秦代实行峻法、疏于教化而覆亡的历史教训，采取了倾向于道家黄老的统治思想，大力支持儒、道等经典文化的传播。特别是在汉武帝时期及时地调整了文化政策，推行"罢黜百家、独尊儒术"，儒家的礼乐教化与德治仁政并重的统治策略得以实施。从此，以"六艺"为代表的儒家思想在汉代取得了无以撼动的正统地位，兴儒学、重教化

---

① （三国魏）王弼、（晋）韩康伯注，（唐）孔颖达等正义：《周易正义》卷八《系辞下》，（清）阮元校刻《十三经注疏》，中华书局1980年影印本，第87页。

的形势则不断地把易学推向了当时思想文化舞台的前沿，《周易》居群经之首地位的形成与汉代社会、政治、学术的发展态势紧密地联系在一起。

经传合编本《周易》作为儒家特别重要的五种经典之一，因其特有的教化功能，满足了汉代政治与文化方面需要，受到了统治者的大加推崇。汉儒大都精通易学，同时又热衷探讨掺杂以阴阳、五行、灾异思想的天人之学，"借天象以示儆"来劝勉君主，使其怀有忧惧、敬畏之心。《周易》中"观天之神道，而四时不忒；圣人以神道设教，而天下服矣"①蕴涵的天人之道既是汉代天人之学内在的思想渊源，也关乎汉儒通经致用之术。汉儒通经致用正是建立在深谙《春秋》与阴阳等灾异学说的基础之上的，体现了汉代经学的重要特色。而《周易》通过"推天道以明人事"的思维方式，恰恰迎合了汉儒借通经致用而享有干禄地位之资的需要，遂成为他们不断引经立说的理论根据。

汉成帝时期，刘向、刘歆等人开始大规模整理文献典籍，不仅把《六艺略》提升至诸类典籍书目编排中的首位，而且在《六艺略》中，又将《易》位列《书》《诗》《礼》《乐》《春秋》之前。源于《七略》的《汉书·艺文志》有言："五者，盖五常之道，相须而备，而《易》为之原。故曰《易》不可见，则乾坤或几乎息矣，言与天地为终始也。"②"《易》为之原"，实乃中国思想文化史上的重要论断。就历史久远而言，易道亘古不变，与天地齐等；就典籍的重要程度而言，《周易》普遍包络"天地之道"，为"五常之道"的本原。《周易》蕴涵的易道对于其他五经彼此配合、以随世而变的"五常之道"更具指导意义。《周易》冠居群经之首，其文化正统地位的确立，表明了刘向、刘歆父子对

---

① （三国魏）王弼、（晋）韩康伯注，（唐）孔颖达等正义：《周易正义》卷三《观·彖》，（清）阮元校刻《十三经注疏》，中华书局1980年影印本，第36页。

② （汉）班固撰，（唐）颜师古注：《汉书》卷三十《艺文志第十》，中华书局1962年版，第1723页。

儒家经典的地位、性质、功能及相互关系上的深刻省察。"《易》为之原"的论断，对后世学者的研究无疑具有积极的学术启迪之功。

需要特别指出的是，谈及儒家重要的经典《周易》与《尚书》，人们一般认为，《周易》出现于周代，为周文王所作；《尚书》作为上古之书，保留有一些记载中国上古时期帝王尧舜禹事迹的文献。所以，从创作的历史年代来看，《尚书》理应早于《周易》，其思想价值也应远远超过《周易》，以至于在评述、编辑先秦儒家经典时，往往把《尚书》排在《周易》之前。其实，上述认识与做法存在着明显的误区。如前所述，《周易》的历史渊源可追溯至伏羲时期，这已通过出土文献研究以及中华文明探源工程得到了不同程度的印证。而且我们知道，古人著书必重立其名义。《周易》之"周"确有"周代"之意，但《周易》也仅是为"周代"的文王所演，而不是文王创作于"周代"。毕竟，周文王只是《周易》成书过程中的一个重要人物而已。《周易》之"周"另一含义则为"周普"，孔颖达在《周易正义·序》中指出"《周易》者，言易道周普，无所不备"①，"周"除了指涉朝代外，还兼具周备、普遍之意。在孔颖达看来，易道"无所不备"且无所不包，因此《周易》远比其他儒家经典重要许多。不能不说，孔颖达对"《易》为之原"的观点，以及《周易》在汉代列为群经之首的文化现象确实有着较为透彻的理解。

如果从汉代经学演变的大背景下加以审视，不难发现《汉书·艺文志》的易学观念的确是对汉代天人之学的升华和总结。《周易》列"六经"之首的排序，可以看出以刘向、刘歆父子为代表的汉儒对《周易》这一儒家经典正统地位的重视与推崇，这在很大程度上也影响到了汉代乃至后来学术发展的路向。

---

① （三国魏）王弼、（晋）韩康伯注，（唐）孔颖达等正义：《周易正义序》，《周易正义》卷首，（清）阮元校刻《十三经注疏》，中华书局1980年影印本，第9页。

三

　　《周易》在汉代居于儒家经典之首，是有其内在、深刻的理论与现实依据的。汉代天人之学的繁盛提高了《周易》经典的历史地位，对于后世统治者政治与文化策略的操作极具示范意义。特别是从唐代开始，《周易》为"六经"之首的地位从未受到任何挑战。随着儒家经典范围不断地拓展，从"七经""九经""十二经"，再到"十三经"的出现，《周易》自然而然地从"六经"之首转而升擢为群经之首。

　　《周易》及易学的思想体系兼具儒道互补包容的格局，对后来儒道两家将其作为自身的经典并屡屡援《易》立说有着直接的影响。自不待言，《周易》在汉代位列儒家经典之首，从文化和政治上取得了权威地位，魏伯阳以《易》说丹，以及此后王弼援道入儒，以玄解《易》，又强化了《周易》在后世道家、道教中的经典性质。对于《周易》在中国思想文化史上极具兼容并包之思想特色，《四库全书总目》做出的评价却耐人寻味："易道广大，无所不包，旁及天文、地理、乐律、兵法、韵学、算术，以逮于方外之炉火，皆可以援《易》以为说，而好异者又援以入《易》，故《易》说愈繁。"①《总目》的立场，旨在批评历史上援《易》立论的乱象有损《周易》作为儒家经典的本来面目。但是，"易道广大，无所不包"，《周易》在儒道两家发展的历史脉络中也获得了相应于典范意义的影响力，已经深入到了中国传统文化的不同领域，《总目》可谓从一侧面指出了《周易》在中国思想文化史上地位根深蒂固的重要事实。

　　《周易》有着最为悠久的成书史、传播史，在中国传统文化的发展长河中，随时随地可见《周易》及易学思想泛起的层层涟漪。其实，对

---

① （清）永瑢等：《四库全书总目·经部·易类一》，中华书局1965年版，第1页中。

于经典的诠释就是中国思想赖以发展、深化的有效途径。值得注意的是，在《四库全书》所收经、史、子、集四部文献中，《周易》位于经部之首，相较于经部其他类文献，《易》类文献数目最多，这应是《周易》处于中国传统思想文化发展中的核心地位的绝佳范例。不仅如此，《周易》被儒家奉为群经之首，也被道家尊为"三玄"之冠，又曾为佛教众多高僧大德所倚重和阐扬，更足以说明《周易》自身内含的天道与人事之诠释方向的延展性与丰富性。

《周易》"综合百家，超越百家"[1]，在中国传统社会中享有尊崇的地位。对于《周易》作为群经之首的理解，不应仅仅满足于儒家经典意义的层面。如果立足于宏阔的学术视野，着眼于中国思想文化发展演变的规律，那么，我们对"《易》为之原"及《周易》在其中所发挥的引领作用与体现的包容意义，或许会有新的体认。

作者单位：昆明理工大学

---

[1]　张涛：《论〈易传〉的成书与学派归属》，《历史文献研究》总第 29 辑，华东师范大学出版社 2010 年版。

《周易》与古代"生生不息"的生命观

黄德锋

摘要："生生不息"是古代社会中国人最为重视的传统理念之一，《周易》对此有着较为明确的记载，并对我国古代社会的生命观产生了深远影响。《周易》理念中所蕴含的"生生不息"的生命观在古代社会的祈子仪式、生殖崇拜和精神传承中发挥了极其重要的作用，是我们中华民族"生生不息"的重要精神源泉。

关键词：《周易》 生生不息 生命观

"生生不息"是古代社会中国人最为重视的传统理念之一，牟宗三先生曾说："中国文化之开端，哲学观念之呈现，着眼点在生命，故中国文化所关心的是'生命'。"①《周易》以推天道以明人道的整体思维，推崇人与自然的和谐统一，它深刻揭示了"阴阳和谐"之道是天地万物生成发展的根本之道，"日新"是"生生不息"不断发展的源泉，而"太和"则是"生生不息"的最高理想。《周易·系辞下传》曰："天地纲缊，万物化醇。男女构精，万物化生。"《周易》把"天地纲缊"看成天地宇宙形成之根本，把"男女构精"看成是人类社会形成的基础，天地之生成与人类之生育在这方面的意义上是完全一致的。所以，《周易》

---

① 牟宗三：《中西哲学之会通十四讲》，上海古籍出版社 2007 年版，第 10 页。

特别强调乾坤的生成之功能，称赞其为"盛德大业至矣哉！"《周易·序卦传》把"生生之谓易"和"有天地然后有万物，有万物然后有男女，有男女然后有夫妇"两者融合起来解释宇宙和人类社会的生成和发展，这在本质上彰显的是一种"生生不息"的生命观。

一、生生之道

唐代孔颖达的《周易正义》云："生生，不绝之辞。阴阳变转，后生次于前生，是万物恒生，谓之易也。前后之生，变化改易。生必有死，《易》主劝诫，奖人为善，故云'生'，不云'死'也。"[1] 中国人热烈地追求"生"，要求多生，为生而婚、为生而求是古代民众的生活动力源泉，由此产生了这种"生生不息"的传统生育观，它是古代社会民众对待人类繁衍所表现出来的生育倾向和价值导向。徐桂兰说："一般而言，一个人的生育过程大体上可分为三个阶段：第一阶段为求子阶段。生育是生命的延续，是人类生生不已的根本，所以生命是伟大的，创造生命是崇高的，因此，人类的生育信仰最早的内涵就是崇尚对生命的创造，中国各民族莫不如此。……于是在创造生命的前奏曲——求子阶段便形成、衍生、传承着女性崇拜、男性崇拜、生育神崇拜等求子习俗。"[2] 对于中国古代生育信仰来说亦是如此。

《周易·序卦传》曰："有天地然后有万物，有万物然后有男女，有男女然后有夫妇，有夫妇然后有父子，有父子然后有君臣，有君臣然后有上下，有上下然后礼义有所错。"这是对人类和社会生成繁衍的全面阐释，揭示了天地万物的生成过程。《周易》的六十四卦是一个生生不息的过程，也是宇宙万物化生的模式，宋代思想家周敦颐在其《太极图

---

① （三国魏）王弼、（晋）韩康伯注，（唐）孔颖达等正义：《周易正义》卷七《系辞上》，（清）阮元校刻《十三经注疏》，中华书局1980年影印本，第78页。

② 徐桂兰：《中国育俗的文化叠合》，广西民族出版社2002年版，第3—6页。

说》中为我们精妙地说明了这么一个过程，他说：

> 无极而太极，太极动而生阳，动极而静，静而生阴，静极复动。一动一静，互为其根。分阴分阳，两仪立焉。阳变阴合，而生水火木金土。五气顺布，四时行焉。五行一阴阳也，阴阳一太极也，太极本无极也。五行之生也，各一其性。无极之真，二五之精，妙合而凝。乾道成男，坤道成女；二气交感，化生万物，万物生生而变化无穷焉。①

在《太极图说》中，周敦颐描述了一个由"无极——太极——阴阳——五行——万物"的宇宙生成模式，这个宇宙生成模式与《周易》中所提到的"《易》有太极，是生两仪，两仪生四象，四象生八卦"是相一致的，这其实也是易道"生生不息"的体现，表达了天地万物"生生不息"的永恒过程。《周易》认为，人类社会的"生生不息"与这个生成模式是一致的，它是"乾坤相交""阴阳合德"的结果。

"大哉乾元，万物资始，乃统天"，意思是说在人类的生产中"乾元"发挥了积极主动性作用；"至哉坤元，万物资生，乃顺承天"，意思是"坤元"是通过配合"乾元"而发挥作用的，故说天地万物、人类社会之生成、繁衍，始终都是乾坤男女相互作用的结果。《周易·说卦传》曰："乾，天也，故称乎父。坤，地也，故称乎母。震一索而得男，故谓之长男。巽一索而得女，故谓之长女。坎再索而得男，故谓之中男。离再索而得女，故谓之中女。艮三索而得男，故谓之少男。兑三索而得女，故谓之少女。"《说卦传》这种将卦象寓意成"父母生子女"的说法，与《系辞上传》"乾道成男，坤道成女"的内涵相呼应，说明乾坤

---

① （宋）周敦颐著，陈克明点校：《周敦颐集》卷一《太极图说》，中华书局2009年版，第3—4页。

相感、男女相合是人类社会"生生不息"的根本所在。

《周易》对"人"极为重视。据统计，在其经传文本中，"人"字大约出现了一百多次，出现的频率是相当高的。《礼记·礼运》曰："故人者，其天地之德，阴阳之交，鬼神之会，五行之秀气也。"① 作为"人"，是阴阳之交的产物，禀赋着阴阳二气，人外是个大太极，人体自身也是一个小太极。对男女阴阳之交生乎后代，针对《周易》中的"天地缊缊，万物化醇。男女构精，万物化生"，来知德《易经集注》解释说："夫天地男女两也，缊缊构精以一合一亦两也，所以成化淳化生之功。"② 所以，人之生是男女媾精的结果，是由男女阴阳二气交感形成的。

《周易》曰："生生之谓易。"《周易》认为，生生不息是天地事物最根本的性质，"日新"是指不断地有新变化，"生生"是指不断有新的发展，"日新"与"生生"两者共同促进了事物的发展变化。蒙培元先生说"生生之谓易"，既是对"易是什么"最好的回答，也是对"易根本精神的最透底的说明"，它"最能反映中国哲学精神"。③ 所以，天地万物和人类社会的形成发展都是一个"生生不息"的过程，这既是宇宙万物生育的法则，也是人类社会生成的根源。

二、求子仪式

我国古代是一个农业社会，人丁兴旺在农业生产中具有重要作用。因此，反映在婚姻和家庭关系上，就是"多子多福""子孙满堂"等。

---

① （汉）郑玄注，（唐）孔颖达等正义：《礼记正义》卷二十二《礼运第九》，（清）阮元校刻《十三经注疏》，中华书局 1980 年影印本，第 1423 页。

② （明）来知德著，周立升导读：《〈易经集注〉导读》卷十四，齐鲁书社 2009 年版，第 470 页，注释二十七。

③ 蒙培元：《人与自然——中国哲学生态观》，人民出版社 2004 年版，第 117 页。

传统宗法社会对后代的繁衍极其重视，故在婚姻和孕育过程中总是洋溢着人丁兴旺的主题。正是对子孙的这种强烈要求，才使得民间对孕育极度重视，仪式也极其繁琐，因为每一种仪式里面，饱含着人们的这种强烈的生命情感。但在古代医疗事业极其落后和对孕育知识极度缺乏的情况下，人们对怀孕抱有极大的热情和期盼，因此才产生了各种各样的求子仪式，形成了在民间具有普遍信仰的求子民俗。如在中国传统的生育民俗信仰之中，从各种神话传说、祈子信物，到生育禁忌和庆生一系列仪式中，能够让人感受到中国人对生命的深情礼赞和热切渴求；在生育信仰之中，从麒麟、偷灯、数柱、女阴男根图各种象征多子多育的古老性符号，从高禖、月下老人等保佑多生多育的生育之神，从谋求人谋与鬼谋相统一的婚姻"六礼"，从婚姻仪式中花生、枣子、栗子象征多子多育的婚礼用品，以及众多的婚礼禁忌，我们可以从中看出古代民众对生命延续与子孙繁衍的执着追求。

《中国地方志民俗资料汇编·华东卷》记载了清代江西一些地区的求子仪式，从中可以看出那个时代人们对生命延续的热情与渴求。如清乾隆二十五年《袁州府志》记载正月上元："夜静，妇女燃烛锅内，迎厕姑神问生育及休咎，颇验。有未得子之家，族邻送菜园门于房内烧之，主家留饭，生子日致谢。"[1] 清同治九年《南昌县志》记载正月"好事者也窃园门，鼓吹诣富家送喜，主生子"。八月："中秋夜，妇女暗数高桥桥柱，宜子。妇人结队入园圃中窃瓜菜之属怀之，谓之'摸青'，为宜子之详。"[2] 清同治九年《乐平县志》记载正月："夜静时，妇女于灶前迎筲箕神，问生育，卜休咎。"[3] 清同治十二年《铅山县志》记载八

---

[1] 丁世良、赵放主编：《中国地方志民俗资料汇编·华东卷》，书目文献出版社1995年版，第1101页。

[2] 丁世良、赵放主编：《中国地方志民俗资料汇编·华东卷》，书目文献出版社1995年版，第1053页。

[3] 丁世良、赵放主编：《中国地方志民俗资料汇编·华东卷》，书目文献出版社1995年版，第1064页。

月："间有取大冬瓜一枚，宫灯鼓吹送亲友之未得子者。"① 清同治十二年《崇仁县志》记载正月元夕："新娶妇人家，邻戚送红烛并鸡鸭蛋，曰'送喜'。夜深，妇女以茶果、香烛供紫姑神，问家常琐细事。"② 这些记载还有很多，充斥着当时整个民间社会，它足以证明古代江西的祈子信仰的繁盛。古代生育信仰中民众之多、观念之深，已经渗透到民众日常生活中每一个方面。这些祈子信仰为民众建构了一个虚幻的子孙繁衍的世界，这个虚幻的世界与民众生活着的真实世界并存。它不但提供着支撑人们生活所需的精神，而且这种淳朴、原始、神秘而且依靠想象力存在的精神世界对民众日常真实生活的影响无疑是巨大的。无论是衣食住行，还是社会生产，甚至是生老病死，都与这种信仰下精神状态密切相关，虽平常却又有着广泛而又狂热的追求，虽虚幻却在人们心目中深深打上了现实烙印，成为古代社会人们生活世界的重要组成部分。

在我国许多地方的方言中，"灯"与"丁"谐音，在节日期间，民间举行的大型"花灯"竞游，一系列的"迎灯"和猜灯谜活动，其实寓意是"添丁"，意为自家"生子"带来好彩头。相传已延续了600余年的宁都县石上村的"割鸡"仪式和"添丁炮"活动，是石上村的村民为庆贺添丁所举行的独有的民间集体狂欢活动。"割鸡"仪式神圣庄严，"添丁炮"壮观热闹，寓意着人丁兴旺、家族繁荣的希望。"割鸡"仪式与"添丁炮"活动，为家庭添丁祝福，为宗族延续后代喝彩，体现了传统石上村人们深沉的生命观念。在古代民间社会，拥有极为丰富的灯彩活动，灯彩是各地民间流行最广的一种传统艺术，人们在节日里举办这样的灯彩活动，一是为了丰富节日文化生活，娱神娱人；二来可以去除邪祟，为人们辟邪，但更重要的是这样的活动蕴含着古代社会人们深厚

---

① 丁世良、赵放主编：《中国地方志民俗资料汇编·华东卷》，书目文献出版社1995年版，第1092页。
② 丁世良、赵放主编：《中国地方志民俗资料汇编·华东卷》，书目文献出版社1995年版，第1124页。

的生命观念。民间各种迎灯、游灯、传灯、担灯、花灯、长龙灯和制作各种形状的灯具等，都具有祝愿家族人丁兴旺之吉祥寓意。在每次灯彩活动结束的当晚，许多村里的新婚家庭争着把灯彩请入家中，祈求着各路神祇送子，期盼着自己添丁。早生贵子是传统社会人们的普遍愿望，也成为新婚夫妇极为关注的事情。如"在江西许多地方，都有过年给新媳妇送灯的习俗，它孕育着娘家给女儿送来继承夫家的香火。在靖安，每年正月十五，都要给新人送龙灯，俗称'送龙崽'。……在宁都，新娘的娘家人给新人送灯，只能送给没有怀孕的新婚女儿，当地称为'催子灯'，以祈祷女儿在新的一年喜得贵子。婿家收下灯后，要将灯彩挂在婚床的两边，夜晚照明，以'照'与'早'的谐音，求神保佑，早生贵子"[1]。可见，古代民间社会这些丰富多彩的民间生育信仰活动彰显着人们深沉的"生生不息"的价值理想。

除了对"灯彩"的热崇，古代中国民间还有许多其他形式表现着"生生不息"的求子意蕴。如人们对"火"总怀着一种特殊的感情，古代对火的崇拜更是源远流长。"火"意味着生命之火，繁衍之火，家族的繁衍要有香火，香火兴旺是人们永远的期望。中华民族祈求多子多孙、看重子嗣传承的心理，体现了中华民族注重"香火兴旺"的民族传统。《周易·泰卦·象传》曰"天地交而万物通"，表达了万物交感之意，而交感正是生育的基本条件。"泰"字因而具有了特殊的意义，加上泰山位于我国东方，在五行中，东方属木，具有"春生"的功能，故祭拜泰山娘娘就被人们附会为保佑妇女生子之意。在古代的一些婚嫁中，常用的剪纸绣花内容有"蝴蝶戏金瓜""龙凤呈祥""鸳鸯戏水""榴开百子"等，这些剪纸图案体现了民间对多子多福的切实期望。土地神是农业社会的重要崇拜对象，人们祭拜土地神，不仅是因为土地丰富的出产养育了我们，还有人们"把女性的生育和土地的出产联系起来，认

---

[1] 万建中：《中国民俗通志·生养志》，山东教育出版社 2005 年版，第 55—56 页。

为女性的生育和大地生长出草木一样,并希望人口繁衍如同大地生长草木那样郁郁葱葱。于是,土地崇拜又是生殖崇拜的延续。所以,中华民族自古对土地的崇拜,从另一面也体现了子孙多福的生育信仰"①。

古代社会还认为麒麟具有送子的功能。《礼记·乡饮酒义》云:"产万物者圣也。"②古代民间认为,作为"圣兽"的麒麟能"产万物",因而人们认为它能送子,会带来子孙繁衍。这样,"麒麟送子"就逐渐演变成为民间的生育信仰。《礼记·礼运》云:"何谓四灵?麟、凤、龟、龙,谓之四灵。"③麒麟是瑞兽,古代四灵之一,是吉祥如意的象征,但在民间,麒麟的主要功能是送子,崇拜麒麟的主要目的就在于祈子。"每当农历正月十五闹元宵时,江西樟树一带的青年都要结伴为当年新婚夫妇预祝早生贵子,这一习俗谓之'麒麟送子'。送喜队伍的前面,有一青年男子手捧长方形香盘,盘内立放一兜绿油油的青菜(谐音'才'),菜旁边立放两只纸剪的麒麟和一盏长明灯。村里的吹打班子敲锣打鼓,吹起唢呐,霎时形成一长串人流。送喜顺序,严格按照族谱辈分高低排列,即使年龄较大,只要辈分低,也要让辈分高的排在前面。送喜队伍每到一家,新婚夫妇即放鞭炮,沏热茶,端出花生、糖果、豆子之类的年货,热情招待,也有请留下喝酒的。"④民间节日在娱神娱人的同时,也蕴含着深沉的生命意识,这是民间节日文化的重要表达,也代表着古代中国人发自内心的永恒追求。

古代社会的求子仪式并不可能改变生育的客观现实,但却可以给渴望生育的人们增强精神力量,在一定程度上缓解了人们对现实困境的无助,看到未来的希望。正如有学者所说:"所谓的神不但是人所依赖的

---

① 温沁:《古代生育信仰对中国人口现状的影响》,《考试周刊》2007年第21期,第124页。

② (汉)郑玄注,(唐)孔颖达等正义:《礼记正义》,(清)阮元校刻《十三经注疏》,中华书局1980年影印本,第1684页。

③ (汉)郑玄注,(唐)孔颖达等正义:《礼记正义》,(清)阮元校刻《十三经注疏》,中华书局1980年影印本,第1425页。

④ 郑晓江、万建中主编:《中国生育文化大观》,百花洲文艺出版社1999年版,第80页。

权威，还是人们的力量源泉。一个人皈依神，便会相信神与他同在，感到有取之不尽的力量，自信地面对世界和生活。"① 希望是一种自我鞭策的精神力量，它能够激发人的能量，鼓舞人们在艰难的状态下树立起生活的信心，以积极的精神战胜暂时的困难，努力创造美好的人生。

三、生殖崇拜

《周易·系辞上传》曰："夫乾，其静也专，其动也直，是以大生焉。夫坤，其静也翕，其动也辟，是以广生焉。"在《周易》里，乾、阳、男与坤、阴、女是相对的一组概念。"乾"表现的是男、阳的特征，"坤"表现的是女、阴的特征。阳爻是男根的"其动也直"（直，勃起的象征），阴爻是女阴的"其动也辟"（辟，张开的象征），两者均以男女生殖器官的形状为原形，并由此演绎出天地、阴阳、刚柔等万事万物的变化法则。在《周易》看来，既然万事万物是阴阳二气交合的产物，那么人的生命自然是源于阴阳二气的交合。作为阴阳的男女，那就表现为男女生殖的两性行为了，自然会联系到男女的生殖器官和生殖能力。

生殖崇拜的早期阶段是人们对生殖器的崇拜，主要表现在对男女生殖器象征物的崇拜，如女阴象征物崇拜和男根象征物崇拜，甚至是男女交媾象征物的崇拜。我们通过对《周易》卦象的分析，可以发现《周易》中也有一些古代生殖器崇拜的痕迹。郭沫若先生在其《周易时代的社会生活》一文中就认为，阴阳爻的符号"—"和"--"就是男女生殖器的象征。还有学者根据对儒家学说在人类繁衍生息上的分析指出："儒家的根本思想，乃是生发于'生殖崇拜'观念的。而生殖崇拜的观念，正是中国文化最深层的结构之一。事实上，只有理解儒家和传统礼教文化这种崇拜生殖的精神，方能理解中国人所以重多子，以多子多孙

---

① 张志刚：《宗教学是什么》，北京大学出版社 2002 年版，第 43 页。

为福，并且人口如此众多的原因。"①

黑格尔说："东方所强调和崇敬的往往是自然界的普遍的生命力，不是思想意识的精神性和威力，而是生殖方面的创造力。"② 正是由于男女性器官的生殖功能促使了人们对生殖信仰的想象。在大自然中，具有独特外观的事物，如山峰、石头、柱、石缝、树洞等，因外观酷似男根或女阴而成为人们崇拜的生殖"圣物"。如江西石城县通天寨中的"石笋干霄"就酷似男根，它雄立于高山之巅，人们生动地称之为"生命之根"。如果说通天寨中的"石笋干霄"是"生命之根"，那江西龙虎山上的"仙女岩"那就是"生命之门"了。在龙虎山岩峰中间有一个大裂缝形成的岩洞，其形态酷似女阴，人们亲切而又形象地称之为"仙女岩"或"大地之母"。仙女岩前石壁上镌刻着著名散文家石英撰写的《仙女岩记》，其曰："邃邃乎群山之母，润润兮众水之源。踞万仞之上，俯亿兆生灵。至奇则过客仰叹，绝美则倩女自愧。华夏之唯一，域外更无双。寻根者日夜兼程，膜拜者水陆并进。可望而不可即，可亲而不可狎。集高贵与平易于一表，并巧俏与淳厚于一身。龙虎山麓多云，乃伊气韵之外化；泸溪秀峰竞峙，乃伊所育之精华。伊何时生成？开天辟地之日蓦然洞现。洞中何藏？隐含待译之生命密码。何时破得？生命之源确释之时，此岩亦将颔首作笑矣。"③ 正是因为这形似女阴的仙女岩，人们联想到了"大地之母"的生育法力，似乎它蕴含着神奇的"生命密码"，一定能够给民众带来多子的祝福，而周边欲求子嗣者常到此焚香礼拜，或许这就是生殖崇拜的力量。"生命之根"和"生命之门"是中国古代生殖崇拜的代表，它在深层次上表达了人们"生生不息"的生命期盼。

生殖崇拜的实质是人们对人类社会持续发展和人口不断繁衍的渴

① 何新：《诸神的起源》，三联书店 1986 年版，第 140 页。
② [德] 黑格尔：《美学》（第三卷）上册，朱光潜译，商务印书馆 1979 年版，第 40 页。
③ 转引自马卡丹《生命的图腾》，《厦门文学》2009 年第 7 期，第 40 页。

望。传统的生殖崇拜在世界上不是某一民族或某一时期所独有的社会现象，它几乎贯穿了所有民族的各个历史时期。黑格尔说："对自然界普遍的生殖力的看法是用雌雄生殖器的形状来表现和崇拜的。"[①] 于是，一些有特别形状的动物、植物被先民用来作为孕育的象征。如葫芦、蛙、瓜、石榴、花、鱼等，因为多子而成为生育的象征符号。葫芦在古代人们观念中被作为子宫的象征来崇拜的，葫芦产籽多和繁殖力强的实际能力，强化了人们对葫芦生殖力的象征，"葫芦"所表达出来的"瓜瓞绵绵"象征，是人们祈求子嗣繁盛的渴望。瓜是藤生的子房类果实，瓜中又多籽，与葫芦一样，也被人们喻为子宫，自然是多子的象征，由此，在古代民间形成了摸瓜、偷瓜、送瓜等类的生育信仰。中国传统建筑中的石柱一般是瓜形或是在瓜形基础上形成的鼓形、瓶形或倒座莲花形等，这似乎也是与传统的生殖崇拜有关。"瓜"作为祈子信物的观念渗透到民间信仰之中，以"瓜"为年画和其他图案在民间百姓日常生活中也极为常见。石榴也为人们视为生殖旺盛的象征，人们信仰石榴多籽的形象也表达了增强生殖能力的愿望。还比如生殖崇拜中对花的赞美，是因为"我国先民常以花喻女阴，瓜喻子宫，除了两者形状相似之外，在先民眼里，植物的春华秋实还蕴涵着生生不息的生殖繁衍意义。以花卉象征女阴，表达了先民们祈求女性能像花卉一样果实累累的朴素心愿。"[②] 鱼亦多籽，亦是具有旺盛生殖力的象征，生活中以"鱼"作为吉祥物也随处可见，如"莲年有余""鲤鱼跳龙门"等图案，在民间的年画、剪纸、雕刻中经常出现的鱼纹图案，都是基于对"鱼"的生殖崇拜有关。"从表象来看，因为鱼的轮廓，更准确地说是双鱼的轮廓，与女阴的轮廓相似。从内涵来说，鱼腹多子，繁殖力强。当时的人类还不知道女阴的生育功能。因此，这两方面的结合，使生活在渔猎社会的先民

---

① ［德］黑格尔：《美学》（第三卷）上册，朱光潜译，商务印书馆 1979 年版，第 40 页。

② 杨怡：《〈诗经〉中"莲"与生殖崇拜》，《青年作家》（中外文艺版）2010 年第 7 期，第 6 页。

将鱼作为女性生殖器官的象征……原始先民的以鱼为神，象征着以女阴为神，实质是生殖崇拜，以祈求人口繁盛。这就是《周易》中所说的'通神明之德'。"① 由于葫芦、瓜、鱼等具有旺盛生殖力的象征，因此，古代民间对这些深层次"生生不息"的认识是与人类的生殖信仰和重视子孙繁衍密切相关的。

四、希望传承

费孝通先生曾说："中国文化的特点之一我想是在世代之间联系的认识上。一个人不觉得自己多么重要，要紧的是光宗耀祖，是传宗接代，养育出色的孩子。"② 生育后代在人生中是如此重要，故我国古代民间所有的信仰无不是围绕此而展开：人们要传宗接代、延续香火；人们要孝敬父母、保养自己；人们要光宗耀祖、扬名后世，这样才能显示出古代民间信仰的生命意义，这是对"生"的赞美，对"生"的希望，对"生"渴求。

民间的"上红丁"和"安红丁"活动也是民众"生生不息"观念的浓缩。"上红丁"是指在每年的正月初一将前一年出生的男孩子名字写入族谱。"上红丁"对于小孩来讲是有重要意义指向的，是宗法社会中入族的象征。此时人们怀抱着尚在襁褓里的孩子，在那爆竹喧天的氛围中，极其庄严地注视着自己小孩的名字和出生时辰写入族谱。小孩的名字只有写入了宗谱才能得到族人的认同，才能拥有在此地生活的"合法"身份，具有了辈分，与祖先在一起。"安红丁"是指人们在祖墓碑刻上子孙后代中尚未出世预先取好的男丁的名字，这些名字刻在墓碑上，先人似乎感受到了后代子孙们环绕在其膝下，这或许是另一种意义

---

① 赵国华：《生殖崇拜文化略论》，《中国社会科学》1988 年第 1 期，第 140 页。

② 费孝通：《论人类学与文化自觉》，华夏出版社 2004 年版，第 194 页。

上的"四代同堂"。"上红丁"入谱和墓碑"安红丁"的习俗，深入地刻
画出传统时期人们祈求子孙繁衍的心愿。

"生生不息"的生命理想还体现在民间以各种变通的方式来实现。
"变通"是《周易》的基本精神之一，在这里所谓的"变通"，就是为了
适应生育实际情况的变化而采取相应的对策。古代社会时期最重血统，
民间高度重视香火传承，一旦自身没有生育条件或丧失子女，养子或继
子的现象也为常见。养子即抱养他人所生子女，而继子则是过继本族或
亲属的子女，养子或继子一般为男性，偶尔也会有女性。"赣南各县抱
养子女之风甚盛。自己未曾生育者，抱养他人之子固不足怪，即自己生
有子女者抱养他人之子亦所在多有。惟各姓族谱中恒有异性不得上谱
之规定，然此风不因之衰减也。"① 而在"石城县珠坑乡的罗氏不仅本族
人可以入继出继，对外姓人也可以入继、出继；不仅男性可以入继、出
继，女性也可以入继、出继。"② 民间社会之所以打破了传统立子、立嗣
以男性为限的传统认识，考虑的是宗族的繁盛和后继有人。他们制定的
大小宗祧继承人的立嗣条件，为挑选继承人提供了较宽松的余地。这些
措施是古代民众在重视家族继承和传宗接代的生存压力之间所采取的一
种变通方式，是实现生命"生生不息"的另一种形式。

"《周易》推天道以明人事，把和谐理念贯通于天地人三才之道。对
人的生命来说，更重要的是精神生命或文化生命。追求精神生命的和
谐，就是追求人的存在的和谐，是人存在的根本状态，也是《周易》所
追求的生命境界。"③ 在古代社会，"生生不息"不仅仅体现在子孙繁衍
的血脉传承，还表现为子孙对先辈精神和道德的传承。我国的儒家一贯
主张通过血脉的延续和精神的不朽来实现人生的价值与超越，所以儒家

① 前南京国民政府司法行政部编，胡旭晟等点校：《民事习惯调查报告录》，中国政法大学出版社 2000 年版，第 881 页。
② 刘劲峰：《赣南宗族社会与道教文化研究》，香港国际客家协会 2000 年版，第 116 页。
③ 张艳清：《〈周易〉的生命和谐观及其现代启示》，《理论学刊》2009 年第 9 期，第 99 页。

不但反复强调"不孝有三，无后为大"①，希望通过传宗接代来延续人的生理生命，但儒家学者还认为，人生的最大价值还是在于实现"立功、立德、立言"这"三不朽"的精神价值和道德传承，即人所具有的社会生命和精神生命。人生"三不朽"之说来自于《左传·襄公二十四年》，其曰："太上有立德，其次有立功，其次有立言；虽久不废。此之谓不朽。"②"立德、立功、立言"这"三不朽"诠释着人们对"生生不息"生命观更深层次的理解。胡适说："这古老的三不朽论，两千五百年来曾使许多的中国学者感到满足。它已经取代了人类死后不朽的观念，它赋予了中国士大夫以一种安全感，纵然死了，但是他个人的德能、功业、思想和语言却在他死后将永垂不朽。"③但在历史上真正能够"三不朽"的毕竟是极为少数，普通百姓难于望及，于是明代人陈继儒说："但作里中不可少之人，便为于世有济；必使身后有可传之事，方为此生不虚。"④这样的要求大多数还是可以做到的。于是，把儒家的"三不朽"降低到"济于乡里"和"可传之事"，其实也是民众对生命价值的一种转换，是人们能够实现其"生生不息"人生理想的一种较为现实的方式，也是人类"生生不息"的精神传承。

作者单位：江西行政学院

---

① （清）焦循撰，沈文倬点校：《孟子正义》，中华书局 1987 年版，第 532 页。

② （晋）杜预注，（唐）孔颖达等正义：《春秋左传正义》，（清）阮元校刻《十三经注疏》，中华书局 1980 年影印本，第 1979 页。

③ 胡适：《胡适学术文集·中国哲学史》上册，中华书局 1991 年版，第 544 页。

④ （清）王永彬撰，徐永斌评注：《围炉夜话》，中华书局 2008 年版，第 128 页。

孔颖达《周易正义》三教思想析论

（中国台湾）赖贵三

摘要： 本文以初唐孔颖达《周易正义》为探讨核心，分别就其中关涉儒家、道家与佛家三教思想处，爬网脉络，归纳义理，以见孔氏会通三教思想的慧识与用心。本文撰述析论的策略进路有三，其一细读全书序及疏语，清理有关三教思想的叙述文本，作为深入研探的基础；其二检读历来评骘《周易正义》的论著，就其中有关三教思想者，进行归纳分析，统整较论；其三则就近现代学者有关《周易正义》的研究成果，尤其以龚鹏程教授早年深造于台湾师大国文研究所期间，撰述完成的硕士论文《孔颖达〈周易正义〉研究》为参较重心，进行综合考察，透过"辨章学术，考镜源流"的进路，以及"探赜索隐，钩深致远"的工夫，期能总结孔颖达易学承启有自与开创有见的历史定位。

关键词： 孔颖达 《周易正义》 儒家 道家 佛家

前　言

就经学发展史而言，唐代承两汉师法与家法之今古文传统、魏晋南北朝自然与名教玄学化风气，已呈现出融合儒道、参验佛义的学术现象。① 以儒、道、释为三教，本魏晋以后之通称，故隋唐之际，陆德明《经典释文》已以五经与老、庄并秩相协；② 而初唐孔颖达③《五经正义》④ 踵事增华，不独《易》取三国魏王弼、晋代韩康伯注，凡诸释义，亦多援据老、庄，贯穿玄宗；并交参佛理，融镜内典。⑤ 验之《旧唐书·孔颖达传》，孔氏尝举《易》"以蒙养正，以明夷莅政"，以及"内蕴神明，外须玄默"诸语，以对唐太宗问，其文曰：

> 时太宗初即位，留心庶政，颖达数进忠言，益见亲待。太宗尝问曰："《论语》云：'以能问于不能，以多问于寡，有若无，实若虚。何谓也？'"颖达对曰："圣人设教，欲人谦光。己虽有能，不自矜大，仍就不能之人求访能事。己之才艺虽多，犹以为少，仍就寡少之人更求所益。己之虽有，其状若无。己之虽实，其容若虚。非唯匹庶，帝王之德，亦当如此。夫帝王蕴神明，外须玄默，使深

---

① （唐）释彦悰：《唐护法沙门法琳别传》，载贞观十一年（637）正月，太宗诏曰："朕凤夜寅畏，缅维至道。思革前弊，纳诸轨物。况朕之本系，出自柱下，鼎祚克昌，既凭上德之庆；天下大定，亦赖无为之功。宜有解张，阐兹玄化。自今而后，齐供行立。至于讲论，道士女冠，宜在僧尼之前。"而魏征、孔颖达所修《隋书·经籍志》，特立"道经"一类，尤为他史所无。（台湾）新文丰出版公司1983年版。

② 自唐高祖武德七年（624）以来，胥于国子学释奠之后，遣道士、沙门与博士相杂驳诘，论三家之良否，开后生之耳目。故《新唐书》卷一九八，乃称陆德明善言玄理，唐高祖曾召博士与浮屠道士各讲经，而德明随方立义、遍析其要。

③ 孔颖达传略，详参（后晋）刘昫（887—946）撰，杨家骆主编《（新校本）旧唐书》卷七十三《列传第二十三·孔颖达》，（台湾）鼎文书局1981年版，第2601—2603页。《新唐书》本传略同，亦可互参。

④ 《旧唐书·孔颖达传》曰："先是，与颜师古、司马才章、王恭、王琰等诸儒受诏撰定《五经》义训，凡一百八十卷，名曰《五经正义》。太宗下诏曰：'卿等博综古今，义理该洽，考前儒之异说，符圣人之幽旨，实为不朽。'付国子监施行，赐颖达物三百段。"（台湾）鼎文书局1981年版，第2602—2603页。并可互参《旧唐书·儒学传》。

⑤ （唐）京师西门寺僧释道宣所撰《集古今佛道论衡》卷丙，谓孔颖达党道拒佛；而孔颖达《周易正义·序》亦云："若论住内住外之空，就能就所之说，斯乃义涉于释氏，非为教于孔门。"虽然颇严明于道佛之壁垒，并昌言排挞；不过，佛学已成熟深化于隋唐，孔氏亦不能不受其沾溉涵泳。（台湾）新文丰出版公司1983版。

不可测，度不可知。《易》称'以蒙养正，以明夷莅政'，若其位居
尊极，炫耀聪明，以才凌人，饰非拒谏，则上下情隔，君臣道乖，
自古灭亡，莫不由此也。"太宗深善其对。①

举此一端，可知孔氏儒道融通汇合，与魏晋玄学家可谓如出一辙。
而龚鹏程教授早期硕士学位论文《孔颖达〈周易正义〉研究》，其序曰：

孔疏诠释体要，融鉴古今，原原本本，开广俊学之见，而通其
障隔，既集汉晋以来经说义疏之大成，复开宋明儒学之先声。焜耀
万禩，岂无由哉？就中尤以《易疏》十四卷为其义理之总纲；且他
经皆明指据何旧疏为本，独《易》无之，盖其特创之学，非为袭
故。……故其书不惟具标准化与统一化之特色暨作用，抑且贯穿玄
宗，融镜内典，集汉魏两晋南北朝经学之大成，而为当日化意识之
综合表现焉。……以《易》言之，《正义》抽汉儒之幽绪、补王弼
之逸象、理气心性之谈、道器有无之辨，剖析至赜。其书以庄生气
化自然宇宙观为主，旁采魏晋以来言心性理气及政道治道者，原其
踪迹，亦有三端：曰发挥王义也、博采诸家也、开启宋明也。②

此序更加明确表达了孔颖达《五经正义》的经学史与思想史双重的
学术价值，以及其《周易正义》"发挥王义、博采诸家、开启宋明"的
特创之学。本文因此而发想，以孔氏《周易正义》为探讨文本，析论其
中儒、道与释三教（家）思想。

---

① （后晋）刘昫等：《旧唐书·孔颖达传》，（台湾）鼎文书局1981年版，第2601—2602页。
② 龚鹏程：《孔颖达〈周易正义〉研究》序，台湾师范大学国文研究所硕士论文，黄锦鋐教
　授指导，1979年，第1—4页。

一、三教讲论与《周易正义》关系探述

魏晋南北朝政权争乱、社会动荡，以致玄风大扇，"上者借以逃名，下者因以养生，寖假而与佛道合"，[①] 两汉经学之烦碎因而获得解放，而儒教因自然玄思之兴而大衰。自后汉以还，精庐讲读谈论之风盛；迄南北朝沿波尤烈，世崇讲论，吐纳风雅，华词流韵，自成条贯，纷然笔之于书，即蔚为"讲疏"奇观。风气所被，《五经正义》亦承此远源近脉，关系密切，而影响深远。

自两汉经学以至魏晋玄学，儒道会通，孔老一致，已成时代风气，因此老庄道家自然无为与儒家周孔名教，因缘相生，随义相衍，是以名士风流，高谈阔论，俱不废讲论谈颂，故自三国魏何晏、王弼以下，虽玄思幽妙，名理深湛；然皆有实学才艺，含宏三教，归趣一致，而诸经注疏之盛，尤有胜于两汉者。因此，由汉至魏晋南北朝，由经学入于玄理；其间，魏晋乱世，而佛道兴，以迄隋唐治世，佛道犹兴，此有其外缘时代因素，以及内在学术条件，三教讲论因缘和合，而成三教融通之效，此理势必然之局面，固可证知。

《隋书·经籍志》曰："《易》，梁、陈，郑玄、王弼二注，列于国学；齐代，唯传郑义。"是则，西晋之后，南朝犹以郑玄注为盛，并不若《北史·儒林传》所谓："南北所为章句，好尚互有不同：江左，《周易》则王辅嗣；河洛，《周易》则郑康成。"[②] 不过，孔颖达《周易正

---

① 刘大杰：《魏晋思想论》，中华书局 1939 年版，第 17 页。

② （南朝梁）萧子显：《南齐书》卷三十九《陆澄传》曰："陆澄《与王俭书》云：'晋大兴四年，大常荀崧请置《周易》郑玄注博士，泰元立王肃《易》，当以肃在玄、弼之间。元嘉建学之始，玄、弼两立。逮颜延之为祭酒，黜郑置王，意在贵玄。'"可知，（南朝宋）元嘉间，以祭酒颜延之不喜郑玄注，故黜而立王弼注；然（南齐）陆澄、王俭等咸以为非，又传世之（陈）张讥、（南齐）刘瓛诸人《周易讲疏》，观其佚文，也多从郑义，是当时风尚以郑注为重可知。而刘师培《国学发微》，（台湾）广文书局 1986 年版，则曰："自晋立

义·序》则谓：

> 夫《易》者，象也；爻者，效也。圣人有以仰观俯察，象天地而育群品；云行雨施，效四时以生万物。……凡（按：或作"九"）圣时历三古，及秦亡金镜，未坠斯文；汉理珠囊，重兴儒雅。其传《易》者：西都则有丁、孟、京、田；东都则有荀、刘、马、郑。大体更相祖述，非有绝伦。惟魏世，王辅嗣之注，独冠古今，所以江左诸儒，并传其学；河北学者，罕能及之。其江南义疏十有余家，皆辞尚虚玄，义多浮诞。原夫《易》理难穷，虽复玄之又玄，至于垂范作则，便是有而教有；若论住内、住外之空，就能、就所之说，斯乃义涉于释氏，非为教于孔门也。既背其本，又违于注。……辅嗣注之于前，诸儒背之于后，考其义理，其可通乎？……今既奉敕删定，考察其事，必以仲尼为宗；义理可诠，先以辅嗣为本，去其华而取其实，欲使信而有征，其文简，其理约，寡而制众，变而能通。①

可知，孔氏《易疏》事以"仲尼为主"，义则以"辅嗣为本"。而魏晋以后，传《易》者唯郑玄、王弼二家，皆依本西汉费直古文易学，而于郑、于王，或守、或叛。② 再者，以南北佛学风尚较论，南方偏于义理

王弼（按：当为"王肃"之讹）《易》于学官，虽南齐从陆澄之言，郑、王并置博士，然历时未久，黜郑崇王（按：事在颜延之为祭酒时）。说《易》之儒，有伏曼容、朱异、孔子袪、何充、张讥、周弘正，然咸以王注为宗（按：张讥、周弘正等，非咸宗王注）。"若以张讥《周易讲疏》为例，考其佚文，多异王同郑，陆德明即传其学。台湾中华书局1966年版。

① （唐）孔颖达奉敕撰定，（清）阮元校勘：《十三经注疏》，《周易正义·序》，（台湾）艺文印书馆1965年版，第2页。

② 如《隋书·经籍志·易类》载："《周易难王辅嗣义》一卷，晋扬州刺史顾夸等撰。"而（宋）王钦若等奉敕撰《册府元龟》卷六〇六，亦载曰："顾悦之难王弼《易》义四十余条。（关）康之申王难顾，远有情理。"台湾中华书局1967年版。此亦可互参《钦定四库全书总目·周易正义十卷·提要》。

与玄谈，沙门居士等多以义学著称；北方则重视修持、戒律与建寺立塔等。①洎隋炀帝时，召沙门论辩玄理，而佛亦北学而南折，彼此调融，殊途同归。②因此而论，彼时南北学风虽有不同，其实交流影响，互有渗透。以易学而论，南北皆宗郑、王，南崇辩议，北多简直，先郑胜而后王出；故南北学术，人各名家，而家有异说，唯同祖郑、王，分合异同，终统于孔颖达《周易正义》，然亦不以王、韩《易注》为局限。③

据《新唐书·艺文志》载述，唐太宗以儒学多门，章句猥杂，乃诏孔颖达与时儒多人共纂《五经义疏》。而揆其远源，则为两汉之经学讲疏（辩难经义）、魏晋南北朝之经学义疏（论解经义）；究其近因，则为三教讲论风气之流行，其间承启关系深密，学术影响深远。④晋代经义，以《易》为多，大抵发明理趣宗旨，近于章句⑤；依论起义，又同于义疏，为章句之变体。而南北朝义疏之学，则居经义之后，远采汉儒

---

① 汤用彤：《汉魏两晋南北朝佛教史》下册，台湾商务印书馆1962年版，第52、66、71、253页。
② 释道宣：《续高僧传》卷十一，曰："炀帝召日严（寺）大德四十余人，及（辩）义对扬玄理。"又卷十四，曰："大业初成，隋运会昌，义学高于风云。大业五年，召敕来止，遂即对扬玄理，总集义学，躬临论场。"台湾修订中华大藏经会编审部1965年版。
③ 如马宗霍《中国经学史》即曰："唐人义疏之学，虽得失互见，而瑕不掩瑜。名宗一家，实采众说。固不无附会之弊，亦足破门户之习。今就孔疏论之，《易》宗王、韩，诚多空诠，然于马、郑、荀、虞诸家之古义，间亦有所援引，其取以补辅嗣之阙病者，固可以存汉学；即其祖王而以古说为非者，亦未尝不可辨其非而观其是也。至于引庄氏、张氏、褚氏之说，虽无当于奥旨，亦足以广谫闻。"台湾商务印书馆1968年版，第98页。
④ 如《新唐书·高祖本纪》载："武德七年，二月丁巳，帝幸国子学，观临释奠。引道士沙门，有业举者，与博士相杂驳难。久之乃罢。因下诏曰：'自古为政，莫不以学；则仁义礼智信五者俱备，故能为利溥深。朕今欲敦本息末，崇尚儒宗，开后生之耳目，行先王之典训。而三教虽异，善归一揆。'"又《集古今佛道论衡》，卷丙，亦云："武德八年，岁居协洽，驾幸国学，礼陈释奠，堂列三座，拟叙三宗。天子下诏曰：'老教孔教，此土元基；释教后兴，宜崇客礼。今可先老次孔，末后释宗。'……时太宗为秦王，躬临席位。"
⑤ "章句"之学本为汉学解经之模式，而魏晋以迄南北朝之"章句"体例，则出于讲论与辩说，同于晋人经义与南北朝义疏之所érat述。《隋书·经籍志》录《周易义疏》十九卷下，注云："宋明帝集群臣讲。"知义疏所以供讲论。而义疏即解文释义，记其所讲义理，并不纯为字词之训诂而已。

章句体式，近仿佛典疏钞体制，疏解文义以供讲论之资。故自南朝宋至隋代，皆有讲经义疏，其体例范式虽源于两汉章句与魏晋经义之学，而实亦深受佛典疏钞及僧徒讲论影响。[①] 而唐儒义疏，今存者以孔颖达《五经正义》与李鼎祚（生卒年不详）《周易集解》为最著，孔氏宗本儒家孔圣，自无可疑，而兼采道家老庄，以抵抗佛教释徒，则亦昭明较著。[②] 相对而言，李氏《周易集解·序》云"权舆三教，钤键九流"，则糅合三教，可觇二氏异同。不过，就历史考察而言，中唐以前，儒者多以老庄玄理迎拒佛释空学，孔氏可为代表；中唐以后，则渐以老庄融合佛释，李氏可为代表。唐儒之学，不独与道士玄言妙论相杂糅，且时常暗用浮屠释义，故孔颖达《五经正义》虽排击佛义，阳拒其迹，而实密取其理，如其《周易正义·观卦》义疏，即为明证显例。

二、《周易正义》儒家思想析论

汉、唐诸儒解说《周易》，以儒道二教思想为核心，又参赞以佛学义理，盖毋庸置疑。但除了历代易学撰述外，颇多参考纬书；现存之《易纬》，《四库全书》本计有八种十二卷，[③] 作者虽不得而知，清儒纪昀于《四库全书总目提要》中，以为当在先秦已经问世，唐儒孔颖达撰

---

① 如梁启超《饮冰室合集·专集》五十九，即云："隋唐义疏之学，在经学就有特别价值，此人所共知矣。而此种学问，实与佛典疏钞之学同时发生。吾固不敢径指此为翻译文学之产物，然最少必有彼此相互之影响，则可断言也。"台湾中华书局1987年版。

② 对照（清）董诰等奉敕编：《全唐文》卷二三一，所载（唐）张说撰、卢藏用书：《唐国师玉泉寺大通禅师碑》，记："神秀和尚，少为诸生，游问江表，老庄玄旨，《书》《易》大义，并皆精熟。"可见唐代国子学诸生，所学杂于老庄。（台湾）大通书局1979年版。又（清）陈澧《东塾读书记》其文曰："孔冲远等作《正义》，用王辅嗣注。近人诋王注，并诋《正义》。此未知《正义》之大有功也。江左说《易》者，不但杂以老氏之说，且杂以释氏之说，冲远皆扫弃之，大有廓清之功也。"（台湾）广文书局1970版。

③ 《乾坤凿度》二卷，《乾凿度》二卷，《稽览图》二卷，《辨终备》一卷，《通卦验》二卷，《乾元序制记》一卷，《是类谋》一卷，《坤灵图》二卷。

《五经正义》、李鼎祚作《周易集解》，征引最多，皆于《易》旨有所发明。《易纬》注者可以确定为东汉郑玄无疑，其中，《乾凿度》较为完整，^①且较其他纬书醇正，所以诸儒引用与发明《易》旨处也较多。本节即以《乾凿度》"易一名而含三义"为探讨重点，析论孔颖达《周易正义》中，体现儒家思想的另一侧面。

众所周知，《乾凿度》对易学最大的贡献，即开宗明义提出"易一名而含三义"，文曰："孔子曰：'《易》者，易也，变易也，不易也。管三成为道德苞钥。'"而自为解释，成为后来郑玄《易赞》与《易论》，以及孔颖达《周易正义》的蓝本。因此，孔氏于《周易正义》卷第一《第一：论易之三名》，^②有十分详尽的引录阐述：

> 夫《易》者，变化之总名，改换之殊称。自天地开辟，阴阳运行，寒暑迭来，日月更出，孚萌庶类，亭毒群品，新新不停，生生相续，莫非资变化之力，换代之功。然变化运行，在阴阳二气，故圣人初画八卦，设刚柔两画，象二气也；布以三位，象三才也。谓之为易，取变化之义；既义总变化，而独以易为名者，《易纬·乾凿度》云："《易》一名而含三义：所谓易也，变易也，不易也。"又云："《易》者，其德也。光明四通，简易立节，天以烂明，日月星辰，布设张列，精通无门，藏神无冗，不烦不扰，澹泊不失，此其易也。"^③"变

---

① "乾凿度"一名，据《四库提要》引《庄子·应帝王》"倏忽凿七窍"寓言，谓："倏忽凿七窍，窍通浑沌死。乾坤即倏忽，浑沌实太始；乾坤既凿开，太始斯沦矣。"颇合于道家宇宙观。

② 林忠军：《易纬导读》，齐鲁书社 2002 年版；刘玉建：《〈周易正义〉导读》，齐鲁书社 2005 年版。

③ 《乾凿度》卷上，原文作："易者，以言其德也。通情无门，藏神无内也。光明四通，效易立节。天地烂明，日月星辰，布设八卦，错序律历，调列五纬，顺轨四时，和粟挛结，四渎通情，优游信洁，根着浮流，气更相实，虚无感动，清净照哲，移物致耀，至诚专密，不烦不挠，淡泊不失，此其易也。"以下"变易"与"不易"二段文字，与孔颖达所引亦略有出入，不再赘录。熊十力《读经示要》卷三有详尽注释解说可以参考，（台湾）明文书局 1984 年版，第 609—623 页。

易者，其气也。天地不变，不能通气，五行迭终，四时更废，君臣取象，变节相移，能消者息，必专者败，此其变易也。""不易者，其位也。天在上，地在下；君南面，臣北面；父坐子伏，此其不易也。"

郑玄依此义作《易赞》及《易论》云："《易》一名而含三义：易简一也，变易二也，不易三也。"故《系辞》云："《乾》《坤》，其《易》之蕴邪？"又云："《易》之门户邪？"又云："夫《乾》，确然示人易矣。夫《坤》，隤然示人简矣。""易则易知，简则易从。"此言其"易简"之法则也。又云："为道也屡迁，变动不居，周流六虚，上下无常，刚柔相易，不可为典要，唯变所适。"此言顺时变易，出入移动者也。又云："天尊地卑，《乾》《坤》定矣。卑高以陈，贵贱位矣。动静有常，刚柔断矣。"此言其张设布列，"不易"者也。

崔觐、刘贞、（周）简等并用此义，云："《易》者，谓生生之德，有易简之义。不易者，言天地定位，不可相易。变易者，谓生生之道，变而相续。"皆以《纬》称"不烦不扰，澹泊不失"。此明是"易简"之义，无为之道，故易者易也，作难易之音。而周简子云："《易》者，易（音亦）也。不易者，变易也。易者，易代之名，凡有无相代，彼此相易，皆是易义。不易者，常体之名，有常有体，无常无体，是不易之义。变易者，相变改之名，两有相变，此为变易。"张氏、何氏并用此义，云："易者，换代之名，待夺之义。"因于《乾凿度》云："易者，其德也。"或没而不论，或云"德者，得也"。万法相形，皆得相易。不顾《纬》文"不烦不扰"之言，所谓用其文而背其义，何不思之甚？故今之所用，同郑康成等。《易》者，易也，音为难易之易，义为简易之义，得《纬》文之本实也。盖《易》之三义，唯在于有，然有从无出，理则包无。故《乾凿度》云："夫有形者，生于无形，则《乾》《坤》安从而生？

故有太易，有太初，有太始，有太素。太易者，未见其气也；太初者，气之始也；太始者，形之始也；太素者，质之始也。气形质具，而未相离，谓之浑沌。浑沌者，言万物相浑沌，而未相离也。视之不见，听之不闻，循之不得，故曰易也。"是知《易》理，备包有无，而《易》象唯在于有者，盖以圣人作《易》，本以垂教，教之所备，本备于有。①

"易也"是三义中的第一义。郑玄注曰："效《易》者，寂然无为之谓也。照，明也，夫惟虚无，故能感天下之动，惟清净也，故能照天下之明。未始有得，夫何失哉。"由《乾凿度》自释以及郑玄注解，可知"《易》名三义"中的第一义，阐说易学的本体。此体是清净光明，四通无碍。此义的依据即是《系辞传》所说："《易》，无思也，无为也，寂然不动，感而遂通天下之故。"此即指太极而言。《系辞传》说："《易》有太极，是生两仪。"太极清净光明，圆含万有，无得无失，而为宇宙人生的本体。本体虚无，不可以言语文字说明，所以《乾凿度》以清净光明之德来形容，郑氏以《乾》《坤》易简法则指点，必须学者自己领悟，果然彻底悟得这个本体，便得宇宙人生的真理，即得成为无所不通的圣人。

"变易也"是"《易》名三义"中的第二义。《乾凿度》说："变易也者，其气也。天地不变，不能通气。君臣不变，不能成朝。夫妇不变，不能成家。"天地不变，郑玄注，是就《否》卦而言。《否》卦就是地气不上升，天气不下降，天地之气不相交接，所以不能通气。天地之气不通，则万物不生。天地固然不能不变，人伦也不能不变，不变则无作用。《乾凿度》先以明德形容寂然不动的本体，再以流行之气解释变易之义，以明其作用。变易的作用即在变通，唯有变通，始能通达人情，

① （唐）孔颖达：《周易正义》，（台湾）艺文印书馆 1965 年版，第 3—4 页。

通明本体。但讲变通，应有不变的准据，不然，便致大乱，所以须讲第三义。

《乾凿度》解释第三义说："不易也者，其位也。天在上，地在下。君南面，臣北面。父坐，子伏。此其不易也。"此义指卦的六位而言，卦虽千变万化，但其六画之位不变。此即代表天地人伦有变易之义，有不变易之义，也就是说，必须天地人伦各得其位，始能变而不乱，而得变通之用。王琼珊《易学通论》综合归纳"《易》一名而含三义"之说，其文曰：

按：三义之说，起自《易纬》之《乾凿度》，托为孔子之言。纬书文词诡异，义多舛驳，张惠言谓其原出于七十子之徒，相与传夫子之微言，恐未可信。然其三义皆有《系传》可据，郑康成氏述之备矣，疑即作者探索《系传》而得，非夫子之别传也。易固有此三义，其所立之三名，就发明《易》道而言，甚有价值，惟未必有当于先圣所以名易之意也。三名诚可采，其引申之义则有商榷。

易者易简是也；变易者其气，不易者其位则非。易者何物，而可以气名之？《系传》明曰"为道也屡迁"，"不可为典要"，是岂以气言之邪？夫一阴一阳之谓道，一阴一阳非一阴加一阳，乃阴阳相易也。阴阳或可以气言，而阴阳相易则为道。道乃形而上者，气则形而下者，不可不辨也。愚谓变易者，《易》之用也，生生不息，新新相续，暑往而寒，终则有始，皆《易》大用也。不易者，其体（本体）也，不可以位言之也，不当引天地定位贵贱之位释之也。天地定位之位乃天地之位，贵贱异位之位乃贵贱之位，非《易》之位也。《易》则无位之可言，乃天地定位贵贱异位之所本。《系传》云："天下之动贞夫一者也。"一者何？不易也，即《易》之体也。天地之所以能长且久者，赖《易》有不易之体与其变易之用也。有不易则不乱，有变易则无息。不易而有变易之用，变易而有不易为之主。不易而易，体用合一，此所以为太易。亦惟不易之易，乃能简而不烦，动而不乱，而易知易从。故夫三义者，亦一而已。一者何？《易》而已矣。

今且不顾孔氏"用其文而背其义"之讥，于易之三义，重为简释之曰："易者，简易也，变易也，不易也。简易者其德，变易者其用，不易者其体也。"《易》诚有此三义，按诸《系传》，体诸《易》道，可断然而无疑，然不必为先圣名易之意也。请以文义言之，易与不易，义实相反，易实不含不易之义，告之以易，人不能知有不易之意存焉也。先圣正名，当不如此含胡。窃谓《易》之要旨在于通变，史公所谓《易》长于变是也。若夫不易，易简，人所易知易从，难明者亦唯变耳。圣人设卦示象，正以变之难明耳。是则圣人名易之意疑当在变易也。①

朱晓海教授则综括《周易正义》所引《易纬·乾凿度》与郑玄《易赞》《易论》，从上下文来看，以为这些汉代学者是说：

道体有三种特性——纯一性（易简），作用性（变易），规律性（不易），而这三种特性可由"易"这个字的语义范畴涵盖，因为这本书始《乾》终《未济》，讲的是道体的体会，所以叫《易》。换句话说，易等于是道的别名，《易》这本书是从它讨论对象的性质来命名。②

而程石泉教授总结《易纬·乾凿度》"《易》一名而含三义"说：

---

① 王琼珊：《易学通论》第二章《易之名义》，（台湾）广文书局 1979 年版，第 10—13 页。
② 朱晓海：《读易小识》，（台湾）文史哲出版社 1988 年版，第 1—5 页。可同时参较王章陵《周易思辨哲学》上册，第一章第二节《〈周易〉创作的主旨》，（台湾）顶渊文化事业有限公司 2005 年版，第 5—41 页。不过，作者标目作："一、简易"；"二、变易"；"三、不易"。

第一义之"易"字，言创化（creativity），包括旁通之"交易"。第二义"变易"应包括"换代"（replacement and alternation），"更新革命"（renewal and revolution），"意外突变"（accident and emergence）种种。"不易"者即言不因时间、空间、意愿而有所改变的观念、理想、原理、原则、价值、意义。①

相对于以上各家，成中英教授《论易之五义与易的本体世界》更进一步推阐为"易之五义"，分别为生生源发义（彰显不易性），变异多元义（彰显变易性），秩序自然义（彰显简易性），交易互补义（彰显交易性），以及和谐相成义（彰显和易性）。成氏在该文提要中，以为"汉代郑玄把易的含义总结为三项即变易、不易、易简（简易），自有其知解体察的基础。虽然他引用了《系辞传》加以说明，并批注了《易纬·乾凿度》，但他的解说却未能指示'易'之三义的基本道理，关系与结构何在，也未能穷尽或涵盖《易经》一书已涉及到的《易》的本体论的核心义蕴。为此，必须对《易》之为'易'的含义进行新的分析与综合"，因此发为五论，要义如下：

一、首先，我们必须认知易的第一义是易的不易性，此即易的生生源发义。二、易的第二义是易的变易性，或曰易的变异多元义。三、易的第三义是易的简易性，或曰易的秩序自然义。四、易的第四义是易的交易性，或曰易的交易互补义。五、易的第五义是易的和易性，或曰易的和谐相成义。《易》意义的本体宇宙论是以纯粹的创造性为本体，即是以之为创发之本与创发之体，创发出多姿多彩的品物流行的生命宇宙。人生于其中，故必须以此宇宙的本

---

① 程石泉：《易学新探》，（台湾）黎明文化事业公司 1989 年版，第 65—70 页。并可互参李焕明《比较易学论衡》中《〈易纬·乾凿度〉研究》，（台湾）文史哲出版社 1995 年版，第184—195 页。

体为人的生命的本体，方能创造出真善美的人文价值，其中应包含发展知识的知识理性与成就价值的价值理性，以及总其成的本体理性与实践理性。就原始的道与德的意义言之，本体理性就是道的整体意识与和谐性能，而实践理性就是德的实现行为与成就过程，从个人到社会国家，天地宇宙，无所不在德的关联之中。如此形成的道德观，也可说是体现完成自我的宇宙创化精神，方是《易》之人文化成的道德观。此一道德观也可名之为本体伦理学，是本体宇宙论的自然延伸，也是传统所说的天人合一的创化过程。基于此一理解，我们自然也可以说本体知识论，本体美学与本体管理学等。我们更可以据以发展我早已提出的本体诠释学。本体诠释学在易之五义的启发下，显然更能有效的把根源与历史的经验，面对自然的发展变化，基于一个开放的语言理解，用理性的逻辑条理，整合为一整体的意义网络与其表述，彰显真理与真实。①

成氏在此"易之五义"的基础上，彰显《周易》哲学中以变化的创造性为中心的宇宙本体论或本体宇宙论体系，名之为"易的本体宇宙论"。又谓五义之"易"本是一体，故五个世界也本是一体。若从《易》的世界分化的观点观之，"五易"的合一，也终究是五个世界和谐的分化，体现出《易》之本体的多元一体、一体多元的本体性。成氏缜密精心的"五易"系统创造构建，可谓"返本开新"，别开生面。

若再进一步析论"易简"之义，孔氏《正义》曰："《乾》以易知者，易谓易略，无所造为，以此为知，故曰《乾》以易知也；《坤》以简能者，简谓简省凝静，不须繁劳，以此为能，故曰《坤》以简能也。"《本义》："《乾》健而动，即其所知，便能始物，而无所难，故为以易而

---

① [美] 成中英：《论易之五义与易的本体世界》，《台北大学中文学报》创刊号（2006年），第1—32页。

知大始；《坤》顺而静，凡其所能，皆从乎阳，而不自作，故为以简而能成物。"又《语类》卷七十四石洪庆录："问：'若以学者分上言之，则廓然大公者，易也；物来顺应者，简也。不知是否？'曰：'然！《乾》之易，致知之事也；《坤》之简，力行之事也。'"所言并可作参考。①"易则易知"至"可大则贤人之业"八句，以两两相对形式，层层递进，阐释《乾》易《坤》简的道理，而归结于贤人之德业。"易简则天下之理得矣！天下之理得，而成位乎其中矣！"言得天下易简之理者，则能在天地之间成就了"人"位，参赞化育，与天地合德，共成"三才"。成位于天地间者究为何？众说纷纭，约分二派。一派以为《易》道、《易》象。陆德明《经典释文》："马（融）王（肃）作'而《易》成位乎其中'。"以为"易"指《易》道。韩康伯《系辞传注》："成位，况立象也。极易简，则能通天下之理；通天下之理，故能成象并乎天地。"则以为《易》象。而孔疏承汉儒"顺气言性"与"即气言理"②，故释《乾》卦卦辞，曰：

> 言此卦之德，有纯阳之性，自然能以阳气始生万物，而得元始亨通，使物性和谐，各有其利，又能使物坚固贞正，得终此卦，自然令物有此四种，使得其所，故谓之四德。言圣人亦当法此卦，而行善道，以长万物，物得生存而为元也；又当以嘉美之事，会合万物，令使开通而为亨也；又当以义协和万物，使物各得其理，而为

---

① 黄庆萱：《新译乾坤经传通释》，（台湾）三民书局2007年版，第26—92页，下文并同。并可参考程石泉《易学新探》，"八、《易·系辞传》哲理探"，（台湾）黎明文化事业公司1989年版，第147—238页。
② 此二义，详参龚鹏程《孔颖达〈周易正义〉研究》，台湾师范大学国文研究所硕士论文，黄锦铉教授指导，第147—149页。而牟宗三《才性与玄理》则以为："吾国人性论有'顺气言性'与'逆气显理'二途。顺气言性为一'材质主义'（Materialism），即古典之唯物论。逆气显理则于气上逆显一理，以心灵之理性所代表之'真实创造性'（real creativity）为性，如孔子之仁、宋儒之'天地之性'。"（台湾）学生书局1975年版，第1页。

利也；又当以贞固乾事，使物各得其正，而为贞也。是以圣人法乾，而行此四德，故曰"元亨利贞"。①

程颐《二程遗书·易说》："天下之理，易简而已，有理而后有象，成位乎其中也。"亦仍韩注以为《易》象。另一派则以为"人道"或"人"。张载《横渠易说》："易简理得而成乎天地之中，盖尽人道并立乎天地以成三才，则是与天地参矣。"指其为人道。朱熹《周易本义》："成位，谓成人之位；其中，谓天地之中。至此则体道之极功，圣人之能事，可以与天地参矣。"则成位者，为人。此二说亦可调和，盖此所言之"人"，实为得《乾》《坤》易简之理之"圣人"，故能与天地合其德，上下与天地同流，参赞天地之化育。所以在天地中者，既是人，亦是易简之理。故举隅一端，可知孔疏儒学思想大较。

三、《周易正义》道家思想析论

考察孔颖达《周易正义》其诠释义理，多先以王弼注为本，故《钦定四库全书总目·周易正义·提要》乃云：

> 至孔颖达等奉诏作疏，始专崇王注，而众说皆废。故《隋志·易类》称郑学寖微，今殆绝矣。……今观其书……皆显然偏袒。……是虽弼所未注者，亦委曲旁引以就之。②

孔疏其序既以王注为"独冠古今"，故纂撰之先，即以王义为标准，

---

① （唐）孔颖达：《周易正义·周易兼义·上经·乾传第一》，（台湾）艺文印书馆1965年版，第8页。

② （唐）孔颖达：《周易正义》，（台湾）艺文印书馆1965年版，第1页。

本之、宗之、申之、补之、正之，① 以权衡众说。② 而王、韩注以老入《易》，故其《易注》中，或释文例、卦爻例等义例之发明，以及考辨义旨，不难发现道家思想的脉络与内涵。故孔颖达《周易正义》卷第一，《第一：论〈易〉之三名》曰：

> 盖《易》之三义，唯在于有。然有从无出，理则包无。故《乾凿度》云："夫有形者，生于无形，则乾坤安从而生？故有太易、有太初、有太始、有太素。太易者，未见气也；太初者，气之始也；太始者，形之始也；太素者，质之始也。气形质具而未相离，谓之浑沌。浑沌者，言万物相浑沌，而未相离也。视之不见，听之不闻，循之不得，故曰'易'也。"是知《易》理，备包有无，而《易》象唯在于有者，盖以圣人作《易》，本以垂教；教之所备，本备于有，故《系辞》云"形而上者谓之道"，道即无也；"形而下者谓之器"，器即有也。故以无言之，存乎道体；以有言之，存乎器用；以变化言之，从乎其神；以生成言之，存乎其易；以真言之，存乎其性；以邪言之，存乎其情，以气言之，存乎阴阳；以质言之，存乎爻象；以教言之，存乎精义；以人言之，存乎景行，此等是也。③

---

① 龚鹏程：《孔颖达〈周易正义〉研究》，台湾师范大学国文研究所硕士论文，黄锦鋐教授指导，第 78—82 页。

② 简博贤《今存唐代经学遗籍考》第二章第一节，曰："盖孔氏虽名宗王注，实杂采象（案：疑当作'众'）说。故疏'大衍之数五十，其用四十有九'一节，历引京房、马季长、荀爽、郑康成、姚信之说，而云未知孰是。且不仅以王、韩为主，抑又杂引众说，而无所审择；致后人不知所从。是又孔疏之一失也。至于王所未注者，亦多委曲旁引以就之。"台湾师范大学国文研究所硕士论文，指导教授杨家骆，1970 年，第 26 页。而笔者据王忠林《周易正义引易考》第二章《正义引易学书考》，统计可知：凡汉魏南北朝遗文佚说之见诸《正义》者，凡二十六家、一六七条。详见《台湾省立师范大学国文研究所集刊》第三号，1958 年，第 6—84 页。

③ （唐）孔颖达：《周易正义·论易之三名》，（台湾）艺文印书馆 1965 年版，第 4 页。

其中，"《易》理备包有无"一语，即统合形上之道与形下之器，而一以贯之，故孔颖达分别于《乾·初九·疏》曰："万物渐积，从无入有。"《乾·文言·疏》云："凡天地运化，自然而尔，因无而生有。"《系辞上传·疏》亦曰："欲明虚无之理，必因于有物之境。"复于"生生之谓《易》也"，疏曰："生生不绝之辞，阴阳变转，后生次于前生，是万物恒生，谓之《易》也。"凡此，皆因缘玄理，阐有无妙义，而述积渐变化之蕴。故统观其疏《乾·彖》"《乾》道变化，各正性命"，则孔疏王、韩之注，可以观其道家玄理名相之趋势与蕲向，其文曰：

> 此二句，更申明《乾》元资始之义。道体无形，自然使物开通，谓之为道，言《乾》卦之德，自然通物，故云"乾道"也。变，谓后来改前，以渐移改，故谓之"变"也。化谓一有一无，忽然而改，谓之为"化"。言《乾》之为道，使物渐变者，使物卒化者，各能正定物之性命。性者，天生之质，若刚柔迟速之别；命者，人所禀受，若贵贱夭寿之属是也。①

上文所谓"《乾》卦之德，自然通物"，"化谓一有一无，忽然而改"，皆玄学道理之昭彰显著处，不言可喻。再者，《观·六二·象·疏》曰："我生，我身所动出。"斯则同于《老子》"动而愈出"之义。又《观·六三·象》"观我生进退，未失道也"，疏曰："处进退之时，以观进退之几，未失道也。"而《观·九五》"观我生，君子无咎"，《观·上九》"观其生，君子无咎"，孔疏曰："观我生，自观其道也。"对照《系辞上传》"变化者，进退之象也"，疏曰："万物之象，皆有阴阳之爻，或从始而上进，或居终而倒退。以其往复相推，或渐变而顿化，故云进

---

① （唐）孔颖达：《周易兼义·上经·乾传第一》，（台湾）艺文印书馆1965年版，第10—11页。

退之象也。"凡此孔疏所谓缘生因禀，皆立一前提："自然而尔，非假他物，而自为之主宰。"故于《乾》卦，疏曰：

> 言天之体，以健为用，圣人作《易》，本以教人，欲使人法天之用，不法天之体，故名乾不名天也。天以健为用者，运行不息，应化无穷，此天之自然之理，故圣人当法此自然之象，而施人事，亦当应物成务。①

复于《坤·六二》疏曰：

> 生物不邪，谓之直也。地体安静，是其方也。无物不载，是其大也。既有三德，极地之美，自然而生，不假修营，故云"不习无不利"。物皆自成，无所不利，以此爻居中得位，极于地体，故尽极地之义。此因自然之性，以明人事，居在此位，亦当如地之所为。②

此外，《复·象》疏曰：

> "《复》，其见天地之心乎"者，此赞明《复》卦之义。天地养万物，以静为心，不为而物自为，不生而物自生，寂然不动，此天地之心也。此《复》卦之象，动息地中，雷在地下，息而不动，静寂之义，与天地之心相似，观此《复》象，乃见天地之心也。天地非有主宰，何得有心？以人事之心，托天地以示法尔。……"天地以本为心"者，本谓静也。言天地寂然不动，是以本为心者也。……言"寂然至无，是其本矣"者，凡有二义：一者，万物虽

---

① （唐）孔颖达：《周易兼义·上经·乾传第一》，（台湾）艺文印书馆1965年版，第8页。
② （唐）孔颖达：《周易兼义·上经·乾传第一》，（台湾）艺文印书馆1965年版，第19页。

运动于外，而天地寂然至无于其内也。外是其末，内是其本，言天地无心也。二者，虽雷动行，千化万变，若其雷风止息、运化停住之后，亦寂然至无也。"若其以有为心，则异雷未获具存"者，凡以无为心，则物我齐致，亲疏一等，则不害异类，彼此获宁。若其以有为心，则我之自我，不能普及于物，物之自物，不能普赖于我，物则被害，故未获具存也。①

再验于《说卦传》释"神也者，妙万物而为言者也"，疏曰：

神也者，至成万物也。此一节，别明八卦生成之用。八卦运动，万物变化，应时不失，无所不成，莫有使之然者，而求其真宰，无有远近，了无晦迹，不知所以然而然，况之曰"神也"。然则，神也者非物，妙万物而为言者也。神既范围天地，故此之下，不复别言《乾》《坤》，直举六子，以明神之功用。②

以上皆以归极自然，施诸人事；又以运化自然，譬况曰"神"，一则符契疏《易》宗趣，再者亦轨迹老庄玄旨，可谓虚化儒理，而实用道义，会通二家，融合一体。

孔子罕言性与天道，多言人事，强调下学而上达，故《系辞传》引述"子曰"之语，多从人事立论阐发。然而《易传》中有"一阴一阳之谓道""形而上者谓之道""立天之道曰阴与阳"这一类话，明显受到道家的影响。撰作《易传》的儒家学者，虽然不免受了道家的影响，但其基本精神仍是儒家的积极性，故有"《易》，无思也，无为也，寂然不动，感而遂通天下之故""以言乎远则不御，以言乎迩则静而正"等语，

---

① （唐）孔颖达：《周易兼义·上经·随传第三》，（台湾）艺文印书馆 1965 年版，第 65 页。
② （唐）孔颖达：《周易兼义·说卦第九》，（台湾）艺文印书馆 1965 年版，第 184 页。

显示《易》道生生的作用性；也有"天地设位，圣人成能""财成天地之道，辅相天地之宜"等语，以发挥圣人之功，以及人参赞天地化育之主体能动性。以此脉络而言，《易传》作者们仍是继承孔子的积极精神，体现《乾》元之德，刚健不已，奋发自强，很显然与老子为主的先秦道家或黄老道家均不同。因此，从思想的发展来看，《易传》的作者应该也了解道家思想，故《易传》中的文字（特别是《系辞传》），如"神无方而《易》无体""生生之谓《易》""形而上者谓之道，形而下者谓之器，化而裁之谓之变，推而行之谓之通"，若与《老子》中的文字相比"有物混成，先天地生，寂兮寥兮，独立而不改，周行而不殆，可以为天下母。吾不知其名，字之曰道"，很显然是高明许多，故不妨将《易传》作者的创发，视之为老子学说的改造与补充，在战国时的思潮中，儒家与道家的融通亦可在此看出来。

《系辞上传》所谓："《易》与天地准，故能弥纶天地之道……范围天地之化而不过，曲成万物而不遗。"这是说《周易》中的道理是准拟万物而有，而万物之各种存在的情况，即是天地的道理，故《周易》能普遍涵盖天地的道理而不差误。《周易》模范的道理，对其书而言固然在外，但其所载恰是天地之道，故不外于天地之道，是"内化自成"，而"非在外也"；因此，《周易》中的道理既是天地之道，自然能"范围天地之化而不过，曲成万物而不遗"。《周易·系辞传》中的思想，大体远于《论语》，近于老、庄，《系辞传》言神、变化，相当于老、庄言自然、道。《易传》言《乾》《坤》并建共构，尊《乾》法《坤》，圣人之实践即法《坤》，皆是相应孔子而来。《周易》的物理原则是"阴阳"，是"变易"，是"生成"，可以"易"字表之。数理方面的原则是"序理"，是"系统"，是"关系"，可以"序"字表之。象、象表象世界是卦爻，可以"象"表之。伦理方面的原则是"意谓"，是"价值"，可由"象"来表征"伦理意谓"或"价值意谓"。

汉末易学，可谓支离，牵强附会，达致极点。王弼《周易略例·明象》说:"互体不足,遂及卦变,变又不足,推致五行,一失其原,乃愈弥甚,纵复或值,而义无所取。"王弼受道家思想影响很深,自然喜欢清简扼要,对于当时流行繁琐的易学,自然无法苟同。其《周易注》最大贡献,便在于扫除汉儒象数之弊,也一变训诂之习气。扫除象数之弊,乃其出身易学世家,承续家学,发扬易学中高妙的义理,而为义理易学的奠基者。变更训诂习气,为文既玄且文,大行于南朝,影响可谓深远。到了宋代,《伊川易传》远本王弼,近宗胡瑗,说理精到,素来古今无比。此书只解上下经及《彖》《象》《文言》,以《序卦传》分置诸卦之首,而没有注《系辞》《说卦》和《杂卦》。内容大抵以顺性命,阐儒理,切人事,明治乱,一以义理为依归,而略于卜筮象数。后世读《易》者,常以《伊川易传》与朱子《周易本义》相联比,列为同等重要的根柢书籍。以义理易学而言,《伊川易传》与王弼《易》注相比,一儒一道,平分秋色,而孔氏《周易正义》兼赅儒道,承启开创,意义自是不凡。

四、《周易正义》佛家思想析论

以经学与佛学结合比论,为南北朝学术之大势,如北魏道武帝始信佛,亦颇重经学;而北朝佛义大兴,则由于北魏孝文帝,崇昌儒化最甚者,亦为孝文帝。可知,佛教义学流行兴盛之域,亦即儒风通行畅旺之区。故杜弼尝注三玄:《周易》《老子》《庄子》,而帝诏答之,有文曰:"卿栖息儒门,驰骋玄肆,既启专家之学,且畅释老之言。"《续高僧传》谓崔觐注《易》,咨于僧范,而取其长,凡此皆南北朝易学杂糅浮屠之显证。① 孔颖达于《周易正义·序卦传》开篇,即间引佛义,以论序卦之理,其文曰:

---

① 汤用彤:《汉魏两晋南北朝佛教史》,台湾商务印书馆1962年版,第37—40、77—81页。

《序卦》者，文王既繇六十四卦，分为上下二篇，其先后之次，其理不见。故孔子就上下二经，各序其相次之义，故谓之《序卦》焉。其周氏就《序卦》，以六门往摄：第一天道门，第二人事门，第三相因门，第四相反门，第五相须门，第六相病门。如《乾》之次《坤》，《泰》之次《否》等第①，是天道运数门也。如《讼》必有《师》，《师》必有《比》等，是人事门也。如因《小畜》生《履》，因《履》故通等，是相因门也。如《遯》极反《壮》，动竟归止等，是相反门也。如《大有》须《谦》，《蒙》稚待养等，是相须也。如《贲》尽致《剥》，进极致伤等，是相病门也。韩康伯云："《序卦》之所明，非《易》之缊，故取其人理也。"今验六十四卦，二二相耦，非覆即变。覆者，表里视之，遂成两卦，《屯》《蒙》《需》《讼》《师》《比》之类是也；变者，反复唯成一卦，则变以对之，《乾》《坤》《坎》《离》《大过》《颐》《中孚》《小过》之类是也。且圣人本定先后，若元用孔子《序卦》之意，则不应非覆即变。然则，康伯所云"因卦之次，托象以明义"，盖不虚矣，故不用周氏之义。②

准此，可知孔疏于《序卦》之序理，以文王、孔子二圣为先声，而引周氏"六门往摄"之序理，其中融贯有儒、道、释三教思想；只是，孔氏未采周氏分序之法，而参以韩康伯玄学家序理，独出机杼，创发"二二相耦，非覆即变"的序卦相对、相反结构条理，入乎其中，而出于其外，可为其诠释疏解之特色。

然而，孔氏《易疏》除了于儒道会通之外，其实犹隐约援借佛家天台宗"一心三观——空观、假观、中观"③之理趣，以疏释《易》义性

---

① 案："第"字，当为衍字，宜删去。
② （唐）孔颖达：《周易正义·序卦第十》，（台湾）艺文印书馆1965年版，第186—187页。
③ "空观"谓以般若智观一切外境，皆缘起假象，当体即空，本非实法；且自身四大假合，终归坏灭，离四大之外，本无实我。空观不为"恶取空"，意即执一切皆空，于俗谛中不

理。如前节所引《观》卦"观我生""观其生",孔疏以卦爻之起,来自具体物象,故言观进退之道,以明物象,以究天道;而性相不二,一切爻皆"境"非"性",缘起假象,本无自性。若舍"境"去"相",则"性"亦不可见;故孔疏谓参乎王弼"卦以存时,爻以示变;象以明体,象以尽意"之体略,于《观》卦明察其人生出处进退之道,即所以观道之进退,因之《易》道之与物象,亦与佛义相彷佛,而无殊异。

至于,前引孔颖达《周易正义·序》曰:"若论住内、住外之空,就能、就所之说,斯乃义涉于释氏,非为教于孔门也。"此所谓"住内外之空""就能所之说",实为华严宗"不住内外""空其能所"义谛。由是以论孔疏严别儒释分际,然细审密察其诠卦释爻,复隐用佛说空义,皆魏晋以还,三教会归之时尚。不过,龚鹏程《孔颖达〈周易正义〉研究》论孔疏与佛教关系,考叙其论释氏之得失,以觇其旨归,而指斥孔疏诠佛之非,厥有三端,其文曰:

> 今案:孔颖达偏党道士以与佛抗,而实不甚知佛,故其论当时以佛义解经诸家之失亦非确论。究议其失,盖有三端:曰不悟般若学之空义也,曰未究竟能所之关系也,曰偏取住义也。凡兹三者,盖皆针对当时以佛义解经者而发,非自建玄义,破彼棘猴也。①

龚氏论文引述大乘佛学所谓"空"义甚详,此不细赘。虽然孔疏释佛理,容有违误之虞,而驳乱难免;但其于案据儒道,融会仁玄之际,

施设有;于真谛中,真理亦无,斯为"沈空""恶取空";再者,六识妄心,生灭无常,离根尘之外,本无自性。"假观"则观一切境,虽体达空义,而不废缘起诸法,于一切境不执。"中观"为观一切法,皆为中道,证澈性相(犹孔氏之言道与物)不二、色空不异之理。综之,则"空观"不着一切法,"假观"不舍一切法,"中观"则圆融一切法;任举一观,莫不圆具三观。

① 龚鹏程:《孔颖达〈周易正义〉研究》,台湾师范大学国文研究所硕士论文,黄锦鋐教授指导,第201—212页。

因儒玄而通佛义，采撷援引，固时有精义，如前引《周易正义·序》"以无言之，存乎道体"，《复·疏》"天地以本为心""寂然至无，是其本"，此与般若学"本无"即"真如"，即"本体"，即"法性"，即"真谛"，若合符节。[1] 又《乾·文言·疏》"天地运化，自然而尔，因无而生有也"，《复·象·疏》"凡以无为心，则物我齐致，亲疏一等"，《睽·上九·疏》"道通为一，得性则同"，此与大乘佛学言"真如性空""心无神无"，以无性为中心、实相平等，本性空寂平等、非一非异，皆可以互参，义无殊而可通。而本文其余所引孔疏以道家释《易》诸条，亦多可与佛义相通。

结　语

《周易》"数""象""辞""理"四者兼备，而《周易正义·序》云"以无言之，存乎道体；以变言之，存乎其神；以生成言之，存乎其易"，则"有""无""体""用"亦四者皆并。而《易》一名而含三义——易简、变易、不易，孔疏以为三义唯在于有，"然有从无出，理则包无"，故龚鹏程《孔颖达〈周易正义〉研究》认为孔疏于基本观念之陈述，充分展现于"理、气、体、象及宇宙之数学形式"，而以"理与象""理与气""气化宇宙论"三端统括之；复以"气化之原理：自然""阴阳动静与四象五行""宇宙之图像与秩序""终极实在——无"四目，进

---

[1] 按：《山门玄义》卷五中，《二谛章下》，引竺法深语曰："诸法本无义，壑然无形，为第一义谛。所生万物，名为世谛。"又（隋）释吉藏《中观论疏》，卷二，引述曰："本无者，未有色法，先有于无，故从无出有，即无在有先，有在无后，故称本无。"又引释道安"本无说"曰："无在万化之前，空为众形之始。夫人之所滞，滞在末有。若心托本无，则想便息。"《大乘起信论》曰："真如自性，非有相，非无相；非非有相，非非无相。"又曰："一切法从本以来，离言说相，离名字相……故真如者，亦无有相。……因言遣言，此真如体无有可遣，亦无可立。"（台湾）新文丰出版公司1983年版。

而申论阐释其"形上学之义理系统",可谓深中肯綮。[1] 再者,以孔疏释"性""命""情"的形上关系,探究其"人性论";以"作《易》垂教",诠释其"无心""圣人无心以成化""圣人与君子、大人"之"治化论"[2],又可谓证实运虚,体用一如。故本文承其道益,以论孔疏三教思想,沾溉启蒙多矣。

就经学学术史之易学传统而言,以及就思想史之"三教思想"会通而论,《周易正义》为自先秦《易传》成书以来,历两汉以迄魏晋南北朝、隋代,进行全面系统发展与总结的易学代表性专疏,由两汉今文谶纬象数与古文章句训诂之学的传统,升华而为魏晋玄学化的义理易学;渐至于南北朝及隋代,则佛学讲论与经学义疏交诘相难,终于创造出唐代儒、道、释三教思想扬溢蓬勃的态势,三教合一相互竞争、相互依存、相互渗透、相互吸取、相互融摄,成为《周易正义》在中国易学发展史上,具有划时代深刻意义与价值。尤其,作为儒家重要经典的易学,经王弼玄学化之后,遂因时乘势,自然而然地与盛行于南北朝及隋代的道教、佛教交融相合,而具体结聚于《周易正义》,值得正视。

作者单位:台湾师范大学

---

① 龚鹏程:《孔颖达〈周易正义〉研究》,台湾师范大学国文研究所硕士论文,黄锦铉教授指导,第154—184页。

② 龚鹏程:《孔颖达〈周易正义〉研究》,台湾师范大学国文研究所硕士论文,黄锦铉教授指导,第184—201页。

周敦颐的易学与佛学

——以周敦颐援释入儒的心性论为中心*

李筱艺

摘要：周敦颐是北宋五子之首，被后世奉为宋代新儒学的"道学宗主"和"理学开山"，他对中国古代思想史、易学史、理学史所做出的贡献都不可估量。其中，周敦颐以"诚"为本的心性论体系，体现了他从易学角度出发，融摄佛教思想于《易》，从而构建了影响宋明理学心性论的重要理论范式。其贡献主要在于，他能够立足于《易传》"寂然不动，感而遂通"的思路，通过借鉴佛教"一心二门"的思想，解释了"诚""善恶""几""性"等心性论方面问题的运作机制。从而，周敦颐为北宋新儒学的人性论重新建构了以"诚"为本的心性本体，同时还为个体心灵境界的完善提供了无限的可能性。

关键词：周敦颐　易学　佛教

宋代是一个学风革新、三教融合、思想多元、文化高度发展的历史时期。身处其中的周敦颐虽然一生都在地方为官，但在案牍劳形之间，

---

* 本文系北京市社科基金重点项目"易学思想与儒释道文化融合"（项目编号：16ZXA001）的阶段性成果。

他所思考并提出的问题却几乎奠定了此后宋明理学的基调，黄百家称赞他有"破暗"①之功。从他的两部代表作——《太极图说》和《通书》中可以看到，周敦颐通过《周易》，尤其是《易传》的话语体系，同时辅以《中庸》来阐释自己的思想②，建立了一个由"无极而太极"到"立人极"的思想体系，实现了《易经》所讲求的"天人合一"之境界。从这个层面上来说，周敦颐既是一个儒者，又是易学家③，加之易学兼容并包的理论基调④，他能够积极借鉴佛、道理论以充实和完满其思想内涵，是宋明理学磅礴的思想气象之真实写照。

周敦颐在《太极图说》中主要论述了一个"无极而太极—人极"的宇宙论框架，到了《通书》则着重讨论了以"诚"为本的心性理论。余敦康先生指出，宇宙论是心性论的本源依据，心性论是宇宙论的终极关怀，这也是中国传统思想所常说的天人关系，天与人不可割裂为二，必须合而为一，只有沟通了二者的关系，才能建立一套完整的天道性命之学。⑤周敦颐正是基于这样的考虑进行理论创作，他理论的归属最终还是要落到"人极"之"诚"的一面。在这个过程当中，佛教对他的影响至关重要。有学者指出，宋代儒学的理论成长有两个基点，即"超越经学"和"消化释老"，而"最有决定意义的一步是消化佛老思想，特别是佛学。"⑥周敦颐正是由于成功吸纳了佛教思想的有益成分，才得以在

---

① 见黄百家按语，载于（清）黄宗羲原著，（清）全祖望补修，陈金生、梁运华点校《宋元学案·濂溪学案》上，中华书局1986年版，第482页。

② 学者孙叔平在《中国哲学史稿》中指出周敦颐的学说"是一个以《周易》为媒介的道家无为思想和儒家中庸思想的混合体"。见孙叔平《中国哲学史稿》，上海人民出版社1981年版，第54页。

③ 杨向奎先生指出，《中庸》完全可以视作《周易》的第"十一翼"。见杨向奎《〈易经〉中的哲学与儒家的改造》，载《北京大学学报》1995年第2期，第36页。由此可见，周敦颐的立论是基于广义的易学范畴，所以本文将他视作一个易学家。

④ 张涛教授指出：《周易》"并不专属某家某派，而是综合百家、超越百家的产物"。见张涛《易学·经学·史学》，北京师范大学出版社2011年版，第2页。

⑤ 余敦康：《汉宋易学解读》，中华书局2017年版，第245页。

⑥ 崔大华：《儒学引论》，人民出版社2001年版，第436页。

心性问题的论述方面有所造诣，他对"人极"思想的构建更是造就了理学史上"道德主体之挺立"①，具有重要的思想意义。

关于周敦颐与佛教的关系的研究，近年来逐渐受到了学界的关注，此类研究成果大致可以划分为两种：一是从周敦颐的思想的整体来探讨其受佛教思想影响的方面②，另一种是就周敦颐思想的某个侧面来探讨其与佛教之间的关系③。前人的研究成果在周敦颐与佛教的思想融合方面奠定了深厚的理论基础，但是专就易学角度的分析，阐释周敦颐易佛思想之间的互动几乎未见涉及。本文即侧重于周敦颐易学思想的心性理论部分，探讨他如何援引佛教思想，从而实现了北宋新儒学中人性论的重新建构。

一、儒佛会通的理论基础

虽然性理问题早在先秦时期就已经受到关注，例如《易传·说卦》的"穷理尽性至命"④，还有《中庸》的"天命之谓性"⑤，《孟子》还提出人要"尽心知性知天"⑥。但是在儒家看来，这些终是"不可得而闻"之法，因此并未形成完整的、以"性"为本的理论构架。至汉唐经学重章句训诂，致使儒学发展在义理层面难于前行，宋初依然是"纷纷儒林士，章句以为贤。问之性命理，醉梦俱茫然"⑦的局面。反观佛教，自传入中国

---

① 牟宗三：《心体与性体》，上海古籍出版社 1999 年版，第 275 页。

② 见宋道发《周敦颐的佛教因缘》（2000）、王仲尧《易学与佛教》（2001）、孙金波《周敦颐的佛学思想剖析》（2003）、王心竹《理学与佛学》（2011）、万里《周敦颐与佛教关系再考证》（2018）等。

③ 见章启辉《程颐、程颢与周敦颐的佛学思想》（2001）、陈远宁《中国佛教与宋明理学》（2002）、张文利《理禅融会与宋诗研究》（2004）、李煌明《宗密一心二门思维模式与濂溪宇宙本体论建构》（2014）等。

④ （清）阮元校刻：《阮刻周易兼义·说卦》，浙江大学出版社 2014 年版，第 721 页。

⑤ （宋）朱熹：《四书章句集注·中庸章句》，中华书局 1983 年版，第 17 页。

⑥ （清）焦循撰，沈文倬点校：《孟子正义·尽心上》，中华书局 2004 年版，第 949 页。

⑦ （宋）胡宏著，吴仁华点校：《胡宏集·古诗·简彪汉民》，中华书局 1987 年版，第 50 页。

后，其缜密的理论，尤是关于心性之学方面的论述，呈压倒本土儒、道二教之势。对此，儒、道二家纷纷改造自身理论以适应新时代的需要。

早在六朝时期，道教理论就开始吸收佛理以修饰自身，被指责为"倚傍佛经，开张卷部"，除《老子》五千言后"皆窃佛经"。① 唐代的重玄学作品更是博采儒、释两家之长，如《本际经》直接以中观之"空"言"道"，② 杜光庭则沿用唐玄宗借用佛教"法性"来指称"道性"③，皆反映了道教在意识到自身"以道为本"理论的匮乏性时所做出的努力。儒家也出现了同样的理论危机，在"儒门淡薄，收拾不住，皆归释氏尔"④ 的现实面前，儒家学者一方面要从传统经典当中寻求理论基础，以维护自身学脉；另一方面，必须积极吸收佛教精致、思辨和神秘化的理论成分。⑤

1. 唐宋以来《中庸》地位的提升

《中庸》正是在这样的需求下步入儒者的视野当中，其与《易传》互为表里⑥，成为儒家学者改造自身理论的优势思想资源。正如清代学者钱大昕所指出的："子思子述孔子之意而作《中庸》，与大易相表

---

① （北周）甄鸾：《笑道论》，（唐）释道宣编《广弘明集》，见《大正新修大藏经》第 52 册，（台湾）佛陀教育基金会出版部 1990 年版，第 151 页上。

② 《本际经》曰："一切法性即是无性，法性、道性俱毕竟空。"见叶贵良《敦煌本〈太玄真一本际经〉辑校》，巴蜀书社 2010 年版，第 221—222 页。

③ 孙亦平：《清静与清净：论唐代道教心性论的两个致思向度——以杜光庭思想为视角》，《哲学研究》2016 年第 9 期，第 53 页。

④ （宋）陈善：《扪虱新话》卷三《儒释迭为盛衰》，见《丛书集成初编》第 310 册，中华书局 1985 年版，第 23 页。

⑤ 向世陵：《见理见性与穷理尽性——传统儒学、佛学（华严禅）与理学》，《中国哲学史》2000 年第 2 期，第 26 页。

⑥ 张涛教授在其著《易学·经学·史学》中有专文论述《易传》与《中庸》在思想上的紧密联系，他的《钱大昕的易学成就》一文中指出钱大昕将《易》《庸》并列而观是对宋儒之说的发展；并在《杨向奎先生易学研究述略》中指出杨向奎先生将《中庸》视作《易传》第"十一翼"的观点，并梳理了近代学者对这个问题的看法。详见张涛《易学·经学·史学》，北京师范大学出版社 2011 年版，第 65—66、70—71 页。

里。"① 因此，自唐代古文运动，《中庸》的地位逐渐得到提高，柳宗元《祭吕衡州温文》曰："君子乃知适于《中庸》，削去邪杂，显陈直正，而为道不谬。"② 说明了《中庸》在文本内容方面的特殊性，"显陈直正"更是道出《中庸》在对形而上理论方面的高度和深度。故中唐以来，韩愈、李翱纷纷将《中庸》"作为其创立儒家心性学说的重要思想依据和经典文本"③。

在周敦颐之前，李翱对此有过努力。李翱与南禅宗药山惟俨禅师交游颇深，虽然他一面辟佛，但一面又吸收了佛教思想，他以《中庸》的"性"论为依据，倡导"复性"的思想，并以"诚"为修养的最终境界。他对"诚"的内涵进行重新诠释："诚者，定也，不动也，知本无有思，动静皆离，寂然不动者，是至诚也。"④ 又以"动静皆离"规定"诚"，与禅宗"无念为宗，无念为体，无住为本"⑤"无相者，于相而离相；无念者，于念而无念；无住者，为人本性，念念不住"⑥ 相通。然而，由于李翱的心性理论体系还不够完整，其努力只能算作是援释入儒的一次尝试，但他"阴释而阳儒"⑦ 则为周敦颐开辟了以"诚"为本体的思考方向。

方立天先生指出，自李翱以来，在儒家学者的改造之下，佛教心性论与儒家纲常名教相结合，宋明理学从而得以建立与佛教既同又异的心性理论。⑧ 如果说中国传统宇宙论的思想元素大多来自道家、道教思想，

---

① （清）钱大昕撰，吕友仁校点：《潜研堂集》，上海古籍出版社 2009 年版，第 39 页。

② （唐）柳宗元撰，尹占华、韩文奇校注：《柳宗元集校注》，中华书局 2013 年版，第 2559 页。

③ 束景南、王晓华：《四书升格运动与宋代四书学的兴起——汉学向宋学转型的经典诠释历程》，《历史研究》2007 年第 5 期，第 84 页。

④ （唐）李翱：《复性书》中，《唐李文公集》卷二，见《四部丛刊初编》第 119 册，上海书店 1989 年版。

⑤ （唐）慧能著，郭朋校释：《坛经校释》，中华书局 1983 年版，第 31—32 页。

⑥ （唐）慧能著，郭朋校释：《坛经校释》，中华书局 1983 年版，第 32 页。

⑦ （清）阮元：《揅经室集》，中华书局 1993 年版，第 236 页。

⑧ 方立天：《中国佛教与传统文化》，中国人民大学出版社 2012 年版，第 250 页。

那么在心性论方面，佛教则为儒家理论的改造提供了较为理想的范式。周敦颐以"诚"为本的理论基础正是建立在儒释交流的前提下。

2. 儒佛思想融通的可能性

"诚"是《中庸》的重要范畴。在《中庸》当中，"诚"被视作天道之本然，所谓"诚者，天之道也。诚之者，人之道也。"① 与此同时，"诚"还能实现天道与人道的沟通，如"唯天下至诚为能尽其性。能尽其性，则能尽人之性，能尽人之性，则能尽物之性；能尽物之性，则可以赞天地之化育，可以赞天地之化育，则可以与天地参矣。"② 然而，虽然《中庸》提出了"诚"这一伟大的目标，并没有指出人何以能够"尽其性"。余敦康先生指出，《中庸》虽然树立了一个"圣人之德"，却没有指出一条登堂入室的具体途径，而佛教心性之学恰好弥补了这一缺失。故刘禹锡曾感叹："是余知突奥于《中庸》，启键关于内典，会而归之，犹初心也。"这对唐宋文人对于佛教思想的认知是有代表意义的。③周敦颐也意识到了这个关键问题，故力图援佛入儒，利用《中庸》在《易传》的基础上，实现儒释道的融合。

略早于周敦颐的佛僧孤山智圆则直接提出"释之言中庸者，龙树所谓中道义也"④。他自号"中庸子"，被陈寅恪先生誉为宋代新儒家之"先觉"⑤。虽然他将儒家作为道德规范的"中庸"之道，与大乘空宗形而上之"中道"对等，忽略了二者的本质区别，但是他注意到了儒、佛二家在心性义理层面的共通之处，指出了两家思想互为表里、相互融通

---

① （宋）朱熹：《四书章句集注·中庸章句》，中华书局 1983 年版，第 31 页。

② （宋）朱熹：《四书章句集注·中庸章句》，中华书局 1983 年版，第 32 页。

③ 余敦康：《汉宋易学解读》，中华书局 2017 年版，第 331 页。

④ （宋）智圆：《闲居编》第十九《中庸子传上》，见《大正新纂卍续藏经》第 56 册，河北省佛教协会虚云印经功德藏 2006 年版，第 894 页中。

⑤ 陈寅恪：《冯友兰中国哲学史下册审查报告》，收录于《陈寅恪集·金明馆丛稿二编》，生活·读书·新知三联书店 2015 年版，第 284 页。

的可能性，这一点被漆侠先生认为是智圆对学术思想史的重要贡献。[①]虽然直到周敦颐，才真正将《中庸》之“诚”改造为形而上的道德本体，但是智圆的思想无疑为他援释入儒提供了有力论证。

周敦颐一生大部分时间生活的江西、湖南等地，这一区域在当时是临济宗的主要传播范围。此外，与他同时代的黄龙派名僧慧南、东林常总也活跃在这一地区，甚至因此还留下了他们之间交游的传说[②]。值得注意的是，慧南就是临济宗的重要人物，有学者言其“将临济宗的推向一个新的时期”[③]。虽然根据前文的论证，我们并不能就此认定周敦颐的思想直接受到某位佛僧的启发，但就思想内容来说，他的易学思想又的确存在与大乘经典和禅宗理念有所相似的部分。可以做出合理推测的是：周敦颐应当是受到了当时禅风的影响。另外，从周敦颐的阅读习惯可以得知，他对《法华经》颇有所知，他曾以《易》解佛，说：“一部《法华经》，只消一个艮字可了。”[④]此外，其名作《爱莲说》中的遣词造

---

① 漆侠：《儒家的中庸之道与佛家的中道义——兼评释智圆有关中庸中道义的论点》，《北京大学学报》（哲学社会科学版）1999年第3期，第83页。

② 有学者根据《居士分灯录》的记载认为，周敦颐在从虔州回濂溪书院时与云门宗僧人佛印了元有过交往，还自述其“妙心启迪于黄龙（慧南），发明于佛印（了元），而于东林（常总）开遮拂拭之后，表里洞然”，以及该书中关于周敦颐与佛僧来往的记载，就判断他的思想来源于佛教（见王仲尧《易学与佛学》，中国书店2001年版；宋道发《周敦颐的佛教因缘》，《法音》2000年第3期；耿静波《周敦颐与佛教关系研究》，《中国佛学》2012年总第31期），是不甚严谨的。首先，《居士分灯录》由明代人编纂而成，时代已远，很多事件已不可考；其次，根据当代学者考证，寿涯其人及其与周敦颐的关系亦不可考（金秉峘《辩太极图源于佛教一说》），而且周敦颐在定居庐山第二年就去世，当时著作应已付梓，不可能再受东林常总启发（钱穆《宋明理学概述》）；但是，他与黄龙慧南的弟子真净克文之间有过书信来往是确实的（万里《周敦颐与佛教关系再考证》，《船山学刊》2018年第1期）。台湾学者林科棠指出，周敦颐与佛印、常总的关系不是虚言，但是这些都是“佛者之传”，如果单从这些传说来看，“佛教影响未免过大”。（林科棠：《宋儒与佛教》，上海商务印书馆1930年版，第29页。）

③ 杨曾文：《宋元禅宗史》，中国社会科学出版社2006年版，第312页。

④ （宋）周敦颐撰，梁绍辉、徐荪铭等点校：《周敦颐集·遗事》，岳麓书社2007年版，第139页。需要特别说明的是，通行本《周敦颐集》现在主要有两个版本：一是中华书局1990年本，它主要根据明清时期比较重要的五个本子相互校勘而出版；另一个则是岳麓书

句与唐法藏《华严经探玄记》十分相似。可见，一些流行的大乘经典也是他参习的对象。从这一前提出发，周敦颐以"诚"为本的思想受到佛教的影响就不难理解了。

二、以"诚"为本的理论体系的建立

周敦颐在《爱莲说》中塑造了莲花的形象，他说：

> 水陆草木之花，可爱者甚蕃。晋陶渊明独爱菊。自李唐来，世人甚爱牡丹。予独爱莲之出淤泥而不染，濯清涟而不妖，中通外直，不蔓不枝，香远益清，亭亭净植，可远观而不可亵玩焉。①

他所歌颂的莲花"出淤泥而不染，濯清涟而不妖"被后世广为传颂，其中心思想更是与《华严经探玄记·卢舍那佛品第二》所描述的莲"四德"极为相似，如②：

社于 2006 年重刊中国国家图书馆所藏宋刻十二卷本《元公周先生濂溪集》，2007 年更名为《周敦颐集》。但是，由于中华书局版《周敦颐集》所据底本为明末至清代的版本，其中已有很多后人修改的部分，有学者指出，中华书局版《周敦颐集》的点校者未能很好利用宋、明时期周敦颐文集的各个版本，致使失误较多。（见栗品孝《中华书局点校本〈周敦颐集〉考辨三则》，载于四川大学古籍整理研究所、四川大学宋代文化研究中心编《宋代文化研究》第十八辑，四川文艺出版社 2010 年版，第 149—152 页）。因此本文主要选择以宋版《元公周先生濂溪集》为底本的岳麓书社版《周敦颐集》，参以中华书局版《周敦颐集》（后文简称"明清本"）进行探究。

① （宋）周敦颐撰，梁绍辉、徐苏铭等点校：《周敦颐集·遗文·爱莲说》，岳麓书社 2007 年版，第 120 页。

② 较有代表性的研究成果有：梁绍辉：《周敦颐评传》，南京大学出版社 2011 年版，第 97—102 页；束有春：《理学古文史》，河南教育出版社 2011 年版，第 108—110 页；王心竹：《理学与佛学》，长春出版社 2011 年版，第 40—43 页；孙金波：《周敦颐的佛学思想部析》，《广西社会科学》2003 年第 3 期，第 39 页。

大莲华者，梁《摄论》中四义：一，如世莲华在泥不污，譬法界真如在世不为世法所污。二，如莲华性自开发，譬真如自性开悟众生，若证则自性开发。三，如莲华为群蜂所采，譬真如为众圣所用。四，如莲华有四德，一香、二净、三柔软、四可爱，譬真如四德，谓常乐我净。如此等并为依止义故也。①

在佛教语境下，莲花代表自性清静的"真如"，而"真如"是"诸法实相，是宇宙万有的本体"②。周敦颐对莲花的赞颂，从字面上来看是对儒家君子品格的向往。但从本质上来看，君子是符合儒家道德规范之人，而"诚"乃"五常之本，百行之源"③，此处可以视作周敦颐以"莲"喻"诚"的例证。在此基础上更进一步，我们可以看出，周敦颐处于"教外别传，不立文字"的祖师禅所盛行的时代④，虽然禅宗大为兴盛，但是随着其中国化进程的加深，恰恰消解了其宗教特色，沦为中国文人"表现生活情趣和文学智慧的语言技巧"⑤。加之"洪州以下，形而上的讨论日益贫乏"⑥，周敦颐要建立自己的理论系统，还是要回归原本的大乘经典当中。

1. "一心二门"与"诚"

《大乘起信论》是大乘佛教一部重要的经典，虽然其来源问题至今

---

① （唐）法藏：《华严经探玄记》卷第三《卢舍那佛品第二》，见《大正新修大藏经》第35册，（台湾）佛陀教育基金会出版部1990年版，第163页上。

② （马来西亚）陈义孝编：《佛学常见词汇》，（台湾）财团法人佛陀教育基金会2008年版，第227页。

③ （宋）周敦颐撰，梁绍辉、徐荪铭等点校：《周敦颐集·通书·诚下第二》，岳麓书社2007年版，第65页。

④ 方立天先生将禅宗由如来禅到祖师禅的过渡划分为三个历史阶段，其中五家形成以后为祖师禅的时代。详见其《如来禅与祖师禅》一文，原载《中国社会科学》2000年第5期，后收入其著《禅学概要》，中华书局2011年版，第35页。

⑤ 葛兆光：《增订本中国禅思想史——从六世纪到十世纪》，上海古籍出版社2008年版，第438页。

⑥ 潘桂明：《中国禅宗思想历程》，今日中国出版社1992年版，第294页。

悬而未决，但是就其内容观之，《大乘起信论》是禅宗主要研习的重要
经典之一，其在思想脉络上与禅宗经典《楞伽经》有着密切的关系，对
禅宗思想产生了巨大的影响。① 有学者指出，宗密对《大乘起信论》的
解释对周敦颐思想产生了直接的影响②，然而，传世文献并无能证明周
敦颐曾经接触过宗密著作的证据；从思想内容上看，"诚"本理论确实
与《大乘起信论》中"一心二门"的思想有一定的相似程度。至于宗密
的学说，乃是对《大乘起信论》的阐发，亦有可能与周敦颐的思想在内
容上存在关联性，但是要说宗密直接影响了周敦颐的思想，恐怕还不能
就此下定论。所以本小节以《大乘起信论》本身的内容为主，辅以相关
资料，对周敦颐思想的佛教渊源进行探析。

　　"一心二门"是《大乘起信论》最经典的思想，与周敦颐之"诚"
论的结构和运作方式的层面有着密切相关性。《大乘起信论》云：

> 显示正义者，依一心法有二种门。云何为二？一者心真如门，
> 二者心生灭门。是二种门皆各总摄一切法。此义云何？以是二门不
> 相离故。③

指出心识有两方面，即"二种门"。"心真如门"是就本体层面而论，为
本觉真心，是真如之性。而"心生灭门"就现象层面而论，用佛教话语
体系来说，是一种"染"法。二者之间是"一体二面"的关系，它们统
合于"心"的作用之下，故有"心则摄一切世间法出世间法"④。

　　与之相似的是，周敦颐以"诚"为"性命之源"，他在《通书》开

① 吴言生：《禅宗思想渊源》，中华书局 2001 年版，第 31—32 页。
② 李煌明：《宗密一心二门思维模式与濂溪宇宙本体论建构》，《广西师范大学学报》（哲学社
　　会科学版）2014 年第 3 期，第 70—77 页。
③ （南朝梁）真谛译，高振农校释：《大乘起信论校释》，中华书局 1992 年版，第 16 页。
④ （南朝梁）真谛译，高振农校释：《大乘起信论校释》，中华书局 1992 年版，第 12 页。

篇就指出：

> 诚者，圣人之本。"大哉乾元，万物资始"，诚之源也。"乾道
> 变化，各正性命"，诚斯立焉，纯粹至善者也。故曰："一阴一阳之
> 谓道，继之者善也，成之者性也。"元亨，诚之通；利贞，诚之复。
> 大哉《易》也，性命之源乎！①

他通过《易传》的话语体系，认为"诚"产生于"天道"。在"乾道变
化"的过程当中，"诚"蕴含其中，是"本体之流行发现者"②。"诚"由
此成为"天道"赋予人间的根本属性，是"纯粹至善者"，万物均是
"诚"的外化的过程。③所以，他将"诚"与"寂然不动"之"易"相
提并论，他说：

> 寂然不动者，诚也；感而遂通者，神也；动而未形、有无之
> 间者，几也。诚精故明，神应故妙，几微故幽。诚、神、几，曰
> 圣人。④

周敦颐认为在未发动时，"诚"是"纯粹至善"的本体，相当于"心真
如门"的层面。但是在发动之后，由于"几"的作用，人性萌动的细微
之处会产生善恶之别。他说：

---

① （宋）周敦颐撰，梁绍辉、徐苏铭等点校：《周敦颐集·通书·诚上第一》，岳麓书社 2007
年版，第 64—65 页。
② （宋）张栻：《南轩〈太极图解〉序》，（宋）周敦颐撰，梁绍辉、徐苏铭等点校《周敦颐
集》，岳麓书社 2007 年版，第 65—66 页。
③ 崔治中：《宇宙与人生的统一——周敦颐"诚体"思想探析》，《理论月刊》2012 年第 2 期，
第 47 页。
④ （宋）周敦颐撰，梁绍辉、徐苏铭等点校：《周敦颐集·通书·圣第四》，岳麓书社 2007 年
版，第 67 页。

> 诚无为；几善恶；德：爱曰仁，宜曰义，理曰礼，通曰智，守
> 曰信。性焉安焉之谓圣。复焉执焉之谓贤。发微不可见，充周不可
> 穷之谓神。①

"诚"为"无为"的本体，"德"为具体的道德规定，即儒家传统的"五
常"②。但在二者之间还有一个"几"的过程，决定了人心向善或恶的一
方面去发展，朱子注之为"此阴阳之象也"③。所以"几"发挥作用的过
程就相当于"心生灭门"的层面。《中庸》"已发未发"的理论由此与
"一心二门"思想得到融合。

2. "如来藏"与"几"

在"一心二门"的框架之下，周敦颐还需要解决一个最为关键的问题：
"纯粹至善"之"诚"何以产生恶。《大乘起信论》对此有进一步的描述：

> 心生灭者，依如来藏故有生灭心。所谓不生不灭与生灭和合，
> 非一非异，名为阿赖耶识。④

《大乘起信论》认为，"心生灭门"产生的原因在于"如来藏"的作用根
据《入楞伽经》的说法，"如来藏是善不善因。随染净缘熏变不同。众
生无始恶习所熏。唯逐染缘故。"⑤ 直接道出了"如来藏"本就包括善与

---

① （宋）周敦颐撰，梁绍辉、徐荪铭等点校：《周敦颐集·通书·诚几德第三》，岳麓书社
  2007 年版，第 66—67 页。
② 周敦颐以"理"为"礼"依旧延续传统儒家"礼者理也"的旧说，程颢以"天理"二字为
  "自家体贴"也确非虚言。
③ （宋）周敦颐撰，梁绍辉、徐荪铭等点校：《周敦颐集·通书·诚几德第三》，岳麓书社
  2007 年版，第 66 页。
④ （南朝梁）真谛译，高振农校释：《大乘起信论校释》，中华书局 1992 年版，第 25 页。
⑤ （南朝宋）求那跋多罗译：《楞伽阿跋多罗宝经批注》卷第一《一切佛语心品》，见《大正
  新修大藏经》第 39 册，（台湾）佛陀教育基金会出版部 1990 年版，第 350 页。

不善，由于人被无明所熏习而产生了染净之别。在这里，《大乘起信论》又提出了"不生不灭"的真如与"生灭"之无明"和合"的观点，宗密解释："和合义者，能含染净，目为藏识；不和合者，体常不变，目为真如。"① 他认为无明与真如"和合"则有生灭，即有世间法；未"和合"，则"如来藏"保持自性清净。这种机制统合在"阿赖耶识"当中，也就是说，"自性清净"② 的"真如"如果不与"无明"和合，则"真如"之性不生不灭；若被无明熏习，故有生灭心。但是，被熏习的过程并不是不可逆的。《大乘起信论》云：

> 真如净法，实无于染，但以无明而熏习故，则有染相。无明染法，实无净业，但以真如而熏习故，则有净用。③

解释了由于无明"熏习"的缘故，"真如"被"无明"所染，从而产生世间之恶。与此同时，"真如"又能够熏习"无明"为净。也就是说只有"真如"的存在，才能使得被"无明"所熏染之人能够向"真如"之"净"靠拢。

周敦颐通过对《易传》之"几"的改造，完成了对以上思想的借鉴。他以"诚"类比"真如"之超越与寂静，以"几"类比包含善恶可能性的"如来藏"。他认为世间万物本性都源自于"诚"，但是由于个体不能体悟"诚"之本性，才会在思维萌动之"几"产生刚柔、善恶之性，以此类比"无明"之染；另一方面，当人在生活中达到儒家"五常""百行"的标准时，就是在修炼心性之"诚"，以此类比"真如"对

---

① （唐）宗密：《禅源诸诠集都序》，石峻等编《中国佛教思想资料选编》（三），中华书局2014年版，第429页。

② 《起信论义记中本》曰："自性清净心，名如来藏。"见《大乘起信论义记中本》，《大正新修大藏经》第44册，（台湾）佛陀教育基金会出版部1990年版，第254页中。

③ （南朝梁）真谛译，高振农校释：《大乘起信论校释》，中华书局1992年版，第76页。

"无明"之熏习。

《大乘起信论》的"一心二门"和"如来藏"思想为周敦颐的"诚"论建立了一个较为精致的理论范式，周敦颐通过将"诚"规定为"寂然不动，感而遂通"①的运作机制，合理解释了心性本体与个人行为之间的关系，使其理论转向对人内在心性的探索。

三、成"佛"与成"圣"

周敦颐通过借鉴佛教"一心二门"的思想，实现"诚"的建构及运作。他的最后一步就是"反身而诚"，以达到人性的最高境界，周敦颐称之为"圣"。在此之前，传统儒家对此曾有论述，如《孟子·告子上》曰："圣人与我同类者。"②《荀子·儒效》："涂之人百姓，积善而全尽谓之圣人。"③但是，他们只是局限在道德层面而言，人较之禽兽有仁义礼智之善性，因此具备成圣的可能性。西汉董仲舒指出，"孟子下质于禽兽之所为，故曰性已善；吾上质于圣人之所为，故谓性未善。"④就是说凡人只有在伦理层面有善端，而离圣人理想的道德境界还相差甚远。周敦颐提出"众人皆可成圣"的理念则打破了传统局限的看法，他将"诚"作为人性的本体，使得人在根源上有了成圣的可能性，这与佛教的影响密不可分。

---

① （宋）周敦颐撰，梁绍辉、徐荪铭等点校：《周敦颐集·通书·圣第四》，岳麓书社 2007 年版，第 67 页。

② （清）焦循撰，沈文倬点校：《孟子正义·告子上》，中华书局 2004 年版，第 820 页。

③ （清）王先谦集解，沈啸寰、王星贤点校：《荀子集解·儒效》，中华书局 2016 年版，第 171 页。

④ （清）苏舆撰，钟哲点校：《春秋繁露义证·深察名号第三十五》，中华书局 1992 年版，第 304—305 页。

1. 成"佛"的可能性

大乘佛教有一切众生皆有佛性的观点，如《涅槃经》曰："一切众生悉有佛性，如来常住无有变易。"① 又如《华严经》曰："佛住甚深真法性，寂灭无相同虚空。"② 以佛性为人性之根本，更是直接道明众生悉有佛性，众生皆能成佛的思想。佛性论在本源上确立了众生皆能成佛的可能性，不仅是佛教心性理论体系完备的体现，更促进了中国本土道教对于成圣、成仙理论体系的建构和完善。

如道教亦有"众生皆有道性"的说法。南朝梁道士宋文明提出"一切含识，乃至畜生果木石者，皆有道性"③。《道性论》亦通过对佛教思想的改造，曰："一切众生，道性不一不二，究竟平等，犹如虚空。"④ 六朝道经《洞玄灵宝本相运度劫期经》曰："一切众生得道成仙，号曰世尊。"⑤ 学者赖永海指出，佛性论的主要特点是把佛的本性变成人的本性，从而使人性论变为佛性论。⑥ 所以，不论是"佛性"还"道性"，都需要先将其作为人性所共有，然后才能以此为基础，为凡人成佛、成仙以及成圣提供理论上的可能性。

这一理论依据应来源于"如来藏"思想：以众生皆自性清净"揭示了众生皆具解脱和成佛的可能"⑦。另外，大乘空宗有人性"善恶不二"

① （北凉）昙无谶译：《大般涅槃经》卷第二十七《狮子吼菩萨品第十一之一》，见《大正新修大藏经》第12册，（台湾）佛陀教育基金会出版部1990年版，第522页下。
② （晋）佛驮跋陀罗译：《大方广佛华严经》卷第三十九《十地品第二十六之六》，见《大正新修大藏经》第10册，（台湾）佛陀教育基金会出版部1990年版，第205页上。
③ （唐）孟安排集：《道教义枢》，见《正统道藏》（第41册），（台湾）新文丰出版股份有限公司1995年版，第809页下。
④ （宋）张君房编，李永晟点校：《云笈七签》卷之九十三《道性论》，中华书局2003年版，第2035页。
⑤ 佚名：《洞玄灵宝本相运度劫期经》，见《正统道藏》（第10册），（台湾）新文丰出版股份有限公司1995年版，第19页下。
⑥ 赖永海：《中国佛性论》，江苏人民出版社2010年版，第298页。
⑦ 杨维中：《如来藏思想与"本体"论新探》，载觉醒主编《觉群佛学》（2014），宗教文化出版社2015年版，第49页。

的观点,《维摩诘所说经卷中入不二法门品》云:

> 善、不善为二,若不起善、不善,入无相际而通达者,是为入不二法门。①

虽然就现象上来看有善恶之分,如佛教所认为的"顺理名善,违理名恶"②。然而,以般若的立场观之,诸法皆为无实体之空,都是因缘所生,故而善恶都是虚妄,若以般若智慧灭除这种分别的执着,则能通达一切"入不二法门"。后来禅宗六祖慧能亦曰:

> 若言看心,心元是妄,妄如幻故,无所看也。若言看净,人性本净,为妄念故,覆盖真如,离妄念,本性净。不见自性本净,起心看净,却生净妄,妄无处所,故知看者却是妄也。净无形相,却立净相,言是功夫,作此见者,障自本性,却被净缚。③

起心动意便是"妄",想要修"净"性,便是有了执着,成为"明心见性"的束缚。所以禅宗倡导"性空",以"空"含摄一切则能够避免人性之"妄"。人性本体由此从道德层面的善恶分别之中完全剥离,"性"从而得以突显,"众生皆能成佛"也因此成为可能。

2. 成"圣"的可能性

面对佛性论、道性论的冲击,儒家也亟待解决凡人可否成"圣"的问题。李翱对此提出"复性"的观点,他认为"性者,天之命也"以

---

① (后秦)鸠摩罗什译:《维摩诘所说经》卷中《入不二法门品第九》,见《大正新修大藏经》第14册,(台湾)佛陀教育基金会出版部1990年版,第550页下。
② (隋)慧远:《大乘义章》卷第二《三无为义十门分别》,见《大正新修大藏经》第44册,(台湾)佛陀教育基金会出版部1990年版,第503页中。
③ (唐)慧能著,郭朋校释:《坛经校释》,中华书局1983年版,第36页。

及"情者，性之动也"①，故"情有善有不善，而性无不善也"。② 他认为先天之"性"是纯善的，后天之情动则有善有恶。当然，情之善是性之善的延续，但是情之不善会产生邪妄，所以他认为要通过"妄情灭息，本性清明，周流六虚，所以谓之能复其性也"③。其最大的贡献在于，将"性"从"性三品说"的思维模式中独立出来，从现象成为先天本体。但是这一理论还不够完善，如按照这个说法，情的善恶只能通过后天规范的引导，那么先天之性的"善"就会失去其意义。

周敦颐的人性论则需要解决这个理论缺陷，而佛教消解"性"之善恶的观点恰恰能够解决李翱理论上的矛盾之处。周敦颐在此基础之上，进一步建立了以"诚"为性之本的理论体系。他在《通书·师第七》中说：

> 或问曰："曷为天下善？"曰："师。"曰："何谓也？"曰："性者，刚柔善恶，中而已矣。"不达。曰："刚，善：为义，为直，为断，为严毅，为干固；恶：为猛，为隘，为强梁。柔，善：为慈，为顺，为巽；恶：为懦弱，为无断，为邪佞。惟中也者，和也，中节也，天下之达道也，圣人之事也。故圣人立教，俾人自易其恶，自至其中而止矣。故先觉觉后觉，暗者求于明，而师道立矣。师道立，则善人多。善人多，则朝廷正，而天下治矣。"④

他认为，"诚"是寂然不动、无所谓善恶的绝对超验之本体，但是当

---

① （唐）李翱：《复性书》上，《唐李文公集》卷二，见《四部丛刊初编》第119册，上海书店1989年版。

② （唐）李翱：《复性书》中，《唐李文公集》卷二，见《四部丛刊初编》第119册，上海书店1989年版。

③ （唐）李翱：《复性书》中，《唐李文公集》卷二，见《四部丛刊初编》第119册，上海书店1989年版。

④ （宋）周敦颐撰，梁绍辉、徐荪铭等点校：《周敦颐集·通书·师第七》，岳麓书社2007年版，第68—69页。

"诚"感而遂通之后，就会产生刚善、柔善、刚恶、柔恶、中五"性"，这都是"几"的作用在推动。前四者都是不善，只有"中"是"圣人之事"①，这也是周敦颐追求的最高境界，是"至善"。可见，周敦颐并非全盘吸收佛性论、道性论，或是简单地认为人人都具有"圣性"，而是从儒家的立场出发，为理想的道德境界设立了深浅不同的目标。《通书·志学第十》中说：

> 圣希天，贤希圣，士希贤。伊尹、颜渊，大贤也。伊尹耻其君不为尧、舜，一夫不得其所，若挞于市。颜渊"不迁怒，不贰过""三月不违仁"。志伊尹之所志，学颜子之所学。过则圣，及则贤，不及则亦不失于令名。②

他以"伊尹之所志"和"颜子之所学"为衡量标准，确立了三个精神层次：圣、贤、士。达到标准的为"贤人"，超过标准的是"圣人"，不及标准的则是"士人"。当然，这样的分类标准并不是周敦颐首创，早在《荀子》就有"人有五仪：有庸人，有士，有君子，有贤人，有大圣"的分类标准，③ 董仲舒也有"圣者法天，贤者法圣，此其大数也"的说法④。与前人相同的是，周敦颐继承了"圣人"作为人类最高道德典范的认知，但其理论中的"圣人"更偏向于"尽人伦"⑤方面的精神形象。

---

① （宋）周敦颐撰，梁绍辉、徐荪铭等点校：《周敦颐集·通书·师第七》，岳麓书社2007年版，第69页。

② （宋）周敦颐撰，梁绍辉、徐荪铭等点校：《周敦颐集·通书·志学第十》，岳麓书社2007年版，第70页。

③ （清）王先谦集解，沈啸寰、王星贤点校：《荀子集解·哀公》，中华书局2016年版，第635—636页。

④ （清）苏舆撰，钟哲点校：《春秋繁露义证·楚庄王第一》，中华书局2016年版，第14页。

⑤ 李可心《"超凡入圣"与"即凡而圣"——儒家"圣人"观念的历史考察与现代反思》（《道德与文明》2016年第3期）提出儒家"圣人"的"知天道"与"尽人伦"两方面属性，认为宋明理学是儒家"圣人观"从秦汉重"知天道"转向强调"尽人伦"的重要时期，但是未提及周敦颐思想在其中的作用。

向世陵教授指出："传统儒学对于自我能否确立起心性本体，基本上没有意识。禅宗从'自心顿现真如本性'给儒学的启发，就是心性本体的挺立，只能是'各正性命'，即'成性'。不是成普遍性，而是成特殊性，即在自我的形而上的本性的奠定。"① 周敦颐的做法正是通过鼓励人们对"诚"体的"继"与"成"②，从而秉持"中"性成为圣人，为新儒学的人性论重建心性本体，同时为个体心灵境界的完善提供可能性。

总而言之，周敦颐基于对《易传》《中庸》的吸收和改造，建立了作为道德本体的"诚"，以其源于《易》之"乾"道，从而在天道与人伦之间架起沟通的桥梁。同时，他以"寂然不动，感而遂通"描述"诚"的运作模式，不论是从形式还是内容上，都对佛教《大乘起信论》中"一心二门"理论的有所借鉴。在此基础上，他充分改造了佛性论"众生皆有佛性"的特点，创立了"贤希圣，士希贤"的道德修养境界，为他"无欲"的工夫修养论奠定了理论基础。他顺应了当时三教合流的思想背景，积极借鉴佛教有益的思想资源，建立了一个较为完善的人性论体系，由此具备登上"理学开山"之位的资格。

作者单位：北京师范大学

---

① 向世陵：《宋代理学本体论的创立——从"继善成性"和"性善"说起》，《河北学刊》2008 年第 1 期，第 39 页。

② 周敦颐引用《系辞传》中"一阴一阳之谓道，继之者善也，成之者性也"，说明"诚"的本体性。见《周敦颐集·通书·诚上第一》，岳麓书社 2007 年版，第 14 页。

宋易河洛学史略：从刘牧到朱子*

白发红

摘要：宋易河洛学的发展可分为两个阶段，刘牧为其开端，朱子、蔡元定使其成熟。刘牧的河洛学问题在于无法从《河图》《洛书》中完整地诠释出《易传》"易有太极"一节的思想内容，并且没有真正建立起《河图》与《洛书》的区别与联系。蔡元定针对刘牧的"图九书十说"提出"河十洛九说"，在此基础上，朱子克服了刘牧之学的缺陷，建立起河洛学成熟的形态。

关键词：《河图》《洛书》 刘牧 蔡元定 朱子

《易·系辞上》曰："河出图，洛出书，圣人则之。"作为宋代出现的《易》图书学之一的河洛之学，若要寻求经典的支撑，非《易传》此言莫属。河洛之学导源于刘牧，《四库总目提要》云："汉儒言易多主象数，至宋而象数之中，复歧出图书一派，牧在邵子之先，其首倡者也。"[①] 而对后世影响最大的则是蔡元定、朱子的河洛之学。蔡元定一向对刘牧多有批评，尤其是其"河十洛九"之说，更是与刘牧唱反调。然而，批评也意味着承认。刘牧的意义，不仅在于他是蔡元定、朱子河洛

---

* 本文系 2014 年国家社科基金重大项目"朱子门人后学研究计划"（项目编号：14ZDB008）的阶段性成果。

① （宋）刘牧：《易数钩隐图》，上海古籍出版社 1989 年版，第 1 页。

之学必须超越的他者，还在于他是一种理路的开创者，蔡元定的否定或继承，只是理路内部的扬弃和深化，朱子则是这种理路的最终完成者。

一、刘牧的河洛学

刘牧对"河出图，洛出书，圣人则之"一句深信不疑，甚至可以说，这句话是其河洛学的基石所在。刘牧认为《河图》《洛书》都出于伏羲氏时代，为伏羲氏作《易》的共同依据。伏羲氏画卦作《易》的说法见于《易·系辞下》："古者伏羲氏之王天下也，仰则观象于天，俯则观法于地，观鸟兽之文，与地之宜，近取诸身，远取诸物，于是始作八卦，以通神明之德，以类万物之情。"在刘牧看来，伏羲氏之仰观俯察就是圣人则《河图》《洛书》，因此，《河图》《洛书》即是画卦作《易》的根源。《易·系辞上》又谓："是故易有太极，是生两仪，两仪生四象，四象生八卦。"在刘牧看来，这句话更为具体地描绘了伏羲氏则《河图》《洛书》画卦作《易》的情形。因此，刘牧在《易数钩隐图》卷上开篇就详细论述了他对《易传》"易有太极"一节的理解。

他对"易有太极"一节的诠释并不严格按照文本进行，在"易有太极，是生两仪"之后，插入《易·系辞上》"参伍以变，错综其数：通其变，遂成天下之文；极其数，遂定天下之象。非天下之至变，其孰能于此"一节，之后才是"两仪生四象"。刘牧如此的诠释策略，反映出他独到的伏羲氏画卦作《易》思想。

刘牧认为，"太极无数与象，今以二仪之气混而为一以画之，盖欲明二仪所从生也"[1]。可见太极是混而为一的气，而两仪则是"一气所判，是曰两仪"[2]。刘牧以天地之数为十五，"天地之数十有五，自天一

---

[1] （宋）刘牧：《易数钩隐图》，上海古籍出版社1989年版，第3页。

[2] （宋）刘牧：《易数钩隐图》，上海古籍出版社1989年版，第3页。

地二天三地四天五，凡十五数也"①，而两仪即天地之气，分别由天一天三、地二地四规定。在刘牧看来，天一地二天三地四，"此四象生数也"②。此说深受郑玄五行生数、成数思想的影响，既然有四象生数，那么应当有四象成数。四象成数即由四象生数合天五而成，如此才是"两仪生四象"。因此，两仪只是四象生数，不能直接生成四象，所以刘牧插入"参伍以变"一节，并释"参"为"合"，四象生数"合"天五才成四象七八九六。四象七八九六之方位，分别为七上、八左、九右、六下。"天五"一数在刘牧的学说架构中具有关键性的地位，不仅四象由以生成，下文中《河图》《洛书》之别亦由之分判。至于"四象生八卦"，刘牧在卷上并没有直接的讨论，他说："四象备其成数而后能生八卦矣，于是乎坎离震兑具四象之正位也。"③由此可知，刘牧延续汉易传统以坎离震兑为四正卦，其方位分别为北南东西。

以上就是刘牧对"易有太极"一节的诠释，也就是他的伏羲氏画卦作《易》的思想。然而，刘牧认为伏羲氏则《河图》《洛书》而画卦作《易》，因此如何阐释《河图》《洛书》的内容，使之与上述伏羲氏画卦作《易》的思想相吻合，便成为他必须面对的问题。

刘牧对于《河图》《洛书》的阐明主要集中于《易数钩隐图》卷下，卷下第一图（总第四十九图）就是《河图》，亦即九宫格之图，刘牧的说明为："以五为主，六八为足，二四为肩，左三右七，戴九履一。"④然而，相比于对"易有太极"一节详细而缜密的阐释，他对《河图》《洛书》只有一个大概的说明："今《龙图》其位有九，四象八卦皆所包韫，且其图纵横皆合天地自然之数，非后人能假伪而设之也。……今《河图》相传于前代，其数自一至九，包八卦四象之义，而兼五行之数。《洛书》

---

① （宋）刘牧：《易数钩隐图》，上海古籍出版社1989年版，第5页。
② （宋）刘牧：《易数钩隐图》，上海古籍出版社1989年版，第4页。
③ （宋）刘牧：《易数钩隐图》，上海古籍出版社1989年版，第7页。
④ （宋）刘牧：《易数钩隐图》，上海古籍出版社1989年版，第30页。

则惟五行生成之数也。"①《龙图》即《河图》。刘牧认为，伏羲氏则《河图》《洛书》而画卦作《易》，因此《河图》包韫四象八卦。然而，伏羲氏画卦次第完整的呈现当是太极→两仪→四象→八卦，只有《河图》完全包蕴"易有太极，是生两仪，两仪生四象，四象生八卦"的内容时，刘牧以《河图》《洛书》为画卦作《易》之根源的说法才能在严格的意义上成立。遗憾的是，刘牧没有做进一步的揭示。不过，刘牧在阐释"易有太极"一节时曾提到"此《河图》四十有五之数耳"，这一点上文已指出。这是否意味着从"易有太极"可以推出《河图》的内容？这句话完整的表述为："夫天五上驾天一而下生地六，下驾地二而上生天七，右驾天三而左生地八，左驾地四而右生天九，此《河图》四十有五之数耳。"②四象之生数天一地二天三地四加天五，再加四象七八九六之数，恰好四十五，与《河图》相符合。而这段文字本身却是对《两仪生四象第九》图的解释，引文中的文字与图式内容相一致，即为七上、八左、九右、六下。因此，除了数值相符外，对"易有太极"一节的阐释也并不能推出《河图》的内容来。尽管在理论层面刘牧认为圣人则《河图》《洛书》画卦作《易》，但是在实际论证操作中问题并没有得到很好的解决。

刘牧河洛学涉及的另一重要思想是《河图》《洛书》的区别与联系。自刘歆以来，"禹治洪水，锡《洛书》，法而陈之，《洪范》是也"③的说法已然是一个具有权威的传统，刘牧却一反此说。刘牧认为，《洛书》与《河图》一样，共同出现于伏羲氏之世，并且九畴、农用八政、司空司徒、协用五纪这些事物也早在尧舜时代就已经产生了。如此，面临的问题是，对《尚书·洪范》中的记载"天乃锡禹《洪范》九畴"该如

① （宋）刘牧：《易数钩隐图》，上海古籍出版社1989年版，第33页。
② （宋）刘牧：《易数钩隐图》，上海古籍出版社1989年版，第7页。
③ （汉）班固撰，（唐）颜师古注《汉书》卷二十七上《五行志第七上》，中华书局1962年版，第1315页。

何作出合乎经典文本的解释？刘牧对此是一种历史性的论述，他认为："伏羲之世，世质民淳，文字未作，故九畴莫得而传也，但申其数耳。至大禹圣人，遂演成九类，垂为世范，九畴自禹而传也。"①九畴之实早已有之，因为在伏羲尧舜之世文字未作，所以直到大禹才演成九类，九畴自此而传于后世。然而此说非究竟之论，《洛书》五十五数即是五行生成图式，只能吻合于五行一畴，其余八畴与《洛书》的关系如何，刘牧必须予以解决。刘牧说：

> 《书》之九畴，谓五行是包天地自然之数，余八法皆是禹参酌天
> 时人事类之耳，非龟所负之文也。今详《洪范五行传》，凡言灾异，
> 必推五行为之宗。又若鲧无圣德，汩陈五行，是以彝伦攸斁。则知
> 五行是天垂自然之数，其文负于神龟，余八法皆大禹引而申之。②

由此，刘牧只以《洛书》为五行畴，其他八畴是大禹通过五行畴引而申之所得。这似乎与上文所述九畴在尧舜时代就已有之的说法相矛盾。一种可能的解释是，大禹陈其他八畴既有五行畴的启发，也借鉴了前人的经验。值得一提的是，这段引文意味着在《洪范》诠释史上，刘牧仍处于汉人以五行畴为九畴核心的诠释传统之内。

这是刘牧对《洛书》内容的揭示。刘牧不仅认为《洛书》出于伏羲氏之世，还同样是伏羲氏画卦作《易》的根据。《河图》《洛书》同为圣人则之，除了图式不同之外，它们在伏羲氏作《易》过程中的功用也不同。在刘牧看来，《河图》《洛书》之别首先是形而上与形而下之别：

> 地六而上谓之道，地六而下谓之器也。……未著乎形体，故曰

---

① （宋）刘牧：《易数钩隐图》，上海古籍出版社1989年版，第7页。
② （宋）刘牧：《易数钩隐图》，上海古籍出版社1989年版，第34页。

形而上者谓之道也。……此则以著乎形体，故曰形而下者谓之器也。所谓象之于形者，《易》云"见乃谓之象"，《河图》所以示其象也；"形乃谓之器"，《洛书》所以称其形也。……《易》者韫道器，所以圣人兼之而作《易》。……且夫《河图》之数惟四十有五，盖不显土数也。不显土数，以《河图》陈八卦之象，若其土数则入乎形数矣。……故《河图》陈四象而不言五行，《洛书》演五行而不述四象。然则四象亦金木水火之成数，在《河图》则老阳老阴少阳少阴之数是也，在《洛书》则金木水火土之数是也。所以异者，由四象异者，由四象附土数而成质，故四象异于五行矣。①

"地六而上"即天一地二天三地四，为四象之生数；"地六而下"即地六天七地八天九，为四象之成数。四象之成数也就是金木水火之成数，金木水火意味着形质生成。刘牧此处的逻辑有不严谨处，四象之生数不可谓之四象，成数才可；而四象之成数就"成数"来说，与五行之成数没有区别。二者的区别依刘牧的表述可概括为"象数"与"形数"，但在真正区别二者时，刘牧却以四象之生数为形而上。严格的表达应是以"象数"为形而上、为道，"形数"为形而下、为器。上文已经指出，《河图》包韫四象，《洛书》就是五行生成之数，所以《河图》与《洛书》就是象与形、道与器、形而上与形而下的区别。刘牧的形而上、形而下之说比较朴素，"形"成之前是形而上，之后是形而下，不涵具本体论意味的体用之关系，而是一种生成论思想。《河图》《洛书》同是伏羲氏作《易》的根源，刘牧认为"《易》韫道器"，《河图》只是道，《洛书》只是器，所以于伏羲氏作《易》而言，《河图》《洛书》都是不可或缺的。与对伏羲氏如何则《河图》只有大概的说明一样，刘牧也没有对《洛书》与《易》的关系进一步展开。

---

① （宋）刘牧：《易数钩隐图》，上海古籍出版社1989年版，第26—27页。

以上就是刘牧河洛学的大致内容。不难发现，他对伏羲氏画卦作《易》有着非常系统的看法，这主要表现在他对《易·系辞上》"易有太极"一节的诠释。他认为《河图》《洛书》是伏羲氏画卦作《易》的根源，因此《河图》《洛书》的内容当与"易有太极"一节相吻合。刘牧也的确力图使二者融合无间，但是他的努力是不成功的。他的河洛学的缺陷处可以归结为以下几点：尽管他强调《河图》包韫四象八卦，但是《河图》如何体现出"易有太极，是生两仪，两仪生四象，四象生八卦"的画卦次第，他未曾讲明；此其一。《河图》包韫四象八卦兼五行之数，《洛书》只是五行生成之数，如此《河图》可完全覆盖《洛书》，有损《洛书》的独立价值；此其二。《洪范》"天乃锡禹《洪范》九畴"的传统说法有着经典的依撑，刘牧仅凭《易传》"河出图，洛出书，圣人则之"内涵比较模糊的说法，就认为《洛书》同出于伏羲氏之世，并为作《易》的根据，有武断之嫌；此其三。《河图》《洛书》二种图式牵涉《周易》《洪范》两部经典，如何规定图式的内容、如何诠释经典文本，使得二者相互依撑、相互发明，这不仅是河洛学的关键之处，也是河洛学的价值所在。面对刘牧河洛学遗留的问题，蔡元定批评之、继承之，终于与朱子在他们合著的《易学启蒙》一书中，使河洛学成为一种成熟的学说形态。

二、蔡元定对刘牧的批判

蔡元定对刘牧的批评在《易学启蒙·本图书第一》中由"蔡元定曰"标出，可以肯定完全是蔡元定自己的观点，如下：

> 古今传记自孔安国、刘向父子、班固，皆以为《河图》授羲，《洛书》锡禹。关子明、邵康节，皆以十为《河图》，九为《洛书》。盖《大传》既陈天地五十有五之数，《洪范》又明言"天乃

锡禹《洪范》九畴",而九宫之数,戴九履一,左三右七,二四为肩,六八为足,龟背之象也。惟刘牧意见,以九为《河图》,以十为《洛书》,托言出于希夷。既与诸儒旧说不合,又引《大传》以为二者皆出于伏羲之世,其易置《图》《书》并无明验,但谓伏羲兼取《图》《书》,则《易》《范》之数诚相表里,为可疑耳。其实天地之理,一而已矣。虽时有古今先后之不同,而其理则不容于有二也。故伏羲但据《河图》以作《易》,则不必预见《洛书》,而已逆与之合矣。大禹但据《洛书》以作《范》,则亦不必追考《河图》,而已暗与之符矣。其所以然者,何哉?诚以此理之外,无复他理故也。然不特此耳,律吕有五声十二律,而其相策之数究于六十;日各有十干十二支,而其相乘之数亦究于六十。二者皆出于《易》之后,其起数又各不同,然与《易》之阴阳策数多少,自相配合,皆为六十者,无不若合符契也。下至运气、《参同》、太一之属,虽不足道,然亦无不相通,盖自然之理也。假令今世复有《图》《书》者出,其数亦必相符。可谓伏羲有取于今日而作《易》乎?《大传》所谓"河出图,洛出书,圣人则之"者,亦泛言圣人作《易》作《范》,其原皆出于天之意。如言"以卜筮者尚其占",与"莫大乎蓍龟"之类,《易》之书岂有龟与卜之法乎?亦言其理无二而已尔。①

蔡元定这段文字大致可分为两个部分,第一个部分自开头至"既与诸儒旧说不合",第二部分自"又引《大传》以为二者皆出于伏羲之世"至结尾。第一部分引经据典批驳刘牧"以九为《河图》,以十为《洛书》"之说,同时提出自己"以十为《河图》,九为《洛书》"的观点。

---

① （宋）朱熹：《易学启蒙》,《朱子全书》（修订本）第1册,上海古籍出版社、安徽教育出版社2010年版,第211—212页。

第二部分主要批评刘牧《河图》《洛书》同出于伏羲氏之世的看法，认为《河图》《洛书》互为表里，虽图式不同，其理则一。

第一部分所引诸家之说见诸"蔡元定曰"之前，蔡元定从《易传》"河出图，洛出书，圣人则之"之说开始，依次引用孔安国《河图》与《易》、《洛书》与《范》相匹配，刘歆《河图》《洛书》相表里，关朗十为《河图》、九为《洛书》，邵子《河图》圆而《洛书》方等观点，来证成自己的"河十洛九说"。不难发现，所引诸家只有关朗之说明确地指出十为《河图》、九为《洛书》，其他诸人的观点算不上直接的证据。然而，恰恰就是关朗之说的出处《关氏易传》，早在朱子就已证明为伪书。关于蔡元定证据的不可靠，清儒胡渭、毛奇龄等人早已考辨清楚，无须笔者赘言。既然蔡元定"河十洛九说"并没有找到传统的说法作为依据，可见此说为蔡元定自己的创建，之后需要做的工作就是，检验蔡元定此说是否比刘牧"图九书十说"更符合经典文本的诠释、是否在理路上更为自洽。只有如此，蔡元定对刘牧的反驳才能真正在严格的意义上成立。

朱伯崑先生认为："刘牧的河图说乃汉唐以来的九宫说、卦气说和五行说相结合的产物。"[1] 但刘牧自己对九宫图式与《河图》如何匹配，反倒缺乏论证说明。不过，按照刘牧"天五""退藏于密"[2]的说法，九宫图式恰好配八纯卦，坎离震兑为四正卦与四象匹配。这是刘牧以九为《河图》的依据。对于《洛书》，刘牧认为只是五行生成之数，即五十五数；这导致的结果在上文中已提及，就是《洛书》只与五行一畴匹配，而不是和九畴匹配。

而蔡元定的"河十洛九说"则对《河图》《洛书》孰是九孰是十，略有论证说明[3]。他以十为《河图》，理由是《易传·系辞上》"天地之

---

[1] 朱伯崑：《易学哲学史》（第二卷），昆仑出版社2005年版，第34页。

[2] （宋）刘牧：《易数钩隐图》，上海古籍出版社1989年版，第34页。

[3] 案：这并不是说蔡元定比刘牧高明，刘牧之说在前，蔡元定之说是为反对刘说而起的，必须得有依据。因此刘的不论证、蔡的论证都是合理的。

数"一段文字："天一，地二；天三，地四；天五，地六；天七，地八；天九，地十。"这段话经过汉人郑玄等人的诠释，的确可形成五行生成图式的十数图，因此蔡元定以十为《河图》不为无据。他以九为《洛书》，则是因为九宫图式恰好九数，可以在数目上合于《洪范》九畴，并且他认为"戴九履一，左三右七，二四为肩，六八为足"的图式正是龟形。总之，蔡元定"河十洛九说"，无论在经典的依撑方面，还是在与经典的匹配方面，都较刘牧之说合理。

引文第二部分是蔡元定对刘牧《河图》《洛书》同出伏羲氏之世，均为伏羲氏则之而画卦作《易》的反驳。蔡元定首先依据刘歆"《河图》《洛书》相为经纬，八卦九章，相为表里"之说认为，既然伏羲氏兼则《河图》《洛书》作《易》，则《易》与只依《洛书》而作的《洪范》不具有对等性，前者似可包含后者，因此就不说是二者相为表里了。刘歆之说只是一家之言，以此说来批驳刘牧，至少不够严格。接着蔡元定就深入到"理"的层面展开了批判。宋明理学中"理"的观念具有普遍性、唯一性，朱子"理一分殊"的理论正是"理"这一特性最为典型的表达。蔡元定对"理"有着深刻的体会，他认为"天地之理，一而已矣"。《河图》《洛书》时有先后，图式各异，但二者的根据——理，只是同一个。伏羲氏、大禹亦有古今之殊，所据所作也不同，但在理的层面，《河图》《洛书》也只是一。刘牧认定《河图》《洛书》同出于伏羲氏之世，与他对《易传》"河出图，洛出书，圣人则之"的笃信有关。因此，蔡元定就尝试对这句话做出不同于刘牧的诠释。他认为把《易传》与《河图》《洛书》放在一起说，是因为二者同原于"天之意"；这与《易传》把龟占与卜筮放在一起说一样，并不是《易》含有龟占的内容，而是龟占与卜筮同是一理之分殊。蔡元定为了反驳刘牧，也同时为了证成自己相为表里的看法，在理的层面统一了《河图》《洛书》以及《易》与《范》，这就与刘牧把《河图》《洛书》看成作《易》程序中从未形到形的两个阶段的看法，大为不同。其实，刘牧之说在理路与逻辑上均是自洽的，因此不能说劣于蔡元定之说。但是，刘牧并没能较为完善地解决《洪范》"天乃锡禹《洪范》九畴"的诠释问题，这在经学解释学的视域下，就不能不说没有破绽。蔡元定正是抓住了刘牧学说的这个缺憾之处，通过批判与继承，发展出一套全新的河洛学出来。

三、朱子对河洛学的完成

不论是刘牧，还是蔡元定、朱子，他们之所以对《河图》《洛书》抱有非常浓厚的兴趣，是因为他们有着共同的问题意识。《易经》以及易学是从何产生的？其根源是什么？《易传》有伏羲氏仰观俯察而画卦作《易》的记载，又有圣人则《河图》《洛书》的说法，在经典文本具有同一性的信念下，以《河图》为伏羲氏仰观俯察所得，并据以作《易》，这样的想法能够产生是情理之中的事。《易传》还对易卦的产生程序有所说明，即是"易有太极"一节，这段话在同样的信念之下可以被理解为伏羲氏画卦作《易》的次第。对《河图》《洛书》的记载不乏出现在《尚书》《周易》这些最具有权威性的典籍之中，但是对于《河图》《洛书》的实质都缺乏规定。宋儒以《河图》《洛书》为两种图式，但是确切为何种图式，仍旧缺乏经典的依撑，因此作为图式的《河图》《洛书》依然表现出一定的开放性。只要持之有故，言之成理，它们的具体内容可以因诠释而相异。宋人对《河图》《洛书》图式内容的规定，可分为两派，就是刘牧的"图九书十说"和蔡元定的"河十洛九说"，后者的观点被朱子继承。

刘牧河洛学最大的问题在于，不能从《河图》《洛书》中阐发出太极、两仪、四象、八卦这些概念以及"易有太极，是生两仪，两仪生四象，四象生八卦"的画卦次第，而这个问题在朱子、蔡元定合著的《易学启蒙》中得到了彻底的解决。我们先来看朱子对《河图》的诠释：

曰：然则圣人之则之也奈何？曰：则《河图》者，虚其中；则《洛书》者，总其实也。《河图》之虚五与十者，太极也。奇数二十、偶数二十者，两仪也。以一二三四为六七八九者，四象也。析四方之合以为乾坤坎离、补四隅之空以为兑震巽艮者，八卦也。①

首先需要指出的是，朱子先是认同刘牧的"图九书十说"，后来才采信蔡元定"河十洛九"的说法。因此，朱子和刘牧虽同样认为圣人则《河图》作《易》，但是他们对《河图》图式的规定是完全不一样的。朱子之《河图》显然是五行生成图式。刘牧虽然说《河图》包韫四象八卦，但是真正"发现"在《河图》中包韫四象八卦的则是朱子。在五行生成图式中，天五与地十共居图式中间，朱子"虚"五与十，以为太极。五十五数减去天五地十共四十，恰好奇偶数之合各二十，是为两仪。除去中间的天五地十，居于四方的分别为天一地六在北、地二天七居南、天三地八居东、地四天九居西，此四者便是四象。南北西东四方配乾坤坎离四正卦，其余四方配兑震巽艮四卦，即是八卦。朱子在《河图》图式中完整地诠释出了太极、两仪、四象、八卦。至此，刘牧遗留的疑难问题得到了解决，《河图》为圣人则之画卦作《易》的说法也得到了可靠的证明。

刘牧认为圣人作《易》不仅则《河图》，还则《洛书》；朱子把则《洛书》之事完全归之于《洪范》的创作。接着上段引文：

《洛书》之实，其一为五行，其二为五事，其三为八政，其四为五纪，其五为皇极，其六为三德，其七为稽疑，其八为庶征，其

---

① （宋）朱熹：《易学启蒙》，《朱子全书》（修订本）第1册，上海古籍出版社、安徽教育出版社2010年版，第215页。

九为福极，其位与数尤晓然矣。①

刘牧一方面认为圣人作《易》兼则《洛书》，一方面又认为大禹受《洛书》启发而作《洪范》，他的《洛书》为五行生成图式，只能说明五行一畴，其他八畴的来源与《洛书》没有直接关系。朱子则以九宫图式为《洛书》，图式九数和《洪范》九畴恰好相匹配，并且突出了皇极畴的核心地位。

上文提到蔡元定认为《河图》《洛书》在理的层面上是相互统一的，朱子同意这一说法，而且还作了详细的论述：

> 曰：《洛书》而虚其中五，则亦太极也。奇偶各居二十，则亦两仪也。一二三四而含九八七六，纵横十五而互为七八九六，则亦四象也。四方之正以为乾坤坎离，四隅之偏以为兑震巽艮，则亦八卦也。《河图》之一六为水、二七为火、三八为木、四九为金、五十为土，则固《洪范》之五行。而五十有五者，又九畴之子目也。是则《洛书》固可以为《易》，而《河图》亦可以为《范》矣。且又安知《图》之不为《书》，《书》之不为《图》也邪？曰：是其时虽有先后，数虽有多寡，然其为理则一而已。但《易》乃伏羲之所先得乎《图》，而初无所待于《书》；《范》则大禹之所独得乎《书》，而未必追考于《图》耳。且以《河图》而虚十，则《洛书》四十有五之数也；虚五，则大衍五十之数也；积五与十，则《洛书》纵横十五之数也；以五乘十，以十乘五，则又皆大衍之数也。《洛书》之五，又自含五而得十，而通为大衍之数矣；积五与十，则得十五，而通为《河图》之数矣。苟明乎此，则横斜曲直无所不通，

---

① （宋）朱熹：《易学启蒙》，《朱子全书》（修订本）第1册，上海古籍出版社、安徽教育出版社2010年版，第215页。

而《河图》《洛书》又岂有先后彼此之间哉！①

《河图》《洛书》于理为一，因此《洛书》也可包韫四象八卦，《河图》也可与《洪范》九畴相匹配。朱子在《洛书》中诠释出了太极、两仪、四象、八卦，与对《河图》的诠释无有二致。不过，要在《河图》中诠释出《洪范》九畴，朱子便又退回到刘牧的立场上，即以《河图》图式与《洪范》五行畴相匹配。而且刘牧至少还有一套自己的诠释方案，而朱子"五十有五者，又九畴之子目也"的说法则太过粗糙而显勉强。这不仅是朱子的诠释出现了问题，并且因为五行生成图式与五行有着天然的密切联系，朱子也不得不将之只与五行畴相匹配。使《洛书》为《易》、《河图》为《洪范》，是朱子诠释《河图》《洛书》统一的第一个方面，第二个方面则是单纯从"数"的角度。《河图》五十五数，虚十就是《洛书》四十五数，虚十则是大衍五十之数。《河图》之天五地十和为十五，《洛书》之数纵横相加均是十五；天五乘地十，地十乘天五均是五十，符合大衍之数。同样，《洛书》四十五数可为《河图》五十五数，亦可推出大衍之数五十。从历史的角度来说，《河图》出现早于《洛书》；而在理的层面，则无有时间的差异。

河洛学从刘牧奠定基础以来，其自身的理论预设是圣人（伏羲氏）则《河图》而作《易》；而《洛书》与《洪范》九畴相匹配，这也是河洛学成功与否的关键所在，也即是河洛学必须要解决的问题。河洛学的形态分为两种，一种是以"图九书十说"为理论基础的刘牧河洛学，一种是奠基于"河十洛九说"的蔡元定、朱子的河洛学。前者的问题在于，不仅认为伏羲氏兼则《河图》《洛书》而作《易》，以《洛书》配《洪范》九畴时不能直接说明九畴的来源；更重要的是对伏羲氏则《河

---

① （宋）朱熹：《易学启蒙》，《朱子全书》（修订本）第 1 册，上海古籍出版社、安徽教育出版社 2010 年版，第 215—216 页。

图》《洛书》的具体过程全无说明。因此，刘牧的河洛学缺憾颇多，不是一种成熟的学说。当然，刘牧的开创之功功不可没，蔡、朱的河洛学仍然行进在他开辟的道路上。至于蔡元定、朱子的河洛学，通过对刘牧的批判获得了更为坚固的基石——"河十洛九说"，并从《河图》中诠释出与《易传》"易有太极"一节无有二致的圣人作《易》的次第来，《洛书》与《洪范》九畴的匹配问题也得到了解决，河洛学也真正获得了成熟的形态。

作者单位：清华大学

《童溪易传》在易学史上的地位和价值

张天杰

摘要：《童溪易传》，原名《童溪王先生易传》，是南宋王宗传所撰的易学著作。全书完成于淳熙十三年（1186），刊刻于开禧元年（1205），是以心性说《易》的代表作，又是南宋易学转型的关键性著述。《童溪易传》虽以心性说《易》，但遵循的还是程颐以来理学一脉的解《易》传统，与心学一系关系不大。也正因为王宗传没有介入到这两个主流学派的论战之中，因而也使得其《易传》长期没有得到重视。

关键词：王宗传 《童溪易传》 宋代易学 心性学

一

王宗传，字景孟，福建宁德县八都乡童溪人，因以童溪为号。王宗传生活于南宋中期，具体生卒年限不详。淳熙八年辛丑（1181）以太学上舍免省试登进士第，五十岁前后始任广东韶州教授，造就多士。清乾隆四十六年卢建其等人修纂的《宁德县志》，引其《自赞》说："二十一年太学，晚年方得一官。三十二卷易书，自谓无愧三圣。何事穷能到骨，只缘气要冲冠。童溪已办钩竿，一任兴来临水兴罢登山。"该县志还说："其高旷自得，有五柳之遗风欤。祀乡贤。"

　　关于王宗传的籍贯，元代董真卿《周易会通》卷首"引用诸书群贤姓氏"将其误为临安人，还有冯椅《厚斋易学》附录二、胡一桂《周易启蒙翼传》中篇等均有此误。到了清初，朱彝尊《经义考》卷三十二对此作了辨析，指出王宗传当为宁德人：其一，《闽书》说王宗传是宁德人；其二，为《易传》作序的林焞亦为宁德人，而林序说其与王宗传"生同方，学同学，同及辛丑第"。朱彝尊的观点，后来得到了《四库全书总目》的采纳。王宗传与林焞都是易学名家，然《宋史》都无传。《宋元学案补遗》将其列入"慈湖同调"，并录有《福建通志》的小传，其中说他"学问该博，尤精于易"。

　　《童溪易传》，原名《童溪王先生易传》，该书撰于孝宗朝，刊于宁宗朝。《童溪易传》第二十七卷卷首，有王宗传作于淳熙八年十月的"系辞"部分之小序，其中说："岁在戊戌，予著《易传》，计三十卷。其于系辞、序卦、杂卦未暇也，然早夜思之，慊然于中，若有所负，盖以谓勤苦述著，未及终篇，不得为全书故也。越三载，岁在辛丑，蒙恩赐第还乡。加我之年，兹惟其时，日月逾迈，不敢不勉。噫！此续传之所由作也。"也就是说，上、下二经六十四卦的解说部分，其完成时间当不晚于淳熙五年戊戌（1178），而"系辞"上、下篇的解说部分，当开始于淳熙八年辛丑（1181）。其好友林焞所作序中说："既第之三年教授曲江，越二年而书成。"也就是说，淳熙十三年（1186）全书最终完成。林序还说该书"于'二系'为详"，确实就全书比例而言，对"系辞"的解说特别详尽，上、下二经六十四卦共二十六卷，而"系辞"上、下二篇则已有四卷之多。

　　该书的刊刻时间则是在开禧元年（1205），由建安刘日新宅三桂堂刊印而成。林焞的序中说"开禧更元"请其作序。现存宋刊本为三十卷，前二十六卷为上、下二经的解说部分；后四卷为系辞上、下篇的解说部分，没有对序卦、杂卦的解说。据王宗传小序，则"系辞、序卦、杂卦"之类未续之时，上、下二经部分就已有三十卷了。那么很有可能在"系辞"部分在刊刻前最终厘定为四卷，而原分为三十卷的上、下二经部分则又重新合并成为二十六卷，故最后全书的总卷数还是三十卷。再据王宗传小序，"序卦"与"杂卦"二传，王宗传原本当有计划加以解说，然而在完成了"系辞"之后，便放弃了对"序卦"与"杂卦"的解说。

关于《童溪易传》的卷数，彭元瑞《天禄琳琅后编》著录："前二十六卷，上下二经；后四卷系辞上下传。"记载为三十卷的还有：明代朱睦《万卷堂书目》、焦竑《国史经籍志》、祁承㸁《澹生堂藏书目》；清代季振宜《季沧苇藏书目》、于敏中《钦定天禄琳琅书目》、官修《续通志》、陆心源《仪顾堂题跋》、丁仁《八千卷楼书目》等。然而也有记载为三十二卷，如南宋冯椅《厚斋易学》、胡一桂《周易启蒙翼传》、元代董真卿《周易会通》，以及明朱睦《授经图》与清官修《续文献通考》）。可能在南宋后期也流传过该书的抄本，即先成书的上、下二经部分原为三十卷，后成书的"系辞"上、下篇部分原为二卷，合起来则是三十二卷。

二

王宗传的《童溪易传》与杨简的《杨氏易传》，同被列为南宋以心性说《易》的代表作，又是南宋易学转型的关键性著述。《四库全书总目》之《杨氏易传提要》说："自汉以来，以老庄说《易》者自魏王弼，以心性说《易》者自王宗传及简。"《易变体义提要》："又多引老庄之辞以释文、周之经，则又王弼、韩康伯之流弊，一变而为王宗传、杨简者矣。"由此可知，王宗传与杨简转而以心性说《易》，则改变了王弼、韩康伯以老庄说《易》的流弊。然而四库馆臣更强调其解说引《易》而归于禅学，则又是因为以心性说《易》而产生的新流弊，如《周易易简说提要》："杨简、王宗传等引《易》以归心学，引心学以归禅学，务屏弃象数，离绝事物，遁于恍惚窅冥，以为不传之秘也。"《岩下放言提要》："梦得老二归田，耽心二氏，书中所述，多提唱释、老。沈作喆、王宗传、杨简等之以禅说《易》，实萌芽补此，殊不可以立训。"《周易折中提要》："理者，《易》之蕴，主理太过，使王宗传、杨简之说溢而旁出，而《易》入于释氏。"

四库馆臣在《童溪易传提要》中说："烨《序》述宗传之论，有'性本无说，圣人本无言'之语，不免涉于异学，与杨简《慈湖易传》宗旨相同。"林烨为《童溪易传》作序，认为以心性说《易》并不是圣人释《易》的传统。故而四库馆臣认为将心性之学引入易学，便难免涉及佛老异学。《提要》又论述了宋代以心性论《易》的发展历程："盖弼《易》祖尚玄虚以阐发义理，汉学至是而始变。宋儒扫除古法，实从是萌芽。然胡、程祖其义理，而归诸人事，故似浅近而醇实。宗传及简祖其玄虚，而索诸性天，故似高深而幻眇。考沈作喆作《寓简》，第一卷多谈《易》理，大抵以佛氏为宗。作喆为绍兴五年进士，其作《寓简》在淳熙元年，正与宗传同时。然则以禅言《易》，起于南宋之初。特作喆无成书，宗传及简则各有成编，显阐别径耳。"四库馆臣认为王弼论《易》开始"尚玄虚以阐发义理"，改变了汉代以象数解《易》的传统，宋儒以心性论《易》萌芽于此，然后便有胡爱与程颐二大家，他们进一步阐发易学义理，然多归于人事；王宗传与杨简承继于胡、程，却更多地走向了玄虚，谈论性天；与王、杨同时还有沈作喆的《寓简》，谈《易》理而以佛氏为宗，沈作喆的书后来没有完成，而王、杨则各有成编，故称他们为以心学论《易》的开创者。最后四库馆臣说："明万历以后，动以心学说《易》，流别于此二人。"晚明盛行以心学说《易》，主要当是因为阳明学说的盛行，然而以《四库全书总目提要》的多种易学书提要看来，反而更多强调了对王宗传与杨简的承继，则是出于追根溯源的目的了。此后，清末的叶昌炽《古本易镜序》提出宋代言《易》者分为三："程子《易传》、朱子《本义》务在阐明义理，尚近笃实；至刘天民、邵康节之《易》则道家之《易》也；杨慈湖、王童溪之《易》则释氏之《易》也。"俞樾《释淡然周易注序》等都将《童溪易传》归入谈心学与禅学的易学路子。

关于《童溪易传》的学术宗旨，大多也认同以心性说《易》，然而是否与《杨氏易传》一样多涉禅学，尚有不同看法。如陆心源《仪顾堂题跋》指出《童溪易传》主义理而斥象数，征人事而远天道，引程颐之说最多所以为程氏学，又因为多引史事，故与杨万里也比较接近。再如朱伯崑《易学哲学史》，就对《四库全书总目》的说法不认同，指出《童溪易传》并不属于心学体系，不能与杨简的易学视为同一系统，然而对此问题未做展开。贺广如《心学〈易〉流别之始——〈童溪易传〉定位商榷》（《汉学研究》29卷3期，2011年9月）则对《四库全书总目》的定位提出质疑并作了详尽的讨论，认为王宗传的书并未涉及禅学，将王宗传误作心学《易》的说法就起于《四库全书总目》，此后的学者多引此说；王宗传的易学与陆九渊、杨简所主张的"心即理"说歧异，而较接近于程颐的"性即理"，其论卦变、理数，乃至史例及思想等面向，都近于程颐，因此属于程氏易学的脉络。姜颖的《〈童溪易传〉研究》（山东大学博士学位论文，2009年）也不认同将王宗传列入陆、杨心学或禅学一系，特别强调其宋代儒学背景之下以心性论《易》的理论特点与时代的问题意识，认为王宗传学宗孔孟，修正王弼之说、发展程氏易学，通过注《易》开启人之心性、天道性命相贯通的易学心性学体系，同时遵循宋儒立场而确立了"正人心"的学术旨归，探索人的道德生命的超越根据。

王宗传的《童溪易传》早在南宋后期，就被易学名著引用、著录，如冯椅《厚斋易学》、俞琰《读易举要》、方实孙《淙山读周易》、胡一桂《周易启蒙翼传》，后来还有元代的董真卿《周易会通》、胡震《周易衍义》、李简《学易记》、熊良辅《周易本义集成》，明代的胡广《周易大全》、蔡清《易经蒙引》、逯中立《周易札记》、孙从龙《易意参疑》、鄢懋卿《易经正义》、张振渊《周易说统》，清代的胡世安《大易则通》、李光地《御纂周易折中》、晏斯盛《易翼说》、沈起元《周易孔义集说》、程廷祚《大易择言》、吴汝伦《易说》、翟均廉《周易章句证异》，民国的马其昶《周易费氏学》、张其淦《邵村学易》，等等。据贺广如的统计，引用者有二十七家，其中引用较多的有《淲山读周易》有九十九次，《周易孔义集说》有一百五十四次，《周易章句证异》有一百零一次；另据姜颖的统计，《周易折中》的引用也有五十次之多。王宗传与朱震、程颐、朱熹、苏轼、杨时、俞琰、李简等人同为被引用较多的易学家，可见历代易学家对于王宗传的解说，有充分的肯定。然而他们在引用之时，并未将《童溪易传》与杨简的《杨氏易传》相提并论，由此亦可知王宗传的易学与心学一系关系不大，遵循的还是程颐的理学一系思想以及北宋解《易》的传统。

至于王宗传的《童溪易传》在后世的影响，为什么不如杨简的《杨氏易传》，四库馆臣在《杨氏易传提要》之中也有一个解释值得参考："宗传，淳熙中进士，简，乾道中进士，皆孝宗时人也。顾王宗传人微言轻，其书仅存，不为学者所诵习。简则为象山弟子之冠，如朱门之有黄干；又历任官中外，政绩卓有可观，在南宋为名臣，尤足以笼罩一世，故至于明季，其说大行。"王宗传与杨简二人年代相仿，然而杨简属于陆九渊之大弟子，又有政绩可观，故其《易传》大行于世；据林烱所说，王宗传在教学上亦有成就，"出其门者十九青紫"，然而在归属的学派与政绩两方面，终究无法与杨氏相比，故其《易传》虽然一直被人关注却始终无法产生较大影响。正如姜颖在《童溪易传研究》中所说，考察南宋哲学史，淳熙年间正是朱熹、陆九渊两派讲学之争的关键阶段，王宗传没有介入到这两个主流学派的论战之中，因而没有成为那个时代的主流学者之一，这也是其《易传》长时间没有被重视的客观原因。

三

《童溪王先生易传》现存的版本之中，比较重要的有四种。其中最为重要的版本即南宋开禧元年刊本（简称宋刊本），据查该书现藏于北京的国家图书馆与沈阳的辽宁省图书馆。国家图书馆藏该书共二十二卷，全九册，缺第十五至十七卷、第二十三至二十七卷；辽宁省图书馆藏宋刊本共六卷，即第十五至十七卷与第二十五至二十七卷。该版本后来被收入"中华再造善本工程"第一期《唐宋编·经部》的选目而被国家图书馆出版社影印，遗憾的是影印本仅收录国家图书馆的二十二卷，未收录辽宁省图书馆的六卷。至于宋刊本的第二十三与二十四两卷现藏何处，则尚需再作查访。据张素梅《〈童溪王先生易传〉考析》（《图书馆理论与实践》2005年第2期）所述，根据国家图书馆藏《童溪易传》的流传印记，此书在明代曾经俞贞木、秦汴、唐寅、贺万祚、毛褒五大名家的收藏；入清后又先后为揆叙、徐乾学两名家收藏，然后进入内务府成为皇家藏书，有"五福五代堂宝""八征耄念之宝""太上皇帝之宝""乾隆御览之宝""天禄继鉴"等印记；后来又曾从宫廷流出，成为香港陈清华的藏书而有"祁阳陈澄中藏书记"。该书三十卷现在已经一分为三，当是在其流出宫廷之后才发生的。第二个版本即清初的《通志堂经解》本（简称"通志堂本"），三十卷完整，该版有同治重刊本与江苏广陵书社的影印本，各卷后有"后学成德校订、巴陵钟谦钧重刊"字样，该版当是在宋刊本的基础上重新加以校订而成，该版纠正了宋刊本的不少讹误，然宋代的避讳字大多照旧，仅有缺末笔之类有补上。第三个版本为文渊阁《钦定四库全书》本（简称四库本），三十卷，有台湾商务印书馆的影印本与上海古籍出版社的翻印本，又有中国书店出版社的《中国古代易学丛书》与上海古籍出版社的《四库易学丛刊》等影印本，都是目前最为常见的《童溪易传》版本，该版的底本当为直隶总督采进的内务府本，即宋刊本，或许在其校订过程中还参校了通志堂本，通志堂本已纠正过的错字大多已改，而其最大特点就是对宋代的避讳字基本上都做了改回，其校订较为精良，然而未出校记。第四个版本为《钦定四库全书荟要》本（简称四库荟要本），三十卷，该版已有吉林出版集团的影印本，与四库本相比较，四库荟要本有部分卷末有四库馆臣所做的校记，其中包括在四库本基础上的进一步勘误，也有对宋刊本的疑似讹误之处所做校勘说明等，值得参考。此外，还有天一阁文物保管所的明抄本与文津阁《钦定四库全书》本等几种，均为三十卷。

笔者在校点《童溪易传》的过程中，以宋刊本为底本，包括现藏于国家图书馆的二十二卷与现藏于辽宁省图书馆的六卷；以通志堂本、四库本、四库荟要本为校本。宋刊本尚缺的第二十三、二十四两卷，则以通志堂本为底本。《童溪易传》引用汉魏与北宋易学著述较多，分别参校了相关点校本或刊本；王弼《周易注》《周易略例》，用中华书局标点本《王弼集校释》；张载《横渠易说》《正蒙》，用中华书局标点本《张载集》；程颐《周易程氏传》《河南程氏经说》，用中华书局标点本《二程集》；朱震《汉上易传》，用九州出版社的标点本与《四部丛刊》影印的宋刊本；胡瑗《周易口义》、司马光《温公易说》、苏轼《东坡易传》则用四库本。此外，还参考了李光地编撰的《御纂周易折中》，用九州出版社标点本；胡广等编撰的《周易大全》，用四库本。还有引用或改写《史记》《汉书》等，分别参校了中华书局的标点本；《周易》正文，以及《诗经》《尚书》《论语》《孟子》等，则参校了中华书局影印清嘉庆刊本的《十三经注疏》。然而在相关引文的标点处理上，本书与上述标点本也有少数不同。引文与原书文字差异较大，则在校注中加以说明，正文不做改动。

校点中凡遇避讳字，如恒、贞等字缺末笔；恒作常、慎作谨、弘作洪、人作民、征作证之类，做了相应的改回，一般不出校记。俗讹字、异体字则情况较为复杂，如"于"与"於"的混用，"無"作"无"，通志堂本、四库本不改，本书亦不改；"禮"与"礼"、"蓋"与"盖"、"與"与"与"、"盡"与"尽"、"國"与"国"、"爾"与"尔"、"體"与"体"宋刊本多有混用，通志堂本、四库本已经统一改为通行字，本书亦如此处理，不出校记。"鸣呼"作"乌乎"或"鸣乎"，统一为"鸣呼"，不出校记。间、闲与己、已、巳等形近字据上下文而定，一般不出校记。其他的校点问题，则在校注中做相关的说明。

笔者的整理工作得以顺利完成，还要感谢山东大学易学中心的姜颖老师、辽宁省图书馆的娄明辉老师，以及邸晓平、郜盼盼、陈天玄、王振中等友人的帮助。限于学力，笔者的校点工作一定存在不少疏误，敬请读者批评指正。

作者单位：杭州师范大学

论《日知录》对史事参证的深刻揭示及顾炎武易学的学术趣旨*

曾华东

摘要：顾炎武较早看出了义理派三家的分判，也推崇《周易本义》，因为后者正符合孔子用《易》本旨。炎武更看到了史事参证之法在杨万里易学中得到了确立，由此，看到了它具有开宗立派的价值意蕴。炎武在《日知录》卷一中对之进行了充分的揭示和阐发。《日知录》卷一篇幅不大，总共一万五千字，却大致勾勒出了《易》学的简明发展史，并在他这部《易》学简明发展史中提出了他的《易》学观：即治《易》在于用《易》。而玄学派和天理论的治《易》虽理论纯度高，却都不是孔子的用《易》趣旨。为了用《易》的目的和更切近孔子的用《易》趣旨，史事宗易学通过大量的史事参证而将此方法范式进行了确立。炎武是较早看到了该派易学趣旨及其相关性的，人们由此也看到了炎武易学的学术趣旨。

关键词：顾炎武　《日知录》　史事参证方法　用《易》

研究顾炎武易学的早有其人，如林忠军教授写了《论顾炎武易学

---

* 本文系 2014 年国家社会科学基金项目"'史事宗'易学研究"（项目编号：14BZX050）的阶段性成果。

思想与清代易学转向》（《东岳论丛》2012 年第 6 期），任利伟博士写
了《顾炎武的易学研究成就》（《周易研究》2008 年第 2 期）。但现如今，
知道顾炎武《日知录》的人已经不多了，尤其学术界之外。可以说，这
部浸透作者辛酸的大著，也没多少人去理会了。而不知道顾炎武的人却
不多，尤其是顾炎武说的"天下兴亡，匹夫有责"尽人皆知。南宋末陆
秀夫背着少帝蹈海，史书慨叹"崖山之后无中国"；当我们看到顾炎武
的事迹之后人们会明白"明亡之后再无华夏"的又一历史慨叹。

一、顾炎武与杨万里

顾炎武生于明万历四十一年，卒于清康熙二十一年，江苏昆山人，
史称"亭林先生"。明万历年间有张居正的"万历新政"，顾炎武出生
后，"新政"已是去日黄花。从年表上看，明万历皇帝与明朝其他皇帝
相比在位时间最长，在位四十八年。万历皇帝是否享受了张居正在他即
位之初的"十年改革"红利，因而在位时间最长，答案是肯定的。

后来明亡了，如果按照《诚斋易传》的说法"故亡汉不以成哀而以
孝元，亡唐不以穆敬而以文宗。皆不刚健之过也。"[1]汉元帝、汉成帝是
汉末帝哀帝前面的两任皇帝，唐文宗、唐穆宗是唐末帝敬宗前面的两任
皇帝，杨万里认为汉、唐不是亡在末帝手上，均分别亡在以懦弱著称、
笃信儒术的汉元帝和"勤政"、喜读《贞观政要》而无力改变朝中局面
的唐文宗手上。那么，按照《诚斋易传》的说法，明朝也应该算是亡在
明末帝崇祯前二任皇帝明光宗、明熹宗手上了。但光宗在位仅一年不
到、熹宗在位七年，所以有人就把亡国之因推到了万历皇帝头上。

追溯亡国之因已没有多大的意义了，顾炎武却是实实在在地吃了名
副其实的"国破家亡"之苦果。明朝北京政权灭亡后，还陆续建起了两

---

[1] （宋）杨万里：《诚斋易传》卷一《乾》，丛书集成初编，中华书局 1985 年版，第 1 页。

个南明王朝。一个在南京，后人叫南明弘光政权。顾炎武获授兵部司务之职。未及到职，南明政权宣告覆灭。据记载，炎武目睹了南京城的沦陷，清军野蛮屠戮，炎武真正是有国难投、无家可归，遂在苏州从军抗清，兵败。然后昆山、常熟相继失守。这个时候顾炎武祸不单行，国破且家亡。炎武的嗣母绝食身亡，二弟死于非命，生母虽幸免一死，但已成终身残疾。[①] 像杨万里一样，炎武写下了很多诗篇，但哀音多于赞歌。顾炎武着力撰写的还是他的《日知录》，就像杨万里着力撰写他的《诚斋易传》。

要说炎武和万里二者的差别，从国家层面上讲，一个是国家全亡，一个是半亡而偏安。从个人层面上讲，一个在朝中为官后退休，一个顷刻间成了四处奔走的流民。共同的家国情怀，共同的学术趣旨：一个有感于晚明的空疏学风，一个有感于宋儒之学的不实之处。这两个共同点，使他们都弘成了大儒，而且都是醇儒。所以，我们把史事宗易学聚焦到杨万里《易学》就比较好认识该派易学的主旨，因为李光不是醇儒。把顾炎武与杨万里放在一起进行学术考量，更是要厘清二者的学术交集，因为杨万里《易学》开宗立派，炎武易学实得史事宗"参证"之法的堂奥然后也开宗立派，开了乾嘉学派及其赖以形成的"考证""疏证"之方法范式。

二、《日知录》中的炎武易学与诚斋《易》

说《日知录》中的炎武易学与诚斋易（或曰诚斋学），实际上是要揭示和阐述二者之间的关联。这种揭示，是须建立在顾炎武对诚斋易学史事参证的揭示及其建立炎武自己的易学观基础上的。顾炎武虽没有自

---

① 陈祖武：《从〈日知录〉到〈日知录集释〉》（代前言），（清）顾炎武著，黄汝成集释《日知录集释》，上海古籍出版社 2006 年版，第 2 页。

己的易学专著，但在他的《日知录》卷一这卷不到一万五千字的顾氏《易》学专作（姑妄称之）当中，确实系统阐述了他自己的易学观点。① 这一点却一直被学界所忽视。诚然。我们无须纠结于是否用两重证据法还是几重证据法，也无需发一些空泛的议论，我们只要顺着《日知录》的大致目次甚至页码，即可看到顾炎武对各家易学已有分殊，并在对各家易学义理、卦爻的讨论和逐步展开之中，我们不难发现：《日知录》卷一实际写了一部易学发展简史——从古"三《易》"至《周易本义》、再至义理派各家，兼摄象数，最后回归孔子《易传》本旨在用《易》。在他这部"易学发展简史"最后，炎武希冀告诉我们：《易》的源头和归宿在用《易》，当然不是指占卜之用，而是教化、人伦之用。② 因此，顾炎武对易学的诸流派、诸代表人物，关注了什么、反对什么，提倡什么，只有通过梳理便可对炎武易学了然于胸。

从《日知录》卷一中我们不难发现：炎武《易》学虽倚重义理派程子《易》，亦重诚斋《易》。炎武虽说过："昔日说《易》者，无虑数千百家……然未见有过于《程传》者。"③ 但不是仅凭这一句话，我们就此认定：炎武只认可程子这一家之《易》，更不是只认可这一家的阐《易》之法，也不是在嘉许程子的"以史证易"。换言之，你细心考察程杨二家之《易》就会发现：程杨二家的史事参证是不一样的。首先，程颐是随意为之，诚斋是有意为之。最后二家治《易》指归当然也不一样，程颐是要将天理说清楚，杨万里是要将史事参证这一方法范式确立下来，尽管这样做曾陆续有人不理解，但这一方法范式在宋代得以确立

---

① 《周易》作为六经之首的地位，顾炎武在其《日知录》中亦置之于卷首的地位。这种同步性反映了乾嘉学派的开山人物之一，即便到了明末清初依然看重《周易》在六经中的主导地位。

② 《日知录》言："《易》以前民用也，非以为人前知也。求前知，非圣人之道也。是以《少仪》之训曰：'毋测未至。'"（清）顾炎武著，黄汝成集释《日知录集释》，上海古籍出版社 2006 年版，第 56 页。

③ （清）顾炎武：《亭林文集》卷三《顾亭林诗文集》，中华书局 1983 年版，第 42 页。

下来并影响深远。顾炎武不但自己援史证经、援引、嘉许诚斋的史事参证以及发其学术堂奥，还把这一方法范式引荐到自己的开宗立派学术活动之中。① 作为乾嘉学派的领袖人物，开出"广证""博证"之法，直至出现乾嘉学派赖以存在的"疏证"方法范式，我们不难看出，《日知录》与诚斋易学之间绝非一般的关联。而了解这个关联是了解炎武《易》学及其学术趣旨的关键，也是了解朴学易的形成乃至整个乾嘉考据学成因的关键。

1. 顾炎武关注了什么、反对什么

首先，他关注了朱子（《周易本义》），其次是程子易和王弼学，但更看重诚斋易学。顾炎武在他的《日知录·朱子周易本义》一节中谈道：

> 自汉以来，为费直、郑玄、王弼所乱，取孔子之言逐条附于卦爻之下。程正叔《传》因之。及朱元晦《本义》，始依古文。……其"彖曰""象曰""文言曰"字皆朱子本所无，复依程《传》添入。后来士子厌程《传》之多，弃去不读，专用《本义》。②

又说：

> 朱子《记嵩山晁氏卦爻彖象说》谓："古经始变于费氏，而卒大乱于王弼。"费直治《易》，无章句，徒以《彖》《象》《系辞》《文

---

① 梁启超在其《清代学术概论》中说："《日知录》为（炎武）生平精力所集注，则又笔记备忘之类耳。……然则炎武，所以能当一代开派宗师之名者何在？则在其能建设研究之方法而已。……1 曰贵创，2 曰博证，3 曰致用。"参见梁启超《清代学术概论》，上海古籍出版社 2000 年版，第 11—12 页。

② （清）顾炎武著，黄汝成集释：《日知录集释》，上海古籍出版社 2006 年版，第 4 页。所谓"后来士子厌程《传》之多"，是指明代士子不喜经过修补又修补的程《传》。

言》解说《上下经》。①

在"秦以焚书而《五经》亡，本朝以取士而《五经》亡"②的讨论中，当谈到"《易》《春秋》尤为缪戾"③时，顾炎武还是归结到了要"复程、朱之书以存《易》，备《三传》、啖、赵诸家之说以存《春秋》，必有待于后之兴文教者"④，来结束自己的《朱子周易本义》一章节。

这里，炎武虽没有明确说谁是"后之兴文教者"，但杨万里确实有"《易》者萧何之律令，《春秋》者汉武之决事也。《易》戒其所当然，《春秋》断其所以然。圣人之戒不可违，圣人之断不可犯。故六经唯《易》与《春秋》相表里"⑤的说法。顾炎武这里是否在重拾杨万里考量史、易对待的余绪，有待商榷和讨论。

接下来，在他的《卦爻外无别象》的讨论中，顾炎武小结如下：

> 王弼之注虽涉于玄虚，然已一扫《易》学之榛芜，而开之大路矣。不有程子，大义何由而明乎？⑥

这就充分肯定了义理派玄、理二家了，尤其程子《易》。他当然看到了二家易学的区别，但他更看到了第三家诚斋易学的魅力和殊胜之处。诚斋易学的魅力和殊胜之处，说到底，就是大量的史事参证（或曰以史阐易）把易学不是引向空疏，而是为社会开单、人事立则，杨万里等治易之旨就锁定在用《易》了，同时，还确立了以史证易的史事参证

---

① （清）顾炎武著，黄汝成集释：《日知录集释》，上海古籍出版社 2006 年版，第 7 页。
② （清）顾炎武著，黄汝成集释：《日知录集释》，上海古籍出版社 2006 年版，第 9 页。
③ （清）顾炎武著，黄汝成集释：《日知录集释》，上海古籍出版社 2006 年版，第 9 页。
④ （清）顾炎武著，黄汝成集释：《日知录集释》，上海古籍出版社 2006 年版，第 9 页。
⑤ （宋）杨万里：《诚斋集》卷九十二（《庸言一》），《四库全书》第 1161 册，台湾商务印书馆 1979 年影印本，第 214 页。
⑥ （清）顾炎武著，黄汝成集释：《日知录集释》，上海古籍出版社 2006 年版，第 10 页。

的方法论范式。顾炎武无疑是看到了此家易学已建立起了它的易学新形态——"史事宗"易学。当然，顾炎武的时代还没有"二派六宗"的区分和说法，但他作为乾嘉学派的领袖人物，他首先看到了这其中的宗派分别。他看到了诚斋易学的证、用价值所蕴含的证、用之道和证、用之法。这种易学新形态——"史事宗"易学的参证范式及其学术趣旨，也帮助顾炎武逐步形成了他自己的易学观及其学术趣旨。

并且，我们知道顾炎武等乾嘉学派都是排斥图书学的。故有全祖望（1705—1755）的千年一叹："易至南宋，康节之学盛行，鲜有不眩惑其说。其卓然不惑者，则诚斋之《易传》乎！其于图书九十之妄，方位南北之讹，未尝有一语及者。……中以史事证经学，尤为洞邃。"顾炎武在《日知录》卷一的《易，逆数也》题下，说道：

> 若如邵子之说，则是义、文之《易》已判而为二，而又以《震》《离》《兑》《乾》为数已生之卦，《巽》《坎》《艮》《坤》为推未生之卦。殆不免强孔子之书以就己之说矣。①

朱熹是推本图书学的，看了顾炎武上述说《易》，我们不得不说：朱熹道邵子，炎武脱节夫。换言之，我们不得不承认：在某些场合顾炎武至少是疏离朱子甚至程子的，但对诚斋学的疏离几无。

2. 顾炎武赞成了什么，提倡了什么

顾炎武当然要把这种在南宋、甚至元代都看来很"新奇"② 但也遭到某些人诟议的阐《易》之法，运用到自己对《周易》义理的理解和阐发当

---

① （清）顾炎武著，黄汝成集释：《日知录集释》，上海古籍出版社2006年版，第46页。

② 说它"新奇"，并不是指它首发"以史证经"，而是说杨万里以醇儒的方式大量"以史证经"，并将这种方法范式确立下来。全祖望说诚斋"中以史事证经学，尤为洞邃"，亦类此说。

中。比如，接下来①《日知录》连续对《周易》的三个议题都"以史证经"：

（1）顾氏在他的《师出以律》条下，说道：

> 以汤、武之仁义为心，以桓、文之节制为用，斯之谓律。律即卦辞之所谓贞也，《论语》言子之所慎者。战长勺以诈而败齐，泓以不禽二毛而败于楚，《春秋》皆不予之。故先为不可胜，以待敌之可胜。虽三王之兵，未有易此者也。②

这里，以"战长勺以诈而败齐，泓以不禽二毛而败于楚"的"以史证经"来阐发他的"故先为不可胜，以待敌之可胜"，才是"师出以律"的正判。

（2）在他的《既雨既处》条下，又说道：

> 阴阳之义莫著于夫妇，故爻辞以此言之。《小畜》之时求如任、姒之贤，二南之化不可得矣。阴畜阳，妇制夫，其畜而不和，犹可言也。三之反目，隋文帝之于独孤后也。既和而惟其所为，不可言也。上之既雨，犹高宗之于武后也。③

这里，用了隋文帝与独孤后、高宗与武后的故事"以史证经"，来说明"妇制夫，其畜而不和，犹可言也。三之反目……既和而惟其所为，不可言也"的经义。

（3）在他的《自邑告命》条下，说道：

> "人主所居谓之邑，《诗》曰：'商邑翼翼，四方之极。'《书》

---

① 说"接下来"，不是随便说的，是基本按《日知录》的页码、编次先后。
② （清）顾炎武著，黄汝成集释：《日知录集释》，上海古籍出版社2006年版，第15页。
③ （清）顾炎武著，黄汝成集释：《日知录集释》，上海古籍出版社2006年版，第16页。

曰：'惟尹躬先见于西邑夏。'曰：'惟臣附于大邑周。'曰：'作新大邑于东国洛。'曰：'肆予敢求尔于天邑商。'《白虎通》曰：'夏曰夏邑，商曰商邑，周曰京师'是也。《泰》之上六，政教陵夷之后，一人仅亦守府，而号令不出于国门，于是焉而用师则不可，君子处此，当守正以俟时而已。桓王不知此也，故一用师，而祝聃之矢遂中王肩；唐昭宗不知此也，故一用师而邠歧之兵直犯阙下。然则保泰者，可不豫为之计哉？"①

这里，用了周桓王中祝聃之矢，唐昭宗用师而犯邠歧之兵的故事"以史证经"，来说明"保泰者，须豫为之计"。

3. 顾炎武直接援引《诚斋易传》，与之直接打通

顾炎武直接援引别家易学处并不多见，援引其易学观点的更不多。顾炎武在他的不到一万五千字的《日知录》卷一中，直接援引《诚斋易传》的至少有这几处：

（1）在《不耕获不菑畲》条下，有：

> 杨氏（万里）曰：初九动之始，六二动之继，是故初耕之，二获之，初菑之，二畲之。②

顾炎武此条，注明了出处来自《诚斋易传》。

（2）在《鸿渐于陆》条下，有：

> "上九，鸿渐于陆，其羽可用为仪，吉。"安定胡氏改"陆"为

---

① （清）顾炎武著，黄汝成集释：《日知录集释》，上海古籍出版社 2006 年版，第 17 页。
② （清）顾炎武著，黄汝成集释：《日知录集释》，上海古籍出版社 2006 年版，第 21 页。

"逵"，朱子从之，谓合韵，非也。《诗》"仪"字凡十见，皆音牛何反，不得与"逵"为叶，而云路亦非可翔之地，仍当作"陆"为是。渐至于陵而止矣，不可以更进，故反而之陆。古之高士，不臣天子，不友诸侯，而未尝不践其土、食其毛也。其行高于人君，而其身则与一国之士偕焉而已。此所以居九五之上，而与九三同为陆象也。朱子发曰："上所往进也，所反亦进也。渐至九五极矣，是以上反而之三。"杨廷秀曰："九三，下卦之极；上九，上卦之极，故皆曰陆。"自木自陵，而复至于陆，以退为进也。巽为进退，其说并得之。①

此条，顾炎武也注明了出处来自《诚斋易传》，并纠正了朱熹的说法，挺赞了杨万里。

三、炎武《易》学参证史事，主动
吸收诚斋阐《易》观点

1. 在《周易·损·上九》"弗损益之，无咎，贞吉，利有攸往，得臣无家"条下，顾炎武解读道：

有天下而欲厚民之生，正民之德，岂必自损以益人哉。"不违农时，谷不可胜食也；数罟不入洿池，鱼鳖不可胜食也；斧斤以时入山林，材木不可胜用也"，所谓"弗损益之"者也。"皇建其有极，敛时五福，用敷锡厥庶民。"《诗》曰："奏格无言，时靡有争。"是故君子不赏而民劝，不怒而民威于铁钺，所谓"弗损益之"者也。以天下为一家，中国为一人，其道在是矣。②

---

① （清）顾炎武著，黄汝成集释：《日知录集释》，上海古籍出版社 2006 年版，第 33 页。
② （清）顾炎武著，黄汝成集释：《日知录集释》，上海古籍出版社 2006 年版，第 24—25 页。

上述顾炎武谈到了"厚民之生，正民之德"，典型地发挥了《诚斋易传 损上九》中的"以史证易"中"大禹菲食，而天下无饥民。文王卑服，而天下无冻老。汉文集书囊、罢露台，而天下有烟火万里之富实。皆损之上九也"[1]的史事参证。炎武与"天下无饥民……天下无冻老……天下有烟火万里之富实"之说相对应的，是"谷不可胜食也……鱼鳖不可胜食也……材木不可胜用也"，进而得出"厚民之生，正民之德"等《易》学观点。而《周易本义》《周易注疏》《周易程氏传》对此几无涉及，几乎都是清谈义理。现逐一罗列如下：

（1）《诚斋易传·损·上九》：

> 此圣人赞上九不损之损之盛德也。上九居损之终，位艮之极。居损之终，则必变之以不损。位艮之极，则必止之以不损。当节损之世，下皆损己以益其上，上又能不损其下以益其下。宜其无咎，宜其正吉，宜其利有攸往，宜其得臣无家、无往而不得志也。故曰大得志也。大禹菲食，而天下无饥民。文王卑服，而天下无冻老。汉文集书囊、罢露台，而天下有烟火万里之富实。皆损之上九也。得臣，谓得天下臣民之心。无家，谓无自私其家之益。[2]

（2）《周易本义·损·上九》：

> 上九，当损下益上之时，居卦之上，受益之极，而欲自损以益人也。然居上而益下，有所谓惠而不费者，不待损己，然后可以益人也。能如是，则无咎，然亦必以正则吉，而利有所往。惠而不

---

① （宋）杨万里：《诚斋易传》卷十一《损·上九》，丛书集成初编，中华书局1985年版，第239页。

② （宋）杨万里：《诚斋易传》卷十一《损·上九》，丛书集成初编，中华书局1985年版，第239页。

费，其惠广矣，故又曰，得臣无家。①

（3）《周易注疏·损·上九》：

　　处损之终，上无所奉，损终反益。刚德不损，乃反益之，而不忧于咎。用正而吉，不制于柔，刚德遂长，故曰"弗损，益之，无咎，贞吉，利有攸往"也。居上乘柔，处损之极，尚夫刚德，为物所归，故曰"得臣"。得臣则天下为一，故"无家"也。②

（4）《周易程氏传·损·上九》：

　　凡损之义有三：损己从人也，自损以益于人也，行损道以损于人也。损己从人，徙于义也；自损益人，及于物也；行损道以损于人，行其义也；各因其时，取大者言之。四五二爻，取损己从人；下体三爻，取自损以益人；损时之用，行损道以损天下之当损者也。上九则取不行其损为义。九居损之终，损极而当变者也。以刚阳居上，若用刚以损削于下，非为上之道，其咎大矣。若不行其损，变而以刚阳之道益于下，则无咎而得其正，且吉也。如是，则宜有所往，往则有益矣。在上能不损其下而益之，天下孰不服从？服从之众，无有内外也，故曰得臣无家。得臣，谓得人心归服；无家，谓无有远近内外之限也。……居上，不损下而反益之，是君子大得行其志也。君子之志，唯在益于人而已。③

　　以上除诚斋外，各家均没涉及"厚民之生，正民之德"的话题。

① （宋）朱熹著，廖名春点校：《周易本义》，中华书局 2012 年版，第 157 页。
② （三国魏）王弼、（唐）孔颖达等：《周易注疏》，中央编译出版社 2016 年版，第 232 页。
③ （宋）程颐著，王孝鱼点校：《周易程氏传》，中华书局 2011 年版，第 236—237 页。

由此可知，炎武看到了"证经"的第一个价值维度：参证方法在诚斋《易》中得到确立，此种易学范式已成为该派易学的治《易》常态。炎武还过滤出了"证经"的第二个价值维度：证《易》在用《易》。见下条：

2.顾炎武归本周孔，认为孔子论《易》在用《易》。

实际上，上述的两个价值维度，二者是可以互为表里、合二为一的。即：为了用《易》的价值维度、取向，史事宗的代表人物杨万里在采用并确立一种史实参证的方法。也即：后者是方法论范式维度，又是目的论的取向维度。互为关联，互相依存。炎武认为：这无疑是符合孔子用《易》的目的，而不是"玄""无"如王弼学，"天理"如程子《易》。并认为这才符合孔子治《易》的本意，也是炎武所信奉的易学趣旨。下面，我们再看看诚斋《易》与炎武《易》的关系：

（1）诚斋说：

> 古初以迄于今，万事之变未已也。其作也，一得一失。而其究也，一治一乱圣人有忧焉，于是幽观其通，而逆绸其图。①

炎武说：

> 天下之生久矣，一治之乱。盛治之极，而乱萌焉，此一阴遇五阳之卦也。孔子之门四科十哲，身通六艺者七十有二人，于是删《诗》《书》，定礼、乐，赞《周易》，修《春秋》，盛矣，则《老》《庄》之书即出于其时。②

---

① （宋）杨万里：《诚斋易传·自序》，丛书集成初编，中华书局1985年版，内封页。

② （清）顾炎武著，黄汝成集释：《日知录集释》（《日知录·妒》），上海古籍出版社2006年版，第26页。

此条，炎武与万里的阐《易》几乎亦步亦趋。

（2）而在《日知录·包无鱼》条下，炎武说：

> 国犹水也，民犹鱼也。幽王之诗曰："鱼在于沼，亦匪克乐。潜虽伏矣，亦孔之昭。忧心惨惨，念国之为虐。"秦始皇八年，河鱼大上。《五行志》以为鱼阴类，民之象也；逆流而上，言民不从君为逆行也。自人君有求，多于物之心，于是鱼乱于下，鸟乱于上，而人情之所向必有起而收之者矣。①

万里说：

> 九二，君民之相遇，得其时义者也。……初六阴而在下，民之象也。鱼亦阴类，古者以鱼比民。②

显见：炎武在《日知录·包无鱼》条下的"鱼阴类，民之象""鱼"为"民"之说来自万里《诚斋易传》，因为《周易本义·姤·九二》《周易程氏传·姤·九二》《周易注疏·姤·九二》均未见此说，只有孔疏《周易注疏·姤·九四》有"'《象》曰远民'者，阴为阳之民，为二所据，故曰'远民'也。"③《周易程氏传·姤·九四》只有"以不中正而失其民，所以凶也"④。但二家均未涉及"鱼阴类，民之象""鱼"为"民"之说，二家均未训"鱼"为"民"。确切点说，二家都没诚斋阐

---

① （清）顾炎武著，黄汝成集释：《日知录集释》（《日知录·包无鱼》），上海古籍出版社2006年版，第27页。

② （宋）杨万里：《诚斋易传》（《姤·九二》），丛书集成初编，中华书局1985年版，第256—257页。

③ （三国魏）王弼、（晋）韩康伯注，（唐）孔颖达等疏：《周易注疏》，中央编译出版社2016年版，第246页。

④ （宋）程颐著，王孝鱼点校：《周易程氏传》，中华书局2011年版，第254页。

《易》到位，用《易》到位。

炎武可能是顾忌伊川《姤·九四》"以不中正而失其民，所以凶也"，与诚斋《姤·九二》之议相左，干脆弃诚斋"九二，君民之相遇，得其时义者也"。而在采纳诚斋"阴而在下，民之象也。鱼亦阴类，古者以鱼比民"之时，注明出处在《五行志》，从而让我们得以窥见乾嘉学派的"无征不信"，追根求源的考证风格之滥觞。无独有偶，"史事宗"另一家——李光在其《读易详说·姤·九二》中亦训"鱼"为"民"。见："二远君而近民，五阳在上，一阴在下。故初，有民之象。"①由此，不难窥见"史事宗"二家有共同的学术趣旨。其实，一个《姤》卦抓住了训"鱼"为"民"和"时遇"之道，此卦得《易》之胜场矣。

（3）顾炎武似更看出人们对待经学的心有所祟，故曰：

> 心有所主，非虚空以治之也。至于斋心服形之老、庄，一变而为坐脱立忘之禅学，乃始瞑目静坐，日夜仇视其心而禁治之。……"夫心之说有二，古人之所谓存心者，存此心于当用之地也；后世之所谓存心者，摄此心于空寂之境也。……而士大夫溺于其言，亦将遗落世事，以独求其所谓心……得乎？"此皆足以发明"厉，熏心"之义，乃周公已先系之于《易》矣。②

这里，我们不难看出：炎武借说《易》之机，大有责难心学之流弊，尤其晚明时代。炎武认为士大夫"存心"，当存于"当用之地"。于是在他的《日知录》卷一的最后，请出孔圣。看孔子是如何训《易》的：

在"孔子论《易》"条下，炎武说：

---

① 《文渊阁本四库全书》第十册《读易详说》卷七，商务印书馆 1979 年影印本，第 391 页。
② （清）顾炎武著，黄汝成集释：《日知录集释》，上海古籍出版社 2006 年版，第 31、32 页。

孔子论《易》，见于《论语》者二章而已：曰"加我数年，五十以学《易》，可以无大过矣"；曰："南人有言曰：'人而无恒，不可以作巫医。'善夫！'不恒其德，或承之羞。'子曰："不占而已矣。"是则圣人之所以学《易》者，不过庸言、庸行之间，而不在乎图书象数也。今之穿凿图象以自为能者，畔也。……故其作《系辞传》，于"悔吝无咎"之旨，特谆谆焉；而《大象》所言，凡其体之于身、施之于政者，无非用《易》之事。……其所以与民同患者，必于辞焉著之，故曰"圣人之情见乎辞"。若"天一地二""易有太极"二章皆言数之所起，亦赞《易》之所不可遗，而未尝专以象数教人为学也。是故"出入以度，无有师保，如临父母"，文王、周公、孔子之《易》也；希夷之图，康节之书，道家之《易》也。自二子之学兴，而空疏之人、迂怪之士举窜迹于其中以为《易》，而其《易》为方术之书，于圣人寡过反身之学去之远矣。①

这里，炎武归本周孔，尤其认为孔子论《易》不但在于用《易》，还在于其用《易》之道有二：1)"庸言、庸行之间""出入以度""寡过反身"；2)"体之于身、施之于政""与民同患"。总之就是人伦日用，用《易》在民。而不是修道、练身、存己为本。顾炎武归本周孔，认为孔子论《易》在用《易》，由此过滤出"证经"阐《易》的第二个价值维度——证《易》在用《易》。②比如：炎武讨论"孔子论《易》"力排希夷、康节，已然挺赞儒理、史事宗二家之学。尽管程子学也可见用《易》"为民"之说，但绝没有万里思民之深。万里由布衣而入士林，由穷县为吏直至京师，甚至率兵剿灭沈师，多有实际建树，以致南宋第二任皇帝宋孝宗亲书条幅赠杨万里——"书生知兵，仁者有勇"。

① （清）顾炎武著，黄汝成集释：《日知录集释》，上海古籍出版社2006年版，第50、51页。
② 如前所述，第一个价值维度——参证方法。杨万里治《易》衍至史事宗，换言之，归本该学派第二个价值维度——用《易》之妙。

杨万里晚年终于把"以史证经"的参证方法通过阐《易》而确立下来，其用《易》主旨及其价值和方法论范式也终于引起儒林的重视并得到传承。清人乾嘉学派大家钱大昕在其《跋诚斋先生易传》时谈道："其说长于以史证经，谈古今治乱安危、贤奸消长之故，反复寓意，有概乎言之。"①宋代程杨《易传》在当年刊行天下，明代尹耕所刻《诚斋易传》版本是我们今天看到的最早的刻本，说明了诚斋易学在明代的影响。史事宗易学深远的学术影响及其价值的传承，有待进一步揭示。

作者单位：南昌大学

---

① （清）钱大昕：《潜研堂文集》卷二十七，江苏古籍出版社 1997 年版，第 434—435 页。

顾颉刚易学研究评述

张　朋

摘要：学界对顾颉刚易学研究成绩的讨论已有很多，疏失却罕有触及。若从顾颉刚易学研究中所涉及的易学基本问题入手，可以对顾颉刚易学研究的缺失乃至于谬误进行全面梳理和深入反思。首先，顾颉刚先生全面、深入地以《周易》卦爻辞所蕴含的历史故事来推断《周易》卦爻辞的撰作时间，这种以疑古为宗旨的实证研究虽然确定了《周易》卦爻辞的创作年代，但是其结论恰恰在很大程度上证明了文王作卦辞、周公作爻辞这一传统说法是可信的；其次，如果像顾颉刚先生那样认定孔子与《周易》完全没有关系、《易传》对《易经》完全没有关系，这实际上是从一个极端走到另一个极端；顾颉刚先生认为《易传》中的"观象制器"说是"莫须有的事情"，这一点无疑是正确的，但是顾颉刚先生进一步提出的一些观点尚需探讨，特别是关于《说卦》撰作年代的问题。

关键词：顾颉刚　易学　评述

顾颉刚是中国现代学术发展史上具有重要影响的一位学者。关于顾颉刚易学研究的论述，主要集中在叙述其易学观点和主要贡献①，并没有深入全面地讨论其易学研究的其他问题。究其原因，以往著作多掺杂了对顾颉刚先生中国历史研究和历史研究方法的引述和讨论，使得对他的易学研究本身评价复杂化。本文从《周易》文本出发，对顾颉刚先生易学研究中的不够周全处进行全面的探讨和反思。

一、《周易》文本的撰作者与撰作时代

1926年，顾颉刚撰写了《〈周易卦爻辞〉中的故事》，正式发表于1929年12月的《燕京学报》第6期，经修改后收入1931年出版的《古史辨》第三册，为该册的首篇。正如顾颉刚先生自陈："卦爻辞是《周易》的中心。"② 这篇文章的主题是研究卦爻辞之中所隐藏着的历史故事，堪称顾颉刚先生易学研究的扛鼎之作。

顾颉刚先生探幽索隐，从《周易》卦爻辞中挖掘出了五个失传的历史故事：1. 王亥丧牛羊于有易的故事；2. 高宗伐鬼方的故事；3. 帝乙归妹的故事；4. 箕子明夷的故事；5. 康侯用锡马蕃庶的故事。上述内容，说明了"《易经》（原注：即《卦爻辞》）的著作时代在西周，那时没有儒家，没有他们的道统的故事"③。在论说中，顾颉刚先生借用王国维先生在《山海经》《竹书纪年》和《楚辞》中找到的三条资料，然后以自己所发现的《易经》资料相佐证，最后做出如下结论："卦爻辞虽与孔子无关，却是一部古书。它里边称引的故事都是商代及周初的，可信是

---

① 比如杨庆中《论顾颉刚的易学研究》（《人文杂志》1998年第1期）及《论古史辨派的易学研究》（《首都师范大学学报》（社会科学版）2001年第2期），再比如斯满红《论顾颉刚易学研究的进路》（《周易研究》2008年第2期）、戈春源《顾颉刚先生对易学研究的贡献》（《铁道师范学院学报》（社会科学版）1993年第3期）等。

② 蔡尚思主编：《十家论易》，《〈周易卦爻辞〉中的故事》，岳麓书社1993年版，第95页。

③ 蔡尚思主编：《十家论易》，岳麓书社1993年版，第112页。

西周时的著作。"①

需要强调的是，对这五个历史故事进行探究，并非顾颉刚先生首创，比如东汉易学家虞翻就认为"帝乙"是纣王之父；对于《明夷卦》六五爻辞的"箕子之明夷"，孔颖达《周易正义》亦有"似箕子之近殷纣"② 之语等。而以《周易》卦爻辞之中的史事来推断《周易》文本的创作年代的方法，则在孔颖达《周易正义》卷一之中就曾经使用。顾颉刚先生的创造性，主要体现在其明确的目的性、方法论上的自觉、使用古史材料的深度和广度上，特别是第一点，即从卦爻辞之中所蕴含的历史故事出发讨论《周易》文本的创作年代。所以确切地说，从全面、深入地以《周易》卦爻辞所蕴含的历史故事来推断《周易》卦爻辞的写作时间这一创作思路上，顾颉刚先生堪称现代易学研究的先行者。

总体而言，顾颉刚先生此文非常具有说服力，按照顾颉刚先生的话来说，就是比较成功地把《周易》这部古代典籍从儒家的德义说教以及圣王道统之中"抢救"出来，发现了《周易》这五条爻辞的"历史原意与原貌"。但是几十年后，重新审视顾颉刚的这一易学研究名篇，我认为五条爻辞的解说中有两条还是需要进一步讨论。

1. "丧牛于易"是不是"有易杀王亥取仆牛"

《〈周易卦爻辞〉中的故事》首先列举《周易》大壮卦六五爻辞的"丧羊于易"和旅卦上九爻辞的"丧牛于易"两段文字，认为这就是所谓"有易杀王亥取仆牛"的史实有据可考。顾颉刚先生说道："自从甲骨卜辞出土之后，经王静安（王国维）先生的研究，发现了商的先祖王亥和王恒，都是已在汉以来的史书里失传了的。他加以考核，竟在《楚辞》《山海经》《竹书纪年》中寻出他们的事实来，于是这个久已失传的

---

① 蔡尚思主编：《十家论易》，岳麓书社1993年版，第130页。
② （三国魏）王弼、（晋）韩康伯注，（唐）孔颖达等正义：《周易正义》，（清）阮元校刻《十三经注疏》，中华书局1980年影印本，第50页。

故事又复显现于世。……如果《爻辞》的作者加上'无悔'和'凶'对于本项故事为有意义的,那么可以说,王亥在丧羊时尚无大损失,直到丧牛时才碰着危险。这是足以贡献于静安先生的。"①

文中所说"王静安先生的研究",指王国维先生的著名文章《殷卜辞中所见先公先王考》,此文是使用"二重证据法"考察古史的经典作品。无疑,顾颉刚先生此文是以王国维先生的研究为前提的。

首先值得注意的是,王国维先生是以卜辞之中的人名与古籍所记载的殷代先王逐一严格对照,而顾颉刚先生所作的"丧牛于易"就是"有易杀王亥取仆牛"案例却不是这样——所谓"王亥"这一人物在《周易》爻辞里根本就没有出现!

反观顾颉刚先生所列举的其他四个实例:高宗伐鬼方的故事、帝乙归妹的故事、箕子明夷的故事和康侯用锡马蕃庶的故事——这些故事在《周易》文本之中都写明有非常明确的主人公。如果在历史上王亥丧牛羊于易确有其事,按照上述卦爻辞的写作规律,那么对应的就应该是"王亥丧牛于易""王亥丧羊于易"。

爻辞"丧牛于易"和"丧羊于易"都省略了主语——问卦之人,这是《周易》爻辞的惯例。按照占筮的操作规则,爻辞可以看作是作为占筮工具书的《周易》对问卦人的问题所作出的具有意象性的概括回答,是以所谓"丧牛于易""丧羊于易",在此前的几乎所有易学家那里,都被看作是省略主语的一般占辞,而"易"字则一般解说为疆场,即田亩的边界。所以这两句爻辞与"帝乙归妹"这种史实类的记述明显不同,如果把"亥"或"王亥"这个主语强加于此的话,无疑颇为牵强。我们完全有理由提出这样的疑问:"丧牛于易"与"有易杀王亥取仆牛"的故事到底有没有关系?顾颉刚先生的解说是否只是一种富于联想的附会呢?

---

① 蔡尚思主编:《十家论易》,岳麓书社1993年版,第96—98页。

其次，《周易》大壮卦六五爻辞所说的"丧羊于易，无悔"在历史典籍上没有踪迹可寻。顾颉刚先生所举证有关王亥的材料，大都是与"牛"有关，即"仆牛"（《山海经·大荒东经》《楚辞·天问》）、"朴牛"（郭璞《山海经注》引《真本竹书纪年》）。唯独《楚辞·天问》之中有"该秉季德，厥父是臧；胡终弊于有扈，牧夫牛羊"[1]的内容。需要注意的是，这里仅仅是"牧""牛羊"而不是"丧""牛羊"。进一步来讲，顾颉刚先生说的"有易杀王亥取仆牛"，王亥被杀那么断语就应该是"凶"，但是在这句爻辞里的断语为什么就是"无悔"呢？如果按照顾颉刚先生的思路来解释，那么有什么根据说商人祖先王亥还曾经"丧羊于有易"呢？顾颉刚先生的推测："王亥在丧羊时尚无大损失，直到丧牛时才碰着危险"，显然是缺乏根据的臆测，并不足以解答这些问题。

综上所述，顾颉刚先生以"王亥丧牛于有易"的历史典故解释"丧牛于易"这句爻辞，还有诸多可以商榷之处，所谓"王亥丧牛于有易"的故事也不能很好地解释"丧羊于易"。比照之下，传统的解说应该更加合理一些。如当前影响较大的黄寿祺、张善文合著的《周易译注》和周振甫的《周易译注》，就都完全没有采纳顾颉刚先生的说法。

2."帝乙归妹"是不是"文王迎亲"

顾颉刚先生认为，《泰》和《归妹》两卦中，六五爻辞的"帝乙归妹"，就是《诗经·大雅·大明》所说的"文王迎亲"，其理由有二：[2]

一是《大明》所说的"大邦""也是指的殷商"，而"俔天之妹"与《周易》之中的"帝乙归妹""一语意义相符"，帝乙与文王"时代恰合"。

二是"缵女维莘"是"继女维莘"，"大邦之子或死或大归，而文王

---

[1] 王泗原：《楚辞校释》，中华书局 2015 年版，第 108 页。
[2] 蔡尚思主编：《十家论易》，岳麓书社 1993 年版，第 101—102 页。

续娶于莘"。

长期以来，学界对此都没有异说，很多学者都以此作为基础，展开后续研究。现代学者刘明芝见解独到，专门撰文《论"帝乙归妹"与商周联姻无关》①，对顾颉刚先生的论证进行辩驳，其理由主要有三：

第一，《大明》不可能赞颂帝乙之女。《大明》一诗的主旨，是歌颂文王的美德和武王的业绩，在表现文王、武王来历不凡时，又同时歌颂了他们的母亲——文王之母大任和武王之母大姒。根据《大明》首章"天位殷适（嫡），使不挟四方"和最后两章对牧野之战的详细描写，该诗又侧重于赞美武王推翻商朝的业绩。为突出武王的地位，自然要着力描写武王之母大姒而不是帝乙之女的来历和婚礼情况。

第二，《大明》中的"大邦"是指莘国，"大邦之女"是指大姒。周初人所说的"大邦"并非殷商的专称。《诗经·皇矣》所记"王此大邦，克顺克比""密人不恭，敢距大邦，侵阮徂共"，②都是周人自称姬周为"大邦"。"大邦"的具体含义，应当视它所处的语言环境而确定，不能看到"大邦"字样，就一律将它同《尚书》中的"大邦殷"等同起来。

第三，关于"大姒继妃说"和"缵女维莘"。"大姒继妃说"在明代晚起，而准确理解"缵女"的关键，在于把"女"字看作动词，释为"嫁女"。"缵女"即继续嫁女，"缵女维莘"则可今译为继续嫁女于周邦的就是莘国。

以上这三条反驳的见解，至少可以说明顾颉刚先生之论证过程并不非常可靠。仔细推敲，不难发现顾颉刚先生所作论断根据不足，有些明显是揣测之词。比如他指认"倪天之妹"与"帝乙归妹""意义相符"，而不顾这两句差异明显，而且此后继续设问道："否则王季和文王同样娶于东方，为什么《大明》篇中对于文王的婚礼独写得隆重？否则帝乙

① 刘明芝：《论"帝乙归妹"与商周联姻无关》，《周易研究》2002年第2期。
② （汉）毛亨传，郑玄笺，（唐）孔颖达等正义：《毛诗正义》，（清）阮元校刻《十三经注疏》，中华书局1980年影印本，第520—521页。

归妹的事本与周人毫无关系，为什么会深印于周人的心中而一见再见
于《周易》?"这些设问带有鲜明的顾颉刚先生特有的"默证"味道，并
不具有多少的说服力。实际上，在周王朝的历史上，文王无疑要比王季
重要得多，《大明》篇中对于文王的婚礼写得隆重些，也无疑是正常的。
由于《周易》卦爻辞之中出现的高宗伐鬼方的故事、箕子明夷的故事都
与周人没有什么关系，所以卦爻辞之中两次出现"帝乙归妹"，也未必
能够说明此事与周人关系密切。而且按照顾颉刚先生的解说，商人的祖
先王亥"丧牛于易"与"丧牛于易"，不是也在《周易》卦爻辞之中出
现了吗? 所以顾颉刚先生认定"帝乙归妹"就是《大明》之中的"文王
迎亲"，这一见解缺乏依据。同样的，黄寿祺、张善文的《周易译注》
也完全没有采纳顾颉刚先生的说法。①

那么，退一步来看，"帝乙归妹"到底是指何事? 如果说"帝乙归
妹"是指商周联姻，这种说法可以成立吗?

其实，关于"帝乙归妹"，《左传·哀公九年》之中还有一条非常重
要的材料，足以说明"帝乙归妹"的确切含义:

> 宋公伐郑。……阳虎以《周易》筮之，遇《泰》之《需》，曰:
> "宋方吉，不可与也。微子启，帝乙之元子也。宋郑，甥舅也。祉，
> 禄也。若帝乙之元子归妹而有吉禄，我安得吉焉?"乃止。②

鲁哀公九年（前486)，郑国首先攻打宋国，宋国反攻郑国。这时，
齐景公又趁机发兵攻打郑国。晋国的赵鞅占卜援救郑国的吉凶，阳虎又
用《周易》占筮这件事，遇到《泰》之《需》，解释说:"宋国正吉星高
照，不可以与之交战。宋国的祖先微子启是帝乙的长子，因此宋国和郑

① 黄寿祺、张善文:《周易译注》，上海古籍出版社2007年版，第77、319页。
② （晋）杜预集解，（唐）孔颖达等正义:《春秋左传正义》，（清）阮元校刻《十三经注疏》，
中华书局1980年影印本，第2165页。

国是甥舅姻亲。'祉'是福禄的意思。如果帝乙的长子出嫁他的妹妹而有吉禄的话，那么我国怎么能够得到吉利呢?"于是晋国就取消了救援郑国的行动。

由阳虎的解说我们可以明确得知，"帝乙归妹"中的帝乙确指商纣王的父亲，而郑国姬姓，周宣王二十二年（前806）始封，所以殷周的确有联姻之事。但是，根据黎东方的研究，迎娶帝乙之女的，应该是另一位周国贵族，而不是周文王。①

3.《周易》卦爻辞真的"著作人无考"吗?

经过考察，顾颉刚先生认定:"王亥丧牛羊于易"和"高宗伐鬼方"的故事发生在文王之前，"帝乙归妹"的故事发生在文王之世，"康侯用赐马蕃庶"和"箕子明夷"的故事发生在文王之后，所以顾颉刚先生得出结论:"作卦爻辞时流行的几件大故事是后来消失了的……它里边提起的故事，两件是商的，三件是商末周初的。我们可以说，它的著作时代当在西周的初叶，著作人无考，当出于那时掌卜筮的官。著作地点在西周的都邑中，一来是卜筮之官所在，二来因其言'歧山'，言'缶'，都是西方的色彩。"②

可以认为，在现代学术研究之中，顾颉刚先生的论证基本锁定了《周易》卦爻辞的创作年代，但是绝不能就此否定沿袭下来的全部传统解释。恰恰相反，顾颉刚先生的论证在很大程度上证明了文王作卦辞、周公作爻辞这一传统说法的可靠性!

按照马融、陆绩等人所秉持的文王作卦辞、周公作爻辞这一传统说法，周公可谓是《周易》文本的主要和最终编纂者，而周公就生活在商末周初。他虽然不是专职的执掌卜筮的官员，但实际上作为摄政者，他

---

① 黎东方先生认为商王帝乙把妹妹嫁给了季历或另一周室成员。见《我们的根——简说五千年中国文明史》，上海人民出版社2009年版，第33页。
② 蔡尚思主编:《十家论易》，岳麓书社1993年版，第128页。

却是最大的"大卜"——周公曾经长期摄政，代君行权，制定周礼，试问又有什么事情是周公不能够管呢？《尚书·周书·金縢第八》就记载着周公亲自占卜的事例，所以周公愿意学习、研究、应用占卜占筮，并编撰《周易》爻辞，在那时应该是再正常不过的事情。而且从出土的商周甲骨来看，君王亲自占卜的情况也是非常常见的。

顾颉刚先生认为，《周易》的"著作时代当在西周的初叶"，"当出于那时掌卜筮的官，著作地点在西周的都邑中"，这都是合情合理的推断。既然如此，那么著作人为什么就不可能是周初的文王、周公呢？我们又有什么根据来否定这种自古流传的说法呢？如果我们相信口述历史也属于历史材料的话，那么顾颉刚先生所谓"著作人无考"的论断就是非常片面和非常武断的。实际上，顾颉刚先生已经将《周易》文本之中的历史故事考察了一遍，已确定了《周易》文本的基本创作年代，但是他却没有考虑到，传统学术中原有更加准确的说法，甚至可以说，其研究的前提就是先排除这种可能性！

需要补充的是，几十年后，现代学者廖名春先生依据先秦语言研究的最新成果，用语言的历史比较方法分析了《周易》本经的基本词汇、实词附加成分和虚词运用情况，再次证明了《周易》文本的基本创作年代是殷末周初，[1] 这恰可以作为顾颉刚先生所论之辅证。所以在今天来看，文王和周公是《周易》卦爻辞的编纂者，这一点基本可以确定下来。

二、《易传》与孔子、《易传》与《周易》的关系

顾颉刚先生征引了欧阳修的《易童子问》、康有为的《新学伪经考》和冯友兰的《孔子在中国历史中之地位》等著作中的论证，认为："孔

---

① 廖名春：《〈周易〉经传与易学史新论》，齐鲁书社2001年版，第207—223页。

子决不是《易传》的作者,《易传》的作者也决不止一个人。"① 在完全否定孔子的著作权之后,顾颉刚先生对《易传》的成书年代及作者问题提出了自己的看法:"最早不能过战国之末,最迟也不能过两汉之末,这七种传是公元前三世纪中逐渐产生的;至于其著作的人,则大部分是曾受道家暗示的儒者。"在几十年后的今天来看,顾颉刚先生的这些论说无疑都有待商榷之处。

首先,顾颉刚先生认为《易传》"与孔子无关",这是错误的。我们不能够因为《易传》中有晚出的部分篇章,就彻底否定《易传》中保存有孔子思想的可能性。

李学勤先生已经指出,欧阳修之所以在《易童子问》中怀疑《十翼》非孔子所作,是因为不了解古书的形成。②《易传》是一部最早的易学文献丛编,它经过了孔子及后代儒者长期的整理、增益和润饰,内容非常复杂,可以说是先秦秦汉时期易学研究资料的"大杂烩"。因为其中的部分篇章包含着孔子的思想,所以约定俗成地说是孔子所"作"。按照司马迁的说法,"孔子晚而喜易,序《彖》《系》《象》《说卦》《文言》。"③ 顾颉刚先生并没有充分考虑这些基本史实,忽视了古代典籍在撰作和流传过程中出现的复杂情况。

其次,顾颉刚先生彻底否定了《易传》对《易经》解释的可靠性,反对利用《易传》来理解《易经》。

虽然经学家向来把《易传》看作《易经》的标准解释,以至于干脆把《彖传》《象传》分附于卦爻辞之下,把它们作为解说卦爻辞的基础和前提。但是在实际解说时,即便那些相信《易传》是《易经》全部真切解说的经学家,也仅使用《易传》的一部分,即《彖》《象》《文

---

① 蔡尚思主编:《十家论易》,岳麓书社1993年版,第134页。
② 李学勤:《周易经传溯源》,长春出版社1992年版,第228页。
③ 见《史记·孔子世家》。关于孔子"序"《易传》的详细讨论,可参阅拙作《孔子"序"〈易〉传五篇考辨》,《中州学刊》2011年第1期。

言》及部分《系辞》等儒家气味浓重的篇章。而且，由于这些篇章的内容本身有所差别，抵牾常见，很多时候他们的解说都是各抒己见，甚至含混其辞。从严格的历史眼光来看，《易传》"里边有记述前人遗闻的部分，有弟子记录的部分，也有后人窜入的部分"①，即便仅就其中某一篇而言，也往往并非一人一时完成的。《易传》成书过程非常复杂，可能历时数百年，经过讲授、记录、整理、汇编等一系列事件，甚至可能还有亡逸和重新发现、散佚和重新整理的极端情况——帛书《易传》与今本《易传》的差别可以很好地说明这一点。《易传》的编纂者绝对不止一人，应该是从孔子到西汉儒者的这样一个创作和编纂群体。所以如果认定《周易》经传完全没有关系，实际上是从一个极端走到另一个极端，即从全盘肯定《易传》对《易经》解释，转变为全盘否定二者的关联，一样是不足取的，也是错误的。

三、"观象制器"和其象数解说方法

《周易》之中没有"观象制器"的故事，这是顾颉刚先生在《〈周易卦爻辞〉中的故事》一文中提出的一个重要观点。为此，胡适先生还专门撰文与顾颉刚先生商榷，在书信往来之余，顾颉刚先生另著《论〈易系辞传〉中观象制器的故事》一文专门讨论这一问题。总体而言，顾颉刚先生认为《易传》中的"观象制器"是"莫须有的事情"，这一观点无疑是正确的。

无论从历史资料还是逻辑推理来看，所谓根据某某卦象就可以发明出某某器物的说法无疑是荒谬的。《系辞》中"观象制器"的故事，是战国至汉代的一些学者基于对《周易》六十四卦的片面理解敷衍出来的，是对六十四卦卦象含义的猜测和附会。正如顾颉刚先生所指出的：

---

① 金景芳：《关于〈周易〉的作者问题》，《周易研究》1989 年第 1 期。

"《系辞传》中观象制器的故事连用十二个盖字，可见作者本没有确定说伏羲制网罟必取之《离》，神农作耒耕必取之《益》……他只是说明在他的想象中应当如此而已。"把六十四卦卦象与上古时代的发明创造联系起来，诚然是一种富于想象力的创造，但这也恰恰说明，最初提出这种想法的人对《周易》及六十四卦远远谈不上精通，他所提出的见解仅仅是一种猜测、一种附会，现代学者根据易学知识甚或一般常识就可以把这种看法否定掉。由此可以推测：在战乱纷扰之后，古代文献弥足珍贵，而《易传》的编辑者们很可能是本着宁滥勿缺的原则，把这段看似渊源有自实则漏洞百出的文字收入到今本《系辞》之中。

正因为这段文字是一种没有根据的猜测，所以顾颉刚先生以此为基础所展开的象数易学讨论就缺乏根基，其结论自然很不可靠。在这里，顾颉刚先生的理论失足正如他自己在文中所说："不过他虽没有确定的意思，而后来人却把他确定了。"进一步来讲，要研究当时人们的思想，顾颉刚先生以此段文字作为历史材料自然是没有问题的，但是以此作为易学研究的基础材料，进而对其中的象数解说方法进行探究，甚至于推导出进一步的结论，这就属于轻信和盲从了。

具体而言，顾颉刚先生根据李鼎祚的《周易集解》，使用互体和卦变方法对这段文字进行了详细解说，并且对这种解说方法的不确定性进行了推演。顾颉刚先生对汉儒的象数解说方法很熟悉，使用起来得心应手，而其证伪的过程则相当于逻辑上的归谬法："可见圆融得无路不通的，实际上却是一无所通。"① 但是实际上，考察《系辞》中"观象制器"的片段，可以发现其中并没有直接出现任何互体和卦变，其作者只是作出猜想，而没有进行任何论证，遑论象数解说了！所以，后续的这种种象数的推演解说，都是顾颉刚先生的自说自话。即使顾颉刚先生这种自说自话，是在《周易集解》中收录的古代易学学者针对这段《系

---

① 蔡尚思主编：《十家论易》，岳麓书社1993年版，第145页。

辞》文字作出自说自话的解说之后再次发挥的。

在此之后，顾颉刚先生得出结论："《系辞传》中这一章，它的基础是建筑于《说卦传》的物象上的，是建筑于《九家易》的互体和卦变上的。我们既知道《说卦传》较《象传》为晚出，既知道《说卦传》与孟京的《卦气图》相合，又知道京房之学是托之于孟氏的，又知道京房是汉元帝时的人，那么我们可以断说：《系辞传》中这一章是京房或是京房的后学们所作的，它的时代不能早于汉元帝。"① 顾颉刚先生之所以能够得出这个结论，其论述中引入了几个前提，需要一一澄清：

1.《系辞传》中这一章的理论基础是《说卦传》的物象；

2.《系辞传》中这一章建构于《九家易》的互体和卦变之上；

3.《说卦传》与孟京的《卦气图》相合，京房之学是托之于孟氏的，又知道京房是汉元帝时的人。

上文的讨论就足以证伪第一、第二条前提，而第三条前提来自于康有为的《新学伪经考》，即"《说卦》与孟、京《卦气图》合，其出汉时伪托无疑"②。20世纪已经有很多学者对康有为此论进行了驳斥，下文也有涉及，此不赘述。

四、《说卦》出现时间考辨

顾颉刚先生认为，最早用"象"去解释《易》卦辞的是《象传》，它以乾为天，以坤为地，意义甚为简单，所取之象都是自然界中最重大的几件东西，不像《说卦传》那样细碎复杂。"可见《象传》为原始的《说卦传》，而《说卦传》乃是进步的《象传》，其间时代相差颇久。"③

实际上，《说卦》是整个《周易》经文及六十四卦的基础，如果没

---

① 蔡尚思主编：《十家论易》，岳麓书社1993年版，第148页。

② 康有为：《新学伪经考》，生活·读书·新知三联书店1998年版，第53页。

③ 蔡尚思主编：《十家论易》，岳麓书社1993年版，第145页。

有《说卦》对八卦内涵的阐释，《周易》及《易传》的大部分内容都将无法理解和解说。由于目前关于西周时期的历史资料极少，保守估计，《说卦》主要内容的产生至晚不过春秋。其实，《说卦》的核心内容至少可以上溯至西周，比如《周礼·春官》有太卜"太卜……掌三《易》之法，一曰《连山》，二曰《归藏》，三曰《周易》。其经卦皆八，其别皆六十有四"①。可见，专讲八卦的《说卦》对于《连山》《归藏》和《周易》都是通用的，其产生时间自然不会太晚。

现代易学学者中，似乎最早由沈瓞民先生明确提出："《易传》之中最早的作品……是《说卦传》"，"《说卦传》除窜杂的以外，说象的文字，是周代的作品。"②翟廷晋先生撰文则进一步指出："《说卦》最早的传本，即其中的基本卦象部分，应当和《周易》上下经同时成书。"③高新民先生继之申论："没有《说卦》，就没有《周易》，更不可能有《易传》其他各篇的产生和形成。"而要证明《说卦》的主要内容在春秋时期已经存在，最为关键的一个理由是：《说卦》"从其内容言之，它专言八卦，是易学最基本的理论。也就是说，无论是解说《周易》，还是运用《周易》筮占，皆离不开八卦卦象的分析，而且这是重要的一步"④。没有《说卦》中的八卦取象，就不可能解说或理解《周易》，春秋时期尤其如此。在《左传》和《国语》占筮实例的记载中，这一点已经体现得非常明显。⑤所以，对于《说卦》，笔者有三点论断：第一，就八卦取象而言，《左传》《国语》中的《周易》解说与《说卦》具有内在的一致

---

① （汉）郑玄注，（唐）贾公彦疏：《周礼注疏》，（清）阮元校刻《十三经注疏》，中华书局1980年影印本，第802—803页。

② 沈瓞民：《从〈易经〉到〈易传〉》，原载《文汇报》1961年8月15日，收于黄寿祺、张善文编《周易文化研究论文集》第三辑，北京师范大学出版社1990年版，第100—101页。

③ 翟廷晋：《从竹〈易〉和帛〈易〉看〈说卦〉的成书过程》，《中州学刊》1996年第6期。

④ 高新民：《〈周易·说卦〉简论》，《甘肃高师学报》2004年第4期。

⑤ 张朋：《春秋易学研究——以〈周易〉卦爻辞的卦象解说方法为中心》，上海人民出版社2012年版，第80—83页。

性；第二，《说卦》中的八卦取象是《易传》其他各篇展开论说的理论前提和基础；第三，《说卦》文本后来被窜进一部分内容，而近代以来的易学学者断定《说卦》晚出的根据往往就是《说卦》文本中被窜进的内容。

可见，顾颉刚先生仅仅依据"《说卦传》与孟京的《卦气图》相合"就认为《说卦》产生于孟京时代的说法无疑是荒谬的！试问，为什么就不能是孟京的《卦气图》沿袭《说卦》呢？为什么不能够先有"细碎复杂"的《说卦传》而后才有简明直接的《象传》？必须考虑到先秦两汉时文献的流传和思想的创造过程是非常复杂的，依据故有文献并不能完全否定这些可能性。

所以，对于顾颉刚先生所秉持的《说卦》晚出的观念，我们不能照单全收，而他随后的推论"在没有《说卦传》之前，没有互体和卦变说之前，这章文字是不会出现的"①，以及"观象制器"说系出于孟京及其后学的论断，还都尚待进一步的论证。

五、总　结

在很大程度上，顾颉刚先生的易学研究是历史研究，即首先把《周易》经传作为证明其"层累说"的历史材料加以讨论，进而切入到易学的基本问题。八十多年后的今日再看，其很多观点和论说过于激进，或失草率粗疏。但是瑕不掩瑜，顾颉刚先生的新锐研究仍然代表了那个时代的一流学术水准，具有不可忽视的参考价值。

作者单位：上海社会科学院

---

① 蔡尚思主编：《十家论易》，岳麓书社1993年版，第147页。

巫　祝　考

连劭名

摘要：中国古代易学源自巫史文化。古代的巫是社会精英，据《国语·楚语下》记载，巫是品德优秀的人，公正无私、恭敬忠诚、聪明圣智。巫又称灵、灵保、灵格。《庄子》中的至人与巫关系密切。祝宗卜史都属于巫。祝宗必出于名姓之后，在宗庙中工作，是沟通人神的中介，必须诚实可信。最高统治者有时亲自担任巫祝的工作，如商汤为民祷雨，周公为武王祈福。巫是文化的掌管者，负责范围广泛，涉及文化科技的众多方面。

关键词：历史　文化　宗教　巫

中国古代易学源于早期巫史文化。《周易·巽》九二云："用史巫纷若。"《象》云："纷若之吉，得中也。"巽，帛书《周易》作筭。《尔雅·释诂》云："算，数也。"易本于数，《汉书·律历志上》云："数，一十百千万也。所以算数事物，顺性命之理也。"《周易·说卦》云："圣人之作易也，将以顺性命之理。"帛书《易传·要》云："子曰：易，我后其祝卜矣，我观其德义耳也。幽赞而达乎数，明数而达乎德，有仁守者义行之耳。赞而不达于数，则其为之巫，数而不达于德，则其为之史。史巫之筮，乡之而未也，始之而非也。后世之士疑丘者，或以易乎？"史巫之筮属数术易学。《周易·说卦》云："幽赞于神明而生蓍，参天两地而倚数。"赞为祝辞，古人先祝而后卜，祝辞即卜筮之命辞，故曰："幽赞于神明而生蓍。"由蓍得数，故曰："参天两地而倚数。"倚数而知天道，《鹖冠子·世兵》云："道有度数，故神明可交也。"

本文对古代巫祝略作考察，列叙于下，为象数易学研究提供参考。

一、巫与至人

古代的巫是社会的精英，最优秀的人才，《国语·楚语下》云：

> 昭王问于观射父曰：周书所谓重黎实使天地不通者，何也？若无然，民将能登天乎？对曰：非此之谓也。古者民神不杂，民之精爽不携二者，而又能齐肃衷正，其智能上下比义，其圣能光远宣朗，其明能光照之，其聪能听彻之，如是则神明降之，在男曰觋，在女曰巫。[1]

据此可知巫应具备三种重要品德：

（一）公正无私，即"精爽不携二"。"精爽"即"清明"，《北堂书钞》卷四十九引《申子》云："天道无私，是以恒正，天道恒正，是以清明。"马王堆帛书《经法·道法》云："公者明，至明者有功，至正者静，至静者圣。"《荀子·解蔽》云："虚一而静，谓之大清明。""虚一"即"不携二"。《管子·心术》上云："虚之与人无间，唯圣人得虚道……去欲则宣，宣则静矣，静则精，精则独立矣。独则明，明则神矣。"

（二）恭敬忠诚，即"齐肃衷正"。《左传·文公二年》云："子虽齐圣。"杜预注："齐，肃也。"《说文》云："肃，持事振敬也。"《释

---

[1] 徐元诰撰，王树民、沈长云点校：《国语集解·楚语下第十八》，中华书局 2002 年版，第512—513页。

名·释言语》云："敬，警也。恒自肃警也。"凡敬必有德，《左传·僖公三十二年》云："敬，德之聚也，能敬必有德。"

衷，正义通，《左传·昭公六年》云："楚辟我衷。"杜预注："衷，正也。"衷通忠，《荀子·成相》云："欲衷对言不从。"杨倞注："衷，诚也。"《国语·晋语》云："除阍以应外谓之忠。"

（三）聪明圣智。《尚书·洪范》云："视曰明，听曰聪。"又云："明作哲，聪作谋，睿作圣。"马王堆帛书《五行》云："聪也者，圣之藏于耳者也，明也者，智之藏于目者也。聪，圣之始也，明，智之始也。故曰：不聪明则不圣智，圣智必聪明。"

上述三方面中最重要的是诚，《礼记·中庸》云："自诚明，谓之性，自明诚，谓之教。"又云："至诚之道，可以前知，国家将兴，必有祯祥，国之将亡，必有妖孽，见乎蓍龟，动于四体，祸福将至，善必先知之，不善必先知之，故至诚如神。"

巫又称灵。《易林》《小畜之渐》云："学灵三年，仁圣且神。"

《说文》云："灵，灵巫以玉事神。"《墨子·迎敌祠》云："灵巫或祷焉，给祷牲。"《楚辞·云中君》云："灵连蜷兮既留。"王逸注："灵，巫也。"文献中还有两个与"灵"有关的名称：

（一）灵保，《楚辞·东君》云："思灵保兮贤姱。"王逸注："灵，巫也。姱，好貌。言己思得贤好之巫，使与日神相保乐也。"清代蒋骥《山带阁注楚辞》云："灵保犹言神保，谓尸也。"古代祭祀活动中的尸多由巫祝担任，故灵保或神保皆为巫的别称。《诗经·楚茨》云："神保是享。""神保是格。""神保聿归。"

（二）灵格，《尚书·盘庚下》云："吊由灵格，非敢违卜。"灵格是文献中的"格人"，又称"假人""至人"，亦是巫的别称。《尚书·西伯勘黎》云："格人元龟，罔敢知吉。"《史记·殷本纪》作："假人元龟，罔敢知吉。"《集解》引孔安国云："至人以人事观殷，大龟以神灵考之，皆无知吉者。"考"格人"之义，指通天命之人。相传巫可通天，《山海经·海外西经》有葆山，"群巫所以上下也"。《山海经·大荒西经》有玉门山，"群巫从此升降"。前代圣王通天命，故可称为"格王"，《尚书·尧典》云帝尧"光被四表，格于上下"。《尚书·高宗肜日》称殷先王为"先格王"。《尚书·君奭》云："公曰：君奭，我闻在昔成汤既受命，时则有若伊尹，格于皇天。在太甲，时则有若保衡，在太戊，时则有若伊陟、臣扈，格于上帝，巫咸乂王家。"

格、至同义，《国语·楚语》云："至于神明。"韦昭注："至，通也。"庄子屡言"至人"，例如《庄子·逍遥遊》云："若夫乘天地之正，而御六气之辨，以遊无穷者，彼且恶乎待哉。故曰：至人无己、神人无功、圣人无名。"《庄子·齐物论》云："王倪曰：至人神矣，大泽焚而不能热，河汉沍而不能寒，疾风破山振海而不能惊，若然者，乘云气，骑日月，而游乎四海之外，死生变于己，而况利害之端乎。"《庄子·天运》云："古之至人，假道于仁，托宿于义，以遊逍遥之虚，食于苟简之田，立于不贷之圃。逍遥无为也，苟简易养也。古者谓是采真之遊。""真"者自然之义，同于儒家所说的"诚"，《庄子·渔父》云："真者，精诚之至也，不精不诚，不能动人。"又云："真者，所以受于天地、自然，不可易也，故圣人法天贵真。"《庄子·秋水》云："无以人灭天，无以故灭命，无以得殉名，谨守而勿失，是谓反其真。"

《黄帝内经》中有真人、至人、圣人，分属不同时代。《素问·上古天真论》云："中古之时，有至人者，淳德全道，合于阴阳，调于四时，去世离俗，积精全神，游行于天地之间，视听八达之外，此盖益其寿命而强者也，亦归于真人。"

二、巫与祝

巫是祭祀活动的主持者。《说文》云："巫，祝也。"又云："祝，祭主赞词者。从示、从口，一曰从兑省。《易》曰：兑为口为巫。"

古代祭祀活动中的宗教神职人员还有"宗"，与祝的地位与工作性质相似，故文献中常"宗祝"连称，《国语·鲁语》云："是使制神之处位次主，而为之牲器时服，而使先圣之后有光烈而能知山川之号，高祖之主，宗庙之事，昭穆之世，齐敬之勤，礼节之宜，威仪之则，容貌之崇，忠信之质，禋洁之服，而敬恭明神者，以为之祝。"又云："使名姓之后，能知四时之主，牺牲之物，玉帛之类，采服之仪，彝器之量，次主之度，屏摄之位，坛场之所，上下之神，氏族之出，而心率旧典者，为之宗。"

据此知祝宗一类神职人员有如下特点：

（一）祝宗出自名姓之后，《墨子·明鬼下》云："且惟昔者虞夏商周三代圣王，其始建国营都日，必择国之正坛置以为宗庙，必择木之修茂者立以为丛位，必择国之父兄慈孝贞良者，以为祝宗。"

（二）祝宗在宗庙中工作，《礼记·礼运》："且夫祝，社稷之常隶也，社稷不动，祝不出境，官之制也，君以军行，祓社衅鼓，祝奉以从，于是乎出境。"先秦诸子中的墨家源自古代的祝宗，《汉书·艺文志》云："墨家者流，盖出于清庙之守。"

（三）祝宗通晓礼仪，《仪礼》中有夏祝、商祝、周祝，分掌三代之礼。《礼记·乐记》云："宗祝辨乎宗庙之礼，故后尸，商祝辨乎丧礼，故后主人。"祝宗掌握礼仪细节，如《庄子·达生》："祝宗人玄端以临牢策，说彘曰：汝奚恶死，吾将三月豢汝，七日戒，三日斋，籍白茅，加汝肩尻于雕俎之上，则汝为之乎？"《庄子·人间世》云："牛之白颡者，与豚之亢鼻者，与人有痔病者，不可以适河，此皆巫祝以知之矣，所以为不详也。"

文献中有很多祝宗主持祭祀的记载，《左传·庄公三十三年》云："秋七月，有神降于莘……虢公使祝应、宗区、史嚚享焉，神赐之田。"《左传·襄公九年》宋国大火，举行祓禳之祭，"二师令四乡敬享，祝宗用马于四墉，祀盘庚于西门外"。

《左传·成公十七年》云："晋范文子反自鄢陵，使其祝宗祈死，曰：君骄而克敌是益其疾也，难将作矣。爱我者惟祝我死，使我速死，无及于难，范氏之福也。"《释名·释言语》云："祝，属也。以善恶之词相属著也。"祝辞多由史官撰写，故文献中多"祝史"连称，《左传·成公五年》云："国主山川，故山崩川竭，君为之不举，降服、乘缦、彻乐、出此、祝币、史辞。"《左传·昭公十七年》云："夏六月甲戌朔，日有食之，祝史请用币。昭子曰：日有食之，天子不举，伐鼓于社，诸侯用币于社，伐鼓于朝，礼也。"

祝史致辞必须诚信可靠，《左传·桓公六年》："季梁止之曰：天方授楚，楚之赢，其诱我也，君何急焉。臣闻小之能敌大也，小道大淫，所谓道忠于民而信于神也。上思利民，忠也。祝史正辞，信也。今民馁而君逞欲，祝史矫举以祭，臣不知其可也。"《左传·襄公二十七年》云："范武子之德何如？对曰：夫子家事治，言于晋国无隐情，其祝史陈信于鬼神无愧辞。"《左传·昭公二十年》云："赵武曰：夫子之家事治，言于晋国竭情无私，其祝史祭祀，陈信不愧，其家事无猜，其祝史不祈。"又云："若有德之君，外内不废，上下无怨，动无违事，其祝史荐信，无愧心矣。是以鬼神用享，国受其福，祝史与焉，其所以蕃祉老寿者，为信君使也，其言忠信于鬼神。"

巫祝又能传达鬼神之辞，《庄子·逍遥遊》云："庖人不治庖，尸祝不越樽俎而代之矣。"《释文》云："传鬼神辞曰祝。"巫祝通天人之际，是人神结信时的人质。代鬼神传言如果没有出现预期效果，巫祝当以身殉职。《左传·僖公二十一年》云："公欲焚巫尫。"杜预注："巫尫，女巫也，主祈祷请雨者。"女巫祈祷而未降雨，祝辞失信，故国君要焚巫以谢神，《左传·昭公二十年》云："齐侯疥遂痁，期而不瘳，诸侯之宾问疾者多在，梁丘据与裔款言于公曰：吾事鬼神乎，于先君有加矣，今君疾病为诸侯忧，是祝史之罪也，诸侯不加，其谓我不敬，君盍诛于祝固史嚚。"

古代巫医不分，治病亦用巫术，齐侯久病不愈，说明祝史祈祷时心不精诚，故鬼神不降福佑。

帝王有时亲任巫祝，天旱祷雨，以身为质，表明爱民的诚心，为了百姓的利益而不惜牺牲生命。《吕氏春秋·顺民》云："昔汤克夏而正天下，天大旱，五年不收，汤乃以身祷于桑林，曰：余一人有罪，无及万方，万方有罪，在余一人，无以一人之不敏，使上帝鬼神伤民之命，于是剪其发，磨其手，以身为牺牲，用祈福于上帝，民乃甚悦，雨乃大至，则汤达乎鬼神之化，人事之传也。"此事最早见于《墨子·兼爱》所引商汤之"说"，其文云："惟予小子履，敢用玄牡，敢告上天后曰：今天大旱，即当朕身，履未知得罪于上下，有善不敢蔽，有罪不敢赦，简在帝心，万方有罪，无及万方。此言汤贵为天子，富有天下，然且不惮以身为牺牲，以祠说于上帝鬼神。"

西周初期，周公亦曾两次以身为"质"，祝祷于鬼神。《史记·鲁周公世家》云："武王克商二年，天下未集，武王有疾，不豫，群臣惧。太公、召公乃缪卜，周公曰：未可以戚先王。周公于是乃自以为质，设三坛，周公北面立，戴璧秉圭，告于太王、王季、文王。"周公自以为"质"，即亲自担任巫祝。《史记·鲁周公世家》又云："初，成王少时，病。周公乃自揃其蚤沉之河，以祝于神曰：王少未有识，奸神命者旦也。亦藏其策于府，成王病有瘳，及成王用事，人或谮周公，周公奔楚。成王发府，见周公祷书，乃泣，反周公。"

三、巫与古代文化

早期的巫掌管文化，涉及宗教、哲学、历史、文学、天文、科技、艺术等多方面。由巫分化出来的祝宗卜史等，商周时代统归于"太史寮"。殷墟卜辞中有：

……令，其惠太史寮令。《合集》36423

西周晚期青铜器《毛公鼎》铭文云："王曰：父嵒，及兹卿史寮、太史寮，于父即尹。"国家政权机构分为两大部分，卿史寮负责行政事务，太史寮掌管意识形态。《左传·定公三年》云："分之以土田陪敦，祝宗卜史，备物典策，官之彝器。因商奄之民，命以伯禽，而封少昊之墟。"这是将商王朝的整个太史寮分予鲁公伯禽，故将祝宗卜史，文献典籍，宗庙礼器归为一类。其后韩宣子适鲁，观书于太史氏，见《易象》与《鲁春秋》，说周礼尽在鲁矣。周礼应是在商代文化的基础上发展起来的。

卜史源自巫，《周礼·太史》郑玄注："太史，日官也。"《史记·天官书》中历数古代传"天数"者，商代有巫咸。《周礼·太史》云："大师抱天时，与太师同车。"郑司农注："大出师，则太史主抱式，以知天时，处吉凶，史官主知天道，故《国语》曰：吾非瞽史，焉知天道。""式"是运算天时、预测吉凶的工具，等同卜筮。"天时"或称"时日"，《礼记·王制》云："假于鬼神、时日、卜筮以疑众，杀。"卜筮皆源自巫，《周礼·龟人》记春日"祭祀先卜"，郑玄注："玄谓先卜，始用卜筮者，言祭言祀尊焉，天地之也。《世本·作》曰：巫咸作筮。"

巫、工同义。《说文》云："工，巧饰也。象人有规矩也，与巫同意。"又云："巫，祝也。女能事无形，以舞降神者也，象人两袖舞形，与工同意。古者巫咸初作筮。"古文字中的巫是两工字交叉重叠之形。《说文》解释"工"字形体，"象人有规矩也"。有云："巨，规巨也。从工，象手持之。"其说合于古文字"矩"，"工"为矩的象形，《周髀算经》云："请问数安出？商高曰：数之法出于圆方，方出于矩……请问用矩之道，商高曰：平矩以正绳，偃矩以望高，覆矩以测深，卧矩以知远，还矩以为圆，合矩以为方。方属地，圆属天，天圆地方……是故知地者智，知天者圣，智出于句，句出于矩。"古文字中的巫，正是"合矩以为方"的形状，类似纹样又见于汉代的铜镜。

《尚书·金滕》记武王有疾，周公为他祈祷，云："公乃自以为功。"功，读为工，即是巫。清华大学藏楚竹书《金滕》云："周公纳其所为工、自代王之说于金滕。"《尚书·金滕》记载史官又为周公宣读册祝之辞云："予仁若考能，多材多艺，能事鬼神，乃元孙不若旦多材多艺，不能事鬼神。"考读若巧。《释名·释言语》云："巧，考也。考合异类，共成一体也。"多才多艺，故称"巧"。巧与工、技同义，《广雅·释诂》云："工，巧也。"《说文》云："巧，技也。"又云："技，巧也。"巫祝通于鬼神，是特殊的技艺，《法言·君子》云："通天地而不通人，曰伎。"伎同技，《大戴礼记》卷九云："日历巫祝，执技以守官，俟命而作，祈王年，祷民命，及畜谷蜚征，庶虞百草。"《礼记·王制》云："凡执技以事上者，祝史射御医卜及百工。凡执技以事上者，不二事，不移官，出乡不与士齿。"可知巫祝与其他专业技术人士是世袭的，地位低于士。

《考工记·总目》云："巧者述之，守之世，谓之工。"巫、工相通的现象说明早期的工匠与巫有关，《周易·系辞上》云："备物致用，立成器以为天下利，莫大乎圣人。"许多对人类生活产生重大影响的技艺，都是圣人的发明。古代墨家出自"清庙之守"，《墨子》书中有不少关于工程技术的内容，亦说明神职人员除了从事宗教及文化工作外，也兼管科学技术。

巫的另一重要工作是医生。《论语·子路》云："子曰：南人有言曰，人而无恒，不可以作巫医。"《山海经·海内西经》云："开明东有巫彭、巫抵、巫阳、巫履、巫凡、巫相。"郭璞注："六巫皆神医也。"《淮南子·说山》云："巫之用糈。"高诱注："医师在女曰巫。"《太平御览·方术部》引《世本》云："巫咸，尧臣也。以鸿术为帝尧之臣。"治疗疾病亦用巫术，《仪礼·士丧礼》云："巫止于庙门之外。"郑玄注："巫，掌招弭以除病。"《公羊传·隐公四年》云："于钟巫之祭。"何休注："巫者，事鬼神祷解以治病请福者也。"《韩诗外传》卷十："吾闻上古医曰弟父，弟父之为医也，以管为席，以刍为狗，北面而祝之，发十言耳，诸扶舆而来者，皆平复如故，子之方岂能若是乎？"

　　后世的方士也源自巫，《史记·扁鹊仓公列传》云："问中庶子善方者。"《索隐》云："方，方伎之人也。"《管子·任法》云："皆私设方以教于国。"尹知章注："方，谓道术也。"《素问·五脏别论》云："余闻方士。"王冰注："方士，谓明悟方术之士也。"

作者单位：北京教育学院

论"河图""洛书"

于成宝

摘要："河图""洛书"被古人视为祥瑞，反映了"君权神授"的天命思想。战国时期的管子学派吸收了当时天文历法、五行学说的成果，构建了全新的宇宙模式，其以一至十个数为内容的数字图式，当被人们视为河图。洛书图式的构建，就《大戴礼记·明堂》《灵枢经·九宫八风》篇的记载来看，也当发生在战国中晚期。这两种数字化的宇宙图式，《系辞》作者出于论证大衍之数和筮法神圣性的目的，将其视为"河图""洛书"并引入了易学的体系。汉代学者对于"河图""洛书"的认识，就《纬书》记载的情况来看，主要利用"河图""洛书"的帝王受命说，为两汉之际改朝换代的政治服务；但《纬书》中仍保留了五十五数为河图之说以及四十五数为洛书之说，并继续以之论证大衍之数。直到扬雄模拟《周易》创作《太玄》，以直接改易中央土行之数的方式构建了五十之数的宇宙图式，从而实现了与大衍之数五十的完全相合。

关键词：河图　洛书　宇宙图式　《系辞》　大衍之数　《纬书》

关于"河图""洛书"，自宋代以来学者多有争论，但迄今无人能把它彻底说清楚。推崇者认为"河图""洛书"是华夏文明的源头，伏羲以之画八卦，大禹以之定九畴；反对者则认为以"河图""洛书"为画卦作《易》之本、中国文化源头的观点是牵强附会、无稽之谈。笔者不揣浅陋，也对"河图""洛书"谈点看法，以飨读者，并冀望就正于海内外方家通人。

一、"河图""洛书"的学术源流？

关于"河图"，今天所能见到的最古的文献是《尚书·周书·顾命》：

> 越玉五重，陈宝、赤刀、大训、弘璧、琬琰，在西序。大玉、夷玉、天球、河图，在东序。①

这是记述了周成王死后，周康王举行即位大典时殿堂中陈列的器物，河图是其中之一。很明显，河图从它第一次在文献中出现时起，便具有帝王受命的色彩。

《尚书》之后，河图一词又出现在《论语·子罕》篇：

> 子曰："凤鸟不至，河不出图，吾已矣夫！"②

由孔子的感叹，可知河图和凤鸟一样，被古人视为重要的祥瑞，是天命的象征。孔子虽然没有具体说河图是什么，但他把河图解释为黄河所出的图，从而也限定了后人对河图的解释范围。

孔子之后，《墨子·非攻下》也提到河图：

---

① （旧题汉）孔安国传，（唐）孔颖达等正义：《尚书正义》卷十八，（清）阮元校刻《十三经注疏》，中华书局1980年影印本，第239页。

② （清）刘宝楠撰，高流水点校：《论语正义》，中华书局1990年版，第333页。

赤鸟衔珪，降周之岐社，曰："天命周文王，伐殷有国。"泰颠来宾，河出绿图，地出乘黄。①

据孙诒让《墨子间诂》考证，"绿"即"箓"，那么箓图当是黄河中出现的象征天意的符命之图，也就是河图。《墨子》中的这段话，其中值得我们注意的有如下几点：第一，墨子也是从帝王受命的角度理解河图的。第二，墨子明确指出了河图出现的时间，就是周文王、武王伐纣之时。第三，他还叙述了文武翦商时出现的多种祥瑞，其中"赤鸟衔珪""河出绿图"，即孔子所说的"凤鸟""河图"；除此之外，又有"泰颠来宾""地出乘黄"两种。其中，泰颠是商周之际的贤人，《尚书·周书·君奭》篇周公旦依次叙述了成汤、太甲、太戊、祖乙、武丁等帝王受命时各有贤臣助之，直到文王受命时有虢叔、闳夭、散宜生、泰颠、南宫括等五位贤臣助之。② 如果说赤鸟象征天瑞、河图象征河瑞的话，那么，墨子当以泰颠为人瑞的象征；至于乘黄，即是黄马象征地瑞。《诗·郑风·大叔于田》："叔于田，乘乘黄。"如果我们从《尚书·君奭》《尚书·顾命》所透露出的周王朝乃秉承天命而立的文化氛围来看的，周康王即位时殿堂中所立的器物，无疑都是商周之际周文王、武王所得到的宝物——天命之符；由之也说明了孔子感慨的历史对象，就是墨子所清楚说明的文武伐商之事。河图，就是周文王时黄河中出现的祥瑞。按照顾颉刚"层累地造成的中国古史"观，较之于以后诸说，无疑是孔子、墨子更接近历史的真相。

至战国中后期，于河图之外，又增添了洛书这一祥瑞。《管子·小匡》记载管仲答齐桓公"昔三代之受命者，其异于此乎"之问时曰：

① （清）孙诒让：《墨子间诂》，中华书局 2001 年版，第 152 页。
② （旧题汉）孔安国传，（唐）孔颖达等正义：《尚书正义》卷十六，（清）阮元校刻《十三经注疏》，中华书局 1980 年影印本，第 223—224 页。

> 夫凤皇之文，前德义，后日昌。昔人之受命者，龙龟假，河出图，洛出书，地出乘黄。今三祥未见有者，虽曰受命，无乃失诸乎？①

孔墨关于河图，都认为是从黄河中出现，但具体怎么出现的，并没有交代。《管子》则把这个问题说清楚了：既然"河图""洛书"都出自河流之中，按常理推断当然是生活在河流中的动物带上来的，而与水相关的最为神圣的动物是龙、最有灵性的动物是龟，作为象征神圣天命的"河图""洛书"，自然通过龙龟传递给人们是最合适的。很明显，《管子》的这个说法，是为了强化天命祥瑞的观点，并且是受了凤鸟、黄马说法的启发。另外值得注意的是，《管子》中已把"河图""洛书"的出现时间，又往前推到了三代之远。

以上是先秦时期"河图""洛书"的几个说法，并没有与易卦发生联系，那么，为什么到了《系辞》中，"河图""洛书"突然成了易卦的本源了呢？

二、"河图""洛书"与易卦的学术渊源

《系辞》是成书于战国晚期的一篇阐述《易经》哲学思想与象数的通论，在这篇文献中，易卦与"河图""洛书"有了密不可分的关系。《系辞》曰："河出图，洛出书，圣人则之。"《系辞》中关于"河图""洛书"的说法仅见于此，一直被人们理解为圣人（伏羲）效法"河图""洛书"创作了易卦，这其实很有问题。因为关于易卦的创立，《系辞》作者已经说得很清楚：

> 古者包牺氏之王天下也，仰则观象于天，俯则观法于地，观鸟

---

① 黎翔凤：《管子校注》卷八，中华书局2004年版，第426页。

兽之文，与地之宜，近取诸身，远取诸物，于是始作八卦，以通神明之德，以类万物之情。①

可见《系辞》作者认为八卦的创制是一个观天、观地、观鸟兽、观人物的产物，与"河图""洛书"实在是没有关系。那么，"河出图，洛出书"，圣人从中学习了什么呢？为了了解这句话的真正含义，我们首先把相关的文句引用如下：

> 是故，易有太极，是生两仪，两仪生四象，四象生八卦，八卦定吉凶，吉凶生大业。
>
> 是故法象莫大乎天地；变通莫大乎四时；县象著明莫大乎日月；崇高莫大乎富贵；备物致用，立成器以为天下利，莫大乎圣人；探赜索隐，钩深致远，以定天下之吉凶，成天下之亹亹者，莫大乎著龟。
>
> 是故天生神物，圣人则之。天地变化，圣人效之。天垂象，见吉凶，圣人象之。河出图，洛出书，圣人则之。《易》有四象，所以示也；系辞焉，所在告也；定之以吉凶，所以断也。②

上引文字，孔颖达《周易正义》和朱熹《周易本义》均在第十一章，为便于论述，分为三段。第一段讲了易以太极为本源的宇宙演化论，宇宙演化的过程，就是一个画卦的过程，而这个画卦的过程，又是一个占筮的过程，也就是《系辞》中讲的"大衍筮法"：

---

① （三国魏）王弼、（晋）韩康伯注，（唐）孔颖达等正义：《周易正义》卷八，（清）阮元校刻《十三经注疏》，中华书局 1980 年影印本，第 86 页。

② （三国魏）王弼、（晋）韩康伯注，（唐）孔颖达等正义：《周易正义》卷七，（清）阮元校刻《十三经注疏》，中华书局 1980 年影印本，第 82 页。

> 大衍之数五十，其用四十有九。分而为二以象两，挂一以象
> 三，揲之以四，以象四时，归奇于扐以象闰，故再扐而后挂。……
> 是故四营而成易，十有八变而成卦，八卦而小成。引而伸之，触类
> 而长之，天下之能事毕矣。①

将二者进行比较，不难发现其共通性：都是讲了天道，也都是讲了筮
法，认为筮法是对天道的完美模拟。所以第二段，《系辞》作者大力宣
扬了蓍龟在占断吉凶事物方面的神性："探赜索隐，钩深致远，以定天
下之吉凶，成天下之亹亹者，莫大乎蓍龟。"第三段的"神物"，还是指
蓍龟，正因为蓍龟的神性，圣人以之卜筮。正是在卜筮吉凶的意义上，
"河图""洛书"才成为圣人效法的对象，而最终是为了导出"《易》有
四象"，也就是第一段说的"两仪生四象"，这四象从爻象和筮法的意义
上说就是老阳、老阴、少阳、少阴和九、六、七、八四个数字，四象
虽然不是易卦占筮的终结，但却是占筮中对爻象最终状态的确定。所
以这一段的最后，还是回到了大衍筮法上。由之可以看出整个《系辞》
第十一章主旨，实际仍是在讲占筮画卦的问题，为之寻找一种天道的
证明，以突出周易占筮的神性。而"河图""洛书"的意义，则恰恰
为大衍筮法提供了这种证明。从这个角度看，不难分析出易卦与"河
图""洛书"结合的目的，就是为了证明大衍筮法的合理性。

那么，大衍筮法为什么需要"河图""洛书"的支持呢？我们知道，
《系辞》作者对于《易经》的根本理解，是"易与天地准"这一思想。
对于具有无比神性的"大衍筮法"，自然当体现了天地之道，所以《系
辞》在阐述大衍筮法的占筮过程的时候，将其与宇宙生成论、历法相
配，以之证明大衍筮法是对天地之道的完美模拟。但其中仍有两个方面

---

① （三国魏）王弼、（晋）韩康伯注，（唐）孔颖达等正义：《周易正义》卷八，（清）阮元校
刻《十三经注疏》，中华书局 1980 年影印本，第 80 页。

的数字需要天道的证明，一是大衍之数为什么是五十？二是最终成卦爻的数字为什么是九六七八？对于前者，《系辞》作者在论述大衍筮法的过程中，又插入了对天地之数的解释：

> 天一地二，天三地四，天五地六，天七地八，天九地十。天数五，地数五，五位相得而各有合。天数二十有五，地数三十，凡天地之数，五十有五，此所以成变化而行鬼神也。[①]

这是对一至十个数进行了阴阳两种性质的分类，以奇数为天数，以偶数为地数。对于《系辞》的作者而言，为了论证大衍之数的神圣性，通过对一至十个数字的相加，得出天地之数是五十五，而大衍之数是五十，以大衍之数比拟天地之数，似乎勉强解决了这个问题，但总不如在叙述大衍筮法以卦配历完美。尽管并不完美，我们仍不禁要问：天地之数为五十五的观念又是从何而来？如果不是，那天地之数的思想从何而来？另外对于"九、六、七、八"四象之数的论证，又如何从易卦之外寻找可以借鉴的资源？徐兴无在阐述战国秦汉间新天道与新占术时说：

> 在《逸周书·时训》《管子·幼官》《四时》《五行》《吕氏春秋·十二纪》《礼记·月令》《淮南子·天文》等战国秦汉间带有构建性思想的文献中，已经用阴阳五行的框架描述出一个囊括一切的世界图式，万物在这个图式中呈现出同构的色彩。[②]

这为我们考索今天所见到的"河图""洛书"造作的年代指明了方向。兹先看《管子·幼官》《幼官图》中对于世界图式的设计：

---

① "天一地二，天三地四，天五地六，天七地八，天九地十"之语，原在大衍筮法的文字之后，依《汉书·律历志》，中华书局1962年版，第983页所引《系辞》校正。
② 徐兴无：《谶纬文献与汉代文化构建》，中华书局2003年版，第100页。

春……八举时节，君服青色。味酸味，听角声，治燥气，用
八数。

夏……七举时节，君服赤色，味苦味，听羽声，治阳气，用
七数。

秋……九和时节，君服白色，味辛味，听商声，治湿气，用
九数。

冬……六行时节，君服黑色，味咸味，听徵声，治阴气，用
六数。

（中）……五和时节，君服黄色。味甘味，听宫声，治和气，
用五数。①

可见，在《管子》的撰写年代，人们已经把数字进行了五行属性的分
类，即水一、火二、木三、金四、土五，再加五则水六、火七、木八、
金九、土十，故《管子·幼官图》关于"中方副图"的论述，还有"动
慎十号""饰习十器"之语。由之，我们可以看出，《管子》中构建的四
时五行的世界图式，实际上就是以一至十个数表达的数的图式，这个数
的图式，就是后人称之为"河图"的数字图式。《管子·幼官图》以数
字表达的宇宙图式，被《吕氏春秋·十二纪》《礼记·月令》全盘借鉴
了下来，可见战国秦汉间这种学说具有很大的影响力，其对《系辞》作
者产生影响也是自然而然的。《幼官图》以"十数"囊括宇宙的图式，
当是《系辞》以一至十个数为天地之数的原因所在。大衍筮法中以九、
六、七、八为老阳、老阴、少阳、少阴四象，也与《幼官图》也以八、
七、九、六表达四时的意义相合。

那么，《幼官图》中的数字图式，战国时人是否将其视为"河图"
呢？笔者认为这种可能性是很大的。学者指出，《幼官图》当作"《玄宫

---

① 黎翔凤：《管子校注》卷三，中华书局 2004 年版，第 188—189、138、182、185、184 页。

图》"，何如璋说：

> 旧注："幼者，始也。""始"字无义，疑"幼"本作"玄"，故《注》训为始，宋刻乃误为"幼"字耳。"官"宜作"宫"，以形近而误。本文有玄帝之命，又"玄官"凡两见，《戒篇》"进二子于里官"，亦讹作"官"。《庄子》"颛顼得之以处玄宫"，《艺文类聚》引《随巢子》"昔三苗大乱，天命夏禹于玄宫"，足证"幼官"为"玄宫"也。①

按：何氏认为"幼"当作"玄"，可从。唯"官"不必改为"宫"。《管子·幼官》：

> 非玄帝之命，毋有一日之师役……
> 以尔壤生物共玄官，请四辅，将以礼上帝……
> 立四义而毋议者，尚之于玄官，听于三公。②

可见，玄官即礼天之官，则玄官图，就《管子》中所记述的内容来看，即礼天之官所掌有关天文、历法、行政的有数、有字、有画之图也。乃至有学者认为："《幼官图》是姜齐氏族的历法图，记载了十月历制度，《幼官》则是对它的解释说明文字。"③ 而玄官其以生物所献祭之上帝，则当主要指玄帝也。玄帝，即北方之帝颛顼，五行属水，可见玄官图，又与水有莫大的关系。前面已引，《管子·小匡》管仲曰"昔人之受命者，龙龟假河出图，洛出书"，"河图""洛书"皆与水有关，可见《管子》中的玄官图，应当就是河图——当然这种河图的造作，纯粹出于战

---

① 黎翔凤：《管子校注》卷三，中华书局2004年版，第133页。
② 黎翔凤：《管子校注》卷三，中华书局2004年版，第158—159页。
③ 刘宁：《由上古历法推考〈管子〉之〈幼官〉与〈幼官图〉原貌》，《管子学刊》2013年第3期。

国时期稷下道家的宇宙观念，而与《尚书》中所记载的河图没有任何关系。这由之也可以解释：为什么《系辞》中两次讲大衍筮法，前一次讲天地之数以配大衍之数，后一次讲"河图""洛书"以配大衍之数，原因正在于河图中有天地之数。《系辞》作者为什么不直接将河图与天地之数等同起来呢？原因恐怕在于河图之有数、有字、有画，而不仅仅是数字。

以此思维再审视"洛书"，洛书是以一至九等九个数字的位置排列表达其对天道的理解。反映洛书中的数字图式有《大戴礼记·明堂》中的九室说，朱伯崑指出："阴阳五行家的代表人物邹衍提出大九州说，明堂九室乃邹衍一派的学说。"[1] 此外，还有《灵枢经·九宫八风》篇也反映着洛书中的数字图式。将九宫八风说与明堂九室说相比较的话，前者将天分为九宫，讲述了自然界八个时节的风与人体健康的关系；后者则是讲天子当随着一年八个时节的变化而选择九所不同方位和朝向的居室。很明显，九宫八风说为明堂九室说奠定了理论基础，其产生的时代要更早。笔者以为，洛书图式的得名，或有九宫八风说有着直接的关系，因为东南宫所标识的节气为立夏，宫名为"阴洛"；西北宫所标识的节气为立冬，宫名为"新洛"。[2] 阴洛就是洛阴，水之南为阴，洛水之南，故名之阴洛。水之北为阳，从阴阳的角度看，宫名可称"阳洛"，但因洛邑位居洛水之北，战国时已称洛阳，如果称"阳洛"的话，与之重复了，天域的划分与地域的划分会发生混淆，故不取。而"新洛"，因洛邑西周时又有"新大邑"这一名称，故以之称，亦是指洛水之北的意思。如此看来，九宫八风说的坐标点，就是先秦时期被人们认为天下中心的洛阳。而"阴洛""新洛"之名，或是这种图式称之为"洛书"的最大理由。

---

① 朱伯崑：《易学哲学史》第一卷，华夏出版社 1995 年版，第 174 页。
② （唐）王冰注，（宋）史崧校正、音释：《灵枢经》卷十一，《文渊阁四库全书》第 733 册，台湾商务印书馆 1986 年影印本，第 420 页。

如果我们将河图与洛书进行比较的话，就会发现河图表达的宇宙图式比较简单一点，十个数字两两一组，反映的是四时五行的天道观；而洛书虽然比河图少了“十”这个数字，但九个数字分属四正四隅一中心，反映了四时八节五行九域的宇宙图式，较河图的图式要复杂得多。

以上是阐述了在《系辞》创作的时代，以五十五数和以四十五数表达天道的图式，实际都已经产生了。就四十五数的图式来看，因其有“阴洛”“新洛”之名，所以很可能已经被时人视为洛书；五十五数的图式，因其导源于《管子》的玄宫图，自然就被人们视为河图了。由五十五数之图式，既可论证大衍之数为五十，又可完美地论证四象之数为什么是九六七八。由四十五数之图式，因其每一横线、竖线、对角线上的三个数之和皆为十五，汉代人指出其与四象之数、大衍之数皆有关系（见下文）。而“河图”“洛书”之数之和除以二，又完美地契合了大衍之数五十，从而弥补了大衍之数与天地之数的差异问题。这也是为什么《系辞》在阐释了大衍之数后，又从画卦的角度讲了一遍占筮的过程，而“河图”“洛书”，正是为《系辞》筮法提供了理论依据。此外，“河图”“洛书”与《易经》结合的又一个因素，就是《管子》所述的“龙龟假河出图、洛出书”，蓍占与龟卜有着天然的联系，而龙则是《易经》乾卦的象征。龙又为阳物，龟为阴物，“河图”“洛书”又与《易经》阴阳相切合。在此还要赘述的一点是，《易传》时代的易学对于战国秦汉间宇宙图式的吸纳，是非常积极和及时的。如果说“河图”“洛书”是借用来论证筮法，那么《说卦》中的“帝出乎震”一章，则是易学受八风说影响而构建起来的易卦宇宙图式，这一图式与洛书中的图式，也是非常接近。

总之，被后人称之为“河图”“洛书”的数字图式，实际上是战国秦汉间阴阳五行学者在构建新天道与新占术的进程中所创立的，而附会上“河图”“洛书”之名，以突出其神圣性。《系辞》作者在战国秦汉间构建新天道与新占术的学术思潮影响下，在“《易》与天地准”理论框架的指引下，为了论证大衍筮法完美体现了天地之道、四时之变，从而将易卦与"河图""洛书"的结合，以凸显大衍筮法的神圣性和神秘色彩。但因为易卦毕竟有自己的象数体系，所以并没有与"河图""洛书"进行更深层次的结合；又因为《系辞》作者知道这类"河图""洛书"本身就是他们那个时代的产物，所以始终用比较隐晦的笔法来叙述"河图""洛书"，并没有明指五十五的天地之数就是河图之数，遂引起后人的无数猜想与争论。

三、汉代学者对"河图""洛书"的认识

汉代学者对"河图""洛书"的认识，反映在以下几个方面：

一是继承了自《尚书》《论语》《墨子》《管子》以来的帝王、圣人受命说，视"河图""洛书"为帝王、圣人秉承天命的祥瑞。徐兴无指出：

> 接受《河图》《洛书》的圣王除了黄帝时的仓颉和尧时的皋陶之外，都是统有天下的圣人或帝王。①

可以说，《纬书》中绝大部分关于"河图""洛书"的内容，是关于五帝、三代等帝王应天命得"河图""洛书"中所呈现的祥瑞的。

二是"河图""洛书"的传授方式和内容说法不一。如《河图·挺佐辅》：

> 黄帝告天老曰："余昔梦两龙以白图授予。"天老曰："河有河图，洛有龟书，天其授帝图乎？"帝乃斋往河洛，有大鱼溯流而泛

---

① 徐兴无：《谶纬文化与汉代文化构建》，中华书局2003年版，第271页。

白图，帝跪受……

天授元始建帝号，黄龙负图，鳞甲成字，从河中出，付黄帝。令侍臣写，以示天下。①

如《龙鱼河图》：

帝伐蚩尤，乃睡梦西王母遣道人，被玄狐之裘，以符授之曰："太乙在前，天乙备后，河出符信，战则剋矣。"黄帝寤，思其符，不能悉窗，以告风后、力牧。曰："此兵应也，战必自胜。"力牧与黄帝俱到盛水之侧，立坛，祭以太牢。有玄龟衔符出水中，置坛而去。黄帝再拜稽首，受符视之，乃梦所得符也。②

如《尚书中候》：

帝尧即政，荣光出河，休气四塞。龙马衔甲，赤文绿色。甲似龟背，五色，有列星之分，斗政之度，帝王录纪，兴亡之数。③

如《洛书·灵准听》：

汤臂有四肘，在亳能修其德，东至于洛，观帝尧之坛，沉璧退立。黄鱼双跃，黑鸟随于止于坛，化为黑玉，又有黑龟，并赤文成字，言："夏桀无道，汤当代之。"④

---

① ［日］安居香山、中村璋八辑：《纬书集成》，河北人民出版社1994年版，第1109页。
② ［日］安居香山、中村璋八辑：《纬书集成》，河北人民出版社1994年版，第1150—1151页。
③ ［日］安居香山、中村璋八辑：《纬书集成》，河北人民出版社1994年版，第402页。
④ ［日］安居香山、中村璋八辑：《纬书集成》，河北人民出版社1994年版，第1258页。

这说明纬书的创制者当是一个庞大的群体，其创制纬书的目的也不尽相同。

三是受《系辞》的影响，认为伏羲受河图的影响画八卦。如《龙鱼河图》：

> 伏羲氏王天下，有神龙负图出于黄河。法而效之，始画八卦，推阴阳之道，知吉凶所在，谓之河图。①

通过以上分析，似乎很难证明汉人知五十五数之河图、四十五数之洛书。但笔者以为，这是由三个方面的原因造成的，一是"河图""洛书"从它产生的意义上看，本身就是一种符命说，它正好迎合了两汉之际改朝换代的政治需求，故造作新的符命是其重点内容，而不会关心"河图""洛书"的原始内容；二是"河图""洛书"中的两种数字的图式皆已固定化，对于纬书制作者来说，这种固定化的数字并不一定适应新的符命；三是易学本身就是专门之学，《系辞》中本身对"河图""洛书"之数也说得比较含蓄，易学之外的人士很难获知"河图""洛书"的秘密。

但仍有文献可以证明汉人其实对"河图""洛书"之图式是知道的。《易纬·河图数》：

> 一与六共宗，二与七同道，三与八为明，四与九为期，五与十同宗。东方、南方生长之地，故其为少阳，八为少阴。西方、北方成熟之方，故九为老阳，六为老阴。②

---

① ［日］安居香山、中村璋八辑：《纬书集成》，河北人民出版社 1994 年版，第 1149 页。
② ［日］安居香山、中村璋八辑：《纬书集成》，河北人民出版社 1994 年版，第 330 页。

其中"一与六共宗，二与七同道，三与八为朋，四与九为期，五与十同宗"一句，又见于扬雄《太玄图》，文字大同小异，但论述的图式有差异，难以辨别孰先孰后，当皆是两汉之际的产物。此处《易纬·河图数》所说的图式，正是《管子·幼官图》的图式，也即是河图的图式。此外，《易纬·河图数》：

> 龟取生数，一三五七九。筮取成数，二四六八十。①

说的仍是河图之数。推原汉代假托"河图""洛书"之名进行符命的造作，则关于"河图""洛书"之数，必当有人研究。但两汉时期的纬书在后来流传的过程中大都散佚了，否则关于"河图""洛书"之数的记载，应该能见到更多。

再说洛书。《易纬·乾凿度卷上》：

> 阳动而进，阴动而退，故阳以七，阴以八为象，易一阴一阳，合而为十五，之谓道。阳变七之九，阴变八之六，亦合于十五，则象变之数若之一也。五音六律七变，由此作焉。故大衍之数五十，所以成变化而行鬼神也。②

《易纬·乾凿度卷下》：

> 阳动而进，阴动而退，故阳以七，阴以八为象，易一阴一阳，合而为十五，之谓道。阳变七之九，阴变八之六，亦合于十五，则象变之数若一。（阳动而进，变七之九，象其气之息也。阴动而

---

① ［日］安居香山、中村璋八辑：《纬书集成》，河北人民出版社1994年版，第330页。
② ［日］安居香山、中村璋八辑：《纬书集成》，河北人民出版社1994年版，第13—14页。

退，变八之六，象其气之消也。①）故太一取其数，以行九宫，四正四维，皆合于十五。五音六律七宿，由此作焉。……大衍之数必五十，以成变化而行鬼神也。②

这两处文字，所讲的内容是一件事，就是太一行九宫图，是五音六律七宿③——大衍之数的根源，其论证方式正是以四正四维三个数之和都是十五，与四象之数之变相合，与大衍之数五十相谐。就汉代接受"河图""洛书"为易卦之源的思想来看，能够作为大衍之数之源的，当然只有洛书了。此外还有《春秋·考异邮》：

阳立于五，极于九，五九四十五日，且变以阴合阳。故八卦主八风，距同各四十五日。艮为条风，震为明庶风，巽为清明风，离为景风，坤为凉风，兑为阊阖风，乾为不周风，坎为广莫风。④

其构建的九宫八风八卦的图式，即是《灵枢经·九宫八风》中的图式在汉代的流传，也是本源于洛书。

可见，尽管两汉时期，"河图""洛书"说主要为造作符命、改朝换代服务，但已经有以五十五数为河图、以四十五数为洛书的说法；就易学本身来看，学者仍执着于"河图""洛书"之数对大衍之数的证明。乃至扬雄在模拟《周易》作《太玄》时，从弥合"河图""洛书"之数的角度，提出了数字为五十的宇宙新图式，以之与《易经》大衍之数相统一，并作为《太玄》产生的根源。《太玄数》：

---

① 案，此处当为郑玄注误入正文。

② ［日］安居香山、中村璋八辑：《纬书集成》，河北人民出版社1994年版，第31—34页。

③ 《易纬·乾凿度卷下》："十日者，五音也；辰十二者，六律也；星二十八者，七宿也，凡五十，所以大阂物而出之者。"

④ ［日］安居香山、中村璋八辑：《纬书集成》，河北人民出版社1994年版，第786页。

三八为木，为东方，为春……四九为金，为西方，为秋……
二七为火，为南方，为夏……一六为水，为北方，为冬……五五为
土，为中央，为四维。①

对于中央土行之数，从《管子·幼官图》以来一直以“五”“十”与之
相配，扬雄却以“五”“五”之数配之，这或与其以一至九个数构建
《太玄》八十一首的体系有关，但其根本的目的，则是为了解决西汉易
学一直未论证完美的大衍之数五十的问题。

结　　语

总之，“河图”作为商周之际出现的一种祥瑞说，其本质就是一种
“君权神授”的天命思想。当春秋战国之际，面对礼崩乐坏、天下无道
的社会局面，孔子对河不出图的哀叹、墨子对河图的期盼，无不蕴含着
他们对再造王道政治的期盼；战国中晚期，面对着天下逐渐由分而合的
大势，稷下道家中的管子学派在撰集管仲治国理政学说的过程中，吸收
了当时天文历法、四时五行学说的成果，构建了全新的宇宙图式，以
一至十个数为内容的数字图式，是其重要内容之一。就《管子》中对
“河图”“洛书”的记述来看，当被人们视为河图。洛书图式的构建，就
《大戴礼记·明堂》《灵枢经·九宫八风》篇的记载来看，也当在战国中
晚期，而洛书中一至九个数为内容的数字图式的天道意义，与河图完全
不同。战国时期构建的两种数字化的宇宙图式，《系辞》作者出于论证
大衍之数和筮法神圣性的目的，将其视为“河图”“洛书”并引入了易
学的体系，这由《系辞》中两次对大衍筮法的阐释可以证明。关于汉
代学者“河图”“洛书”的认识，就《纬书》记载的情况来看，主要利

---

① （汉）扬雄撰，郑万耕点校：《太玄校释》，中华书局2014年版，第287—289页。

用"河图""洛书"的帝王受命说，为两汉之际改朝换代的政治服务；但《纬书》中仍保留了五十五数为河图之说以及四十五数为洛书之说，并继续以之论证大衍之数为五十。直到扬雄模拟《周易》创作《太玄》，以直接改易中央土行之数的方式构建了五十之数的宇宙图式，从而实现了与大衍之数五十完全相合。

"河图""洛书"，虽不是易卦之源，但其对于《易经》之数的构建，乃至宋代出现的易学图书学派，无疑都具有积极的意义。

作者单位：山东科技大学

《葬书》托名郭璞补证及其文化阐释*

范春义

摘要：作为郭璞研究基本文献的《晋书》没有收录《葬书》，这是《葬书》假托的重要证据。其记载证明郭璞主要运用占术进行预测，与《葬书》技术不合。其善占是附会的基本因素，其附会还受传统文化观念的影响。

关键词：《葬书》 郭璞 易占

《葬书》托名郭璞学界已经有充分探讨，但仍有可补充的空间。对于假托郭璞，背后以深厚的传统文化做支撑，作为一种文化现象值得深入探讨。在此抛砖引玉，期望讨论走向深入。

一、关键记载的缺环：郭璞著述述略

郭璞著述丰富，为我们留下了丰富的文化遗产。其著述情况为郭璞研究者所关注。笔者目力所及，陆侃如先生《中古文学系年》考证精审全面，兹将文字移录如下：

---

* 本文系 2010 年国家社科基金青年项目"旧题郭璞《葬书》研究"（项目编号：10CZJ014）的结项成果。

本传又说：璞撰前后筮验六十余事，名为《洞林》。又抄京、费诸家要最，更撰《新林》十篇、《卜韵》一篇。注释《尔雅》，别为《音义》《图谱》。又注《三苍》《方言》《穆天子传》《山海经》及《楚辞》《子虚》《上林赋》数十万言，皆传于世。所作诗、赋、诔、颂，亦数万言。

《隋书》卷三十二《经籍志》一："《毛诗拾遗》一卷，郭璞撰。梁又有《毛诗略》四卷，亡……《尔雅》五卷，郭璞注……梁有《尔雅音》二卷，孙炎、郭璞撰。《尔雅图》十卷，郭璞撰。梁有《尔雅图赞》二卷，郭璞撰，亡……《方言》十三卷，汉扬雄撰，郭璞注……《三苍》三卷，郭璞注。秦相李斯作《苍颉篇》，汉扬雄作《训纂篇》，后汉郎中贾鲂作《滂喜篇》，故曰《三苍》。"又卷三十三《经籍志》二："《穆天子传》六卷，汲冢书，郭璞注……《山海经》二十三卷，郭璞注。《水经》三卷，郭璞注……《山海经图赞》二卷，郭璞注。"又卷三十四《经籍志》三："《周易新林》四卷，郭璞撰……《周易新林》九卷，郭璞撰。梁有《周易林》五卷，郭璞撰，亡。《易洞林》三卷，郭璞撰……《易立成林》二卷，郭氏撰……《易八卦命录斗内图》一卷，郭璞撰。《易斗图》一卷，郭璞撰。"又卷三十五《经籍志》四："《楚辞》三卷，郭璞注……晋弘农太守《郭璞集》十七卷，梁十卷，录一卷……梁有郭璞注《子虚、上林赋》一卷……亡。"

严可均《全晋文》卷一百二十至二十三载二十三篇，除已见上文者外，还有《巫咸山赋》《盐池赋》《井赋》《登百尺楼赋》《蜜蜂赋》《蚍蜉赋》《龟赋》及《谏禁荻地疏》（以上卷一百二十），《奏事》《奏请平刑》《尔雅叙》《方言叙》及《注山海经叙》（以上卷一百二十一），附《尔雅图赞》四十八条（卷一百二十一）及《山海经图赞》上下二卷（卷一百二十二及三）。丁福保《全晋诗》卷五载二十二篇，除已见前者外，还有《答贾九州愁诗》《答王门子》

《游仙诗》十四首、《无题》及《失题》三首。

此外，丁国钧《补〈晋书·艺文志〉》卷一著录《夏小正注》，卷二著录《汉书注》《汉书音义》及《山海经音》二卷，卷三著录《易脑》一卷及《十韵》一篇，卷四著录《五都赋》五卷并录，《补遗》著录《江赋注》，附录著录《周易髓》十卷、《周易括地林》一卷、《周易穿地林》一卷、《周易窍书》三卷、《葬经》一卷、《拨沙成明经》一卷、《青囊经》一卷、《元堂品诀》三卷、《八仙山水经》一卷、《青囊补注》一卷、《续葬经》一卷、《三命通照神白经》三卷、《周易玄义经》一卷及《玄经》十卷。

文廷式《补〈晋书·艺文志〉》卷四著录《老子经注》《郭璞谶》《星经》一卷、《葬书》一卷、《周易鬼御算》《周易逆刺》一卷、《易鉴》一卷、《八五经》一卷、《地理碎金式》一卷、《锦囊经》一卷、《周易察微经》及《玉照定真经》一卷，卷五著录《玄中记》。

秦荣光《补〈晋书·艺文志〉》卷二著录《临安志》，卷三著录《易林》一卷、《晋灾异簿》二卷、《狐首经》一卷、《龟目神书》一篇及《山海图经》十卷。吴士鉴《补晋书经籍志》卷三著录《老子道德简要义》五卷、《易通统卦验元图》一卷及《易新图序》一卷。黄逢元《补晋书艺文志》卷四著录《郭璞奏》。《隋志》所载已多伪托，这些更不可靠了。①

陆先生将历代关于郭璞著述胪列无遗，尤其注意到《隋志》所载已多伪托，后来更不可靠，确为研究郭璞者所当重视。笔者核对诸家著录，发现后来伪托之文字主要来自《宋史·艺文志》以及后代风水书籍目录，如《山西通志》卷一百七十五以及《闻喜县志·艺文志》均注录

---

① 陆侃如：《中古文学系年》下，安徽教育出版社、时代出版传媒股份有限公司2011年版，第741—743页。

大量的所谓郭璞著作，均是不别真伪，贪多求全所致。

二、无风不起浪：郭璞其人及其数术活动

郭璞是中国学术史上的杰出人物，《辞海》收录其简介："郭璞（276—324），东晋文学家，训诂学家。字景纯，河东闻喜（今属山西）人。博学，好古文奇字，又喜阴阳卜筮之术。东晋初为著作佐郎，后王敦任为纪室参军。敦欲谋反，命其卜筮，璞谓其必败，为敦所杀。王敦卒，追赠弘农太守。擅长诗赋。所作《游仙诗》，通过对神仙境界的追求，表现优生避祸的心情。所作《江赋》颇著名。所著《尔雅注》《尔雅音》《尔雅图》《尔雅图赞》，集《尔雅》学之大成。今存《尔雅注》三卷，刊入《十三经注疏》中。又有《方言注》，以晋代语词解释古语，可考见汉、晋语言的流变。另有《山海经注》《穆天子传注》，原集已佚。今传《郭弘农集》，系明人所辑。"[①] 上述郭璞著作是文学界、语言学界的关注对象。在民间的关注热点不在其上述文化贡献，而在于其数术成就及风水大师的身份。这种身份的获得，与郭璞本人的行迹以及文献的叙述神化有直接的关系。可以说，郭璞风水大师身份的获得，是历代累积共同想象和建构的结果。

郭璞本人的数术资料，其最可靠者当为《晋书》郭璞本传记载，以及《晋书》旁涉材料。在其本传以及同时期的文献记载当中，就记叙了数件预测的事情。在严格意义上的学术研究中，仅有其易学或个别风水材料得到关注，绝大多数数术材料仅仅作为模糊的学术背景而存在。为了清晰展现郭璞的数术活动，兹将相关材料综合整理，以见其术数学原貌。

郭璞本人通晓多种预测技术，这也是多数术士为了谋生而必须掌握

---

① 夏征农、陈至立主编：《辞海》，上海辞书出版社 2009 年版，第 794 页。

的基本技能。社会上对预测技术有多种需求，术士只有"一专多能"，才能适应社会需要。其数术的授受传统充分说明这一点："有郭公者，客居河东，精于卜筮，璞从之受业。公以《青囊中书》九卷与之，由是遂洞五行、天文、卜筮之术，禳灾转祸，通致无方。虽京房、管辂不能过也。"① 可见其师郭公数术技术之丰富，郭璞掌握多种预测技术，自在情理之中。

这些预测从技术角度而言，可以分为占卜、谶言、相面术、星占书、巫术、望气、拆字等多种。谶言类记载三条：（一）《晋书》卷七记载晋成帝有病，"中书令庾冰自以舅氏当朝，权侔人主，恐异世之后，戚属将疏，乃言国有强敌，宜立长君，遂以帝为嗣。制度年号，再兴中朝，因改元曰建元。或谓冰曰：'郭璞谶云"立始之际丘山倾"，立者，建也；始者，元也；丘山，讳也。'冰瞿然，既而叹曰：'如有吉凶，岂改易所能救乎？'至是果验云。"② （二）《晋书》卷九八："初，元明世，郭璞为谶曰：'君非无嗣，兄弟代禅。'谓成帝有子，而以国祚传弟。又曰：'有人姓李，儿专征战。譬如车轴，脱在一面。'"③ （三）《北史》卷三六记载薛道衡曰："凡论大事成败，先须以至理断之。《禹贡》所载九州，本是王者封域。郭璞有云：'江东偏王三百年，还与中国合。'④ 今数将满矣。以运数而言，其必克一也。有德者昌，无德者亡，自古兴灭，皆由此道。"⑤

———————————

① （唐）房玄龄等：《晋书》卷七十二《郭璞传》，中华书局1974年版，第1899页。

② （唐）房玄龄等：《晋书》卷七《帝纪第七·康帝》，中华书局1974年版，第187页。

③ （唐）房玄龄等：《晋书》卷九十八《桓温传》，中华书局1974年版，第2577页。

④ 郭璞类似谶言，后代多有流传。郑方坤在《全闽诗话》中，将这些地谶进行辨伪。四库馆臣提要："《全闽诗话十二卷》，国朝郑方坤编，方坤有《经稗》已著录。是编皆荟萃闽人诗话及他诗之有关于闽者。闽士著名始于唐初薛令之，盛于欧阳詹，故六朝以上惟载郭璞、谢朓、到溉、江淹四人，而郭璞地谶尚以其全作七言律体，辨其出于依托，颇为谨严。唐以后则彬彬矣。凡六朝唐五代一卷宋元五卷明三卷。"另《月河所闻集》一卷。宋莫君陈撰。陈湖州人，其始末未详。书中载郭璞钱塘谶，则似在南渡之初。

⑤ （唐）李延寿：《北史》卷三十六《薛道衡传》，中华书局1974年版，第1338页。

这些谶言中，第二条是针对具体事件的寓言，第一、三条是他人引用郭璞谶言来验证事实，这些预言后来统统应验。

相面类、星占类、望气类、拆字之类记录不多，各有一条。相面类见于《晋书》卷九："简文皇帝讳昱，字道万，元帝之少子也。幼而岐嶷，为元帝所爱。郭璞见而谓人曰：'兴晋祚者，必此人也。'"① 星占类见于《晋书》卷十二："元帝太兴二年十一月辛巳，月犯荧惑。占曰：'有乱臣。'三年十二月己未，太白入月，在斗。郭璞曰：'月属《坎》，阴府法象也。太白金行而犯之，天意若曰，刑理失中，自毁其法。'"② 望气类见于本传："其后日有黑气，璞复上疏曰：'宜恭承灵谴，敬天之怒，施沛然之恩，谐玄同之化，上所以允塞天意，下所以弭息群谤。'"③ 具体措施就是赦免天下。因郭璞占验有准，其星占术受到重视。其本传记载："明帝即位逾年，未改号，而荧惑守房。璞时休归，帝乃遣使赍手诏问璞。会暨阳县复上言曰：'赤乌见。'璞乃上疏请改年，肆赦。"④ 可见郭璞受到重视。拆字术见于《南齐书》卷五，史臣曰："郭璞称永昌之名，有二日之象，而隆昌之号亦同焉。"⑤ 于是建议改元。这是拿郭璞的话头作引子，阐述"丧乱之轨迹，虽千载而必同矣"的道理。

巫术作法类记载共计三条：一是施展法术让赵固爱马死而复生。刘渊将领赵固战马死后，请教郭璞该如何处理。郭璞要他派几十个人拿竹竿向东行30里，搅打林草。这些人按此办理，得到了一只像猿一类的动物，这个猿形动物在死马头上嘘吸了一口气，死马复活，跟生前一样，众人皆以郭璞为神。二是指导王导用柏枝代替自己遭受雷击而免灾。宰相王导让郭璞给自己卜卦，卦象凶。他对王导说最近要遭遇

① （唐）房玄龄等：《晋书》卷九《帝纪第九·简文帝》，中华书局1974年版，第219页。
② （唐）房玄龄等：《晋书》卷十二《天文中》，中华书局1974年版，第347页。
③ （唐）房玄龄等：《晋书》卷十二《天文中》，中华书局1974年版，第347页。
④ （唐）房玄龄等：《晋书》卷七十二《郭璞传》，中华书局1974年版，第1909页。
⑤ （南朝梁）萧子显：《南齐书》卷五《海陵王本纪》，中华书局1972年版，第80页。

雷击，王导问避免办法。郭璞说：叫人"西行数里，见一柏树，截取一段，长度和您身高一般，放在您的床上，即可消灾"。王导按郭璞说的去做了，果然，几天后，雷电将王导床上的柏树击得粉碎。三是自己在厕所作法被桓彝撞见，给二人带来杀身之祸。本传载："璞素与桓彝友善，彝每造之，或值璞在妇间，便入。璞曰：'卿来，他处自可径前，但不可厕上相寻耳。必客主有殃。'彝后因醉诣璞，正逢在厕，掩而观之，见璞裸身被发，衔刀设醊。璞见彝，抚心大惊曰：'吾每属卿勿来，反更如是！非但祸吾，卿亦不免矣。天实为之，将以谁咎！'璞终婴王敦之祸，彝亦死苏峻之难。"① 在郭璞传中，多有其后来死于非命的暗示，这是其一。

在所有预测技术中，郭璞用得最多的还是卜筮，并获得时人很高评价。《晋书》卷七六云："时琅邪郡又献甘露，陛下命臣尝之。又骠骑将军导向臣说晋陵有金铎之瑞，郭璞云必致中兴。璞之爻筮，虽京房、管辂不过也。明天之历数在陛下矣。"② 其本传开头就记载西晋惠怀之际，河东地区先发生动乱扰。郭璞占筮，预测到天下大变："黔黎将湮于异类，桑梓其翦为龙荒乎！"③ 于是暗地里结交姻亲和很多家庭建立关系，打算到东南地区避难。他对自己的卜筮技术比较自信，曾主动给别人占卜。《晋书》卷八八记载，郭璞曾经遇到颜含，想给他卜筮。颜含不信，拒绝了郭璞，认为："年在天，位在人，修己而天不与者，命也；守道而人不知者，性也。自有性命，无劳蓍龟。"④ 而且教授他外孙杜不愆占卜。《晋书》卷九五记载："杜不愆，庐江人也。少就外祖郭璞学《易》卜。屡有验。"⑤

---

① （唐）房玄龄等：《晋书》卷七十二《郭璞传》，中华书局1974年版，第1909页。
② （唐）房玄龄等：《晋书》卷七十六《王廙传》，中华书局1974年版，第2003页。
③ （唐）房玄龄等：《晋书》卷七十二《郭璞传》，中华书局1974年版，第1899页。
④ （唐）房玄龄等：《晋书》卷八十八《孝友传》，中华书局1974年版，第2287页。
⑤ （唐）房玄龄等：《晋书》卷九十五《艺术传》，中华书局1974年版，第2479页。

在占卜内容上面，职业以及命运是其预测的重要内容。占卜职业如《晋书》卷八零给许迈占卜："未弱冠，尝造郭璞，璞为之筮，遇《泰》之《大畜》，其上六爻发。璞谓曰：'君元吉自天，宜学升遐之道。'"① 正如郭璞所占，后来许迈成为著名的道士。占卜命运记载共有三条。（一）《晋书》卷六五："初，导渡淮，使郭璞筮之，卦成，璞曰：'吉，无不利。淮水绝，王氏灭。'其后子孙繁衍，竟如璞言。"② 这条记载与《南史》卷二四记载占评论占卜王导家世之事正好吻合。（二）《晋书》卷七三记载郭璞给占庾冰卜其子孙命运，占卜结果认为有大祸，不过选择带"阳"字的居住地名就可以禳灾："初，慕容厉围梁父，断涧水，太山太守诸葛攸奔邹山，鲁、高平等数郡皆没，希坐免官。顷之，征为护军将军。希怒，固辞。希初免时，多盗北府军资，温讽有司劾之，复以罪免，遂客于晋陵之暨阳。初，郭璞筮冰云：'子孙必有大祸，唯用三阳可以有后。'故希求镇山阳，友为东阳，家于暨阳。"③（三）《晋书》卷九三给庾亮占卜："初，衰总角诣庾亮，亮使郭璞筮之。卦成，璞骇然，亮曰：'有不祥乎？'璞曰：'此非人臣卦，不知此年少何以乃表斯祥？二十年外，吾言方验。'"④

除了给自己占卜到东南避难外，有多次占卜与自己命运有关。《晋书》卷七四记载他为桓彝占卜，卦象大凶，郭璞用手坏之，桓彝问其原因。郭璞回答说："卦与吾同。丈夫当此非命，如何！"⑤ 最后结果应验。《晋书》卷九五记载为卜珝占卜，卜珝为匈奴后部人，年少也喜欢《周易》，郭璞感叹自愧弗如，但是不免兵厄之灾。卜珝自己承认自己在四十一岁时有大厄，且位为卿将，应当受祸。即便不受祸，也会被猛兽

① （唐）房玄龄等：《晋书》卷八十《许迈传》，中华书局1974年版，第2106页。
② （唐）房玄龄等：《晋书》卷六十五《王导传附王荟传》，中华书局1974年版，第1760页。
③ （唐）房玄龄等：《晋书》卷七十三《庾亮传附庾冰传》，中华书局1974年版，第1930页。
④ （唐）房玄龄等：《晋书》卷九十三《外戚传》，中华书局1974年版，第2415页。
⑤ （唐）房玄龄等：《晋书》卷七十四《桓彝传》，中华书局1974年版，第1941页。

所害。但是他也预见郭璞不会善终。郭璞自己也说："吾祸在江南，甚营之，未见免兆。"①后来果如《魏书》卷九六记载："（王敦）使术士郭璞筮之，卦成，对曰：'不能佳。'敦既疑璞劝亮、峤等举事，又闻卦恶，于是杀璞。"②

占卜预测当中，与地理墓地有关的有六条：（一）《晋书·郭璞传》记载：司马睿镇守建邺时，王导请郭卜地，得咸卦之井卦，郭璞据此断言，东北方向带有"武"名的郡县，可得铜斧，西南方带有"阳"名的郡县井水会沸腾。后来，武进县的田中果然发现了五枚铜铎，历阳县的井水沸腾了一天。司马睿为晋王时，又让郭璞卜地，遇豫卦之睽卦，于是说会稽的井口将得钟，上有勒铭，意即大功告成，待司马睿即位时，果然在会稽剡县井口得到一钟。这是通过占卜预测某地有某物。（二）作法让胡孟康太守卖婢女。这一事例非常富有传奇色彩，但其隐含的推论前提是人与庭院是否相配的问题，这是阳宅风水关注的重要问题。同样的庭院，不同的人住可能会有不同的后果，所以胡孟康才答应了郭璞的建议。（三）《晋书》卷十："始，元帝以丁丑岁称晋王，置宗庙，使郭璞筮之，云'享二百年。'自丁丑至禅代之岁，年在庚申，为一百四岁。然丁丑始系西晋，庚申终入宋年，所余惟一百有二岁耳。璞盖以百二之期促，故婉而倒之为二百也。"③这是占卜宗庙命祚长短，类似问题《左传》已有记载。（四）《南史》卷三一记载为张裕曾祖父张澄葬父，郭璞为占墓地，曰："葬某处，年过百岁，位至三司，而子孙不蕃。某处年几减半，位裁卿校，而累世贵显。"④张澄选择葬在劣处，结果位至光禄大夫，年六十四而亡，其子孙后代昌盛。从这些叙述看出郭璞葬术受到时人承认，当时的人也真的相信风水确实灵验。

---

① （唐）房玄龄等：《晋书》卷九十五《艺术传》，中华书局1974年版，第2481页。
② （北齐）魏收：《魏书》卷九十六《司马绍传》，中华书局1974年版，第2096页。
③ （唐）房玄龄等：《晋书》卷十《帝纪第十·恭帝》，中华书局1974年版，第270页。
④ "暨阳葬母"及"葬龙耳致天子问"二事见下文。

综上所述，可以看出郭璞确实是当时最为出名的术士，掌握多种预测技术，而易占则是主要的占卜手段，包括用其来占墓，这成为《葬书》假托郭璞的核心基因。虽然"缙绅多笑之"，但对其本人命运以及当时的政治生活发挥着重要影响。

三、假托原因拟测及认识

那么，为什么假托郭璞呢？古籍假托，源远流长，或托古人以自重，或托名人、圣人以自广，数术类情况尤为严重。胡应麟《四部正讹》指出："凡四部书之伪者，子为盛，经次之，史又次之，集差寡。凡经之伪，《易》为盛，《纬侯》次之。凡史之伪，杂传记为盛，璅说次之。凡子之伪，道为盛，兵及诸家次之。凡集，全伪者寡，而单篇别什借名窜匿甚众。于别编详之。"[1] 而术家假托郭璞类人物，也已被广泛认可，四库馆臣在《绘事微言》中指出："盖技艺之流，多喜依托古人以神其授受，地师动称郭璞，术家每署刘基。皆踵谬沿讹，猝难究诘。"[2]

《葬书》假托郭璞，有三个原因。第一，郭璞本人就是一位高级术士，通过《晋书》本传的渲染，已经神乎其神。较之樗里子、管辂的记载，更加细致生动。尤其"暨阳葬母""葬龙耳"二事俱为择墓之属，所以择墓著作冠以郭名正合其人其事。后代人也是通过这两件事认识郭璞的。晁公武说："按璞《传》载葬母事世传，盖不诬矣。"可以看出二者之间的因果关系。可以说郭璞之预测叙述，是后人附会郭璞数术创作的基础。第二，郭璞被后人高度神秘化。早在郭璞同时，葛洪已将郭璞写入《神仙传》[3]，使其更加富有神秘色彩，而著者的神秘性正是数术类

---

① （宋）胡应麟：《少室山房笔丛》，中华书局1958年版，第423页。

② （明）唐志契著，张曼华校注：《绘事微言》，山东画报出版社2015年版，第122页。

③ （晋）葛洪：《神仙传》，（宋）李昉《太平广记》，中华书局1960年版，第94页。《太平广记》卷十三引《神仙传》："郭璞字景纯，河东人也。周识博闻，有出世之道鉴。天文地

书籍所需要的。第三，在北宋，郭璞在数术界的地位有了很大提高。据《宋史》卷一百零五记载："大观三年，礼部、太常寺请以文宣王为先师，兖、邹、荆三国公配享，十哲从祀；自昔著名算数者画像两庑，请加赐五等爵，随所封以定其服。于是中书舍人张邦昌定算学：……晋郭璞闻喜伯……寻诏以黄帝为先师。"① 宋徽宗崇信道教，大封道教人物，郭璞被列入第二等，封闻喜伯，正式进入国家祀典的阵容，郭璞的权威性自然得到了加强。

风水术士推郭璞为始祖，既可使风水的地位提高，获取风水在上层知识界的信仰认同，又可满足普通人渴求智者的心理愿望。正如何晓昕所言："制造出郭璞的神秘受师途径，也确实高明。使得从神话传说到郭璞这一巨大的时间与空间间隔得以填平。风水术士一方面有了一位神通广大的真实人物作为祖师爷，另一方面，这位祖师爷的神秘受学途径又使其与神话传说中的神圣人物相关联，产生出一圈神圣的光环。"② 对于假托现象，李零先生认识非常深刻，他说："它并不等于后世辨伪学家所说的'伪造'，而是各种实用书籍追溯其职业传统的一种特殊表达，就像木匠要自称是出于'鲁班门下'。古代的实用知识是学科而不是学派。他们不像诸子之书可以追溯其'家法'于某个实在人物，但这些学科总和一定的技术发明有关。而这些技术发明都相当古老，要远超出文字所能覆盖的历史范围，所以古人总是把这些技术发明推源于某个传说人物，把它当作其技术传统所出的宗师。"③ 李零结论确实抓住了关键。事实上拉大旗作虎皮该是重要原初动因。《淮南子·修务训》云："世俗之人，多尊古而贱今，故为道者，必托之于神农、黄帝而后能入说。"④

理，龟书龙图，爻象谶纬，安墓卜宅，莫不穷微，善测人之情状。"

① （元）脱脱等：《宋史》，中华书局 1977 年版，第 2551 页。

② 何晓昕、罗隽：《中国风水史》（增补版），九州出版社 2008 年版，第 87 页。

③ 李零：《中国方术考》，东方出版社 2000 年版，第 28 页。

④ 何宁：《淮南子集释》，中华书局 1998 年版，第 1355 页。

《葬书》假托郭璞，正是术士的惯例。

而在《葬书》问世后，进一步扩大了郭璞的影响，反过来强化了郭璞创作《葬书》的认知。在后来的地方志以及风水杂录文献中多有郭璞择地记载，较为集中的是关于温州城和福州城的传说，这也是今天"科学派"研究者宣扬郭璞风水的重要依据。为温州城选址，弘治《温州府志》记载："郭璞初谋城于江北，今有地名新城，取土称之，江北土轻。乃过江，登西北一峰今名郭公山，见数峰错立，状如北斗，故名斗城。内则联络海坛、华盖、积谷、松台、郭公山如斗魁，而华盖山锁斗口；外则巽吉、黄土、仁王、灵官如斗柄，而灵官又为辅星，以象天之北斗。"① 弘治《温州府志》又说："华盖山又名东山，在郡东偏，城附其上，周回九里。初，郭璞建城，望九山连亘如北斗状，此山居中，锁其斗口。"② 据胡珠生先生研究，郭璞卜城有关记载多达九次："卷一《形胜》据《旧郡志》及《一统志》叙'郭璞登山相地'之语，据《旧志》叙'晋郭景纯迁（瑞安）县治'之缘由，同卷《城池》叙'郭璞初谋城于江北'。卷二《公署》叙瑞安县治'晋太宁间用郭景纯卜，迁于邵屿'。卷三《山》有'郭公山，又名郭公峰'，据《绍熙旧谱》叙'郭璞初欲于白石黄塘建县治。'卷六《邑里》乐清三都有郭路村（郭璞路过此地得名）。卷15《古迹》新城云：'郭璞初谋城于此。'卷16《祠庙》郭记室祠云：'晋郭璞字景纯，卜城有功于民，立祠。……'又有郭仙庵。'"③ 弘治《温州府志》的记载被后来乾隆年修纂的《浙江通志》所袭用，叙述或稍有出入，但不影响民众对郭璞的信仰。

再如为福建城址的论述：《地理新书》"福州城"条《闽中记》："福

---

① （明）王瓒、蔡芳编，胡珠生校注：《弘治温州府志》，上海社会科学院出版社2006年版，第9页。

② （明）王瓒、蔡芳编，胡珠生校注：《弘治温州府志》，上海社会科学院出版社2006年版，第34页。

③ 胡珠生：《论弘治〈温州府志〉》，《胡珠生集》，黄山书社2008年版，第547—548页。

州城在越王古城南二百五十步，因山阜置，晋太守严高所筑。高初在白田渡所筑城向巳，毕工，嫌地形面势不顺，遂图画山形送郭璞。璞令取此处，且言五百年后益盛矣。"[1] 后来《闽中摭闻》引说晋郭璞《迁州记》有铭云："泰康之载，迁卜瓯基四色，牢城层峦，三迳洪浒，南流瑞龙，西应其主，螺友对现，花峰千载……其城形状如龙如凤，势气其城形状如龙如凤，势气盘孥，遇兵不掠，遇荒不饥，逢灾不染，六十甲子满，废而复用。"又郭璞《迁城记》里描述福州市云："左旗右鼓，全闽二绝。旗山在洪塘山之西，山巅欹侧，其形如旗。鼓山屹立海滨……"推测郭璞曾在福建一带有过多次卜城活动。[2] 又《地理新书》"上虞井"条："越州上虞县境有焦家井，旧《图经》云：昔郭璞卜地，穿井，泉甘如乳。"[3] 可见郭璞相地传说不止一处，这些传说进一步强化了郭璞创作《葬书》的印象。

这一神化过程仍在继续，为了推重郭璞风水，有的研究者无视基本史实，不断构造新的神化。2010 年 11 月 4 日，《温州都市报》刊登《温州文化藏有不少"金蛋"》的文章，该文说"东晋时，温州设永嘉郡，首任太守是著名学者郭璞"，是在承认郭璞温州择地的前提下，为地方文化增彩。[4]

作者单位：江苏师范大学

---

① 金身佳：《地理新书校理》，湘潭大学出版社 2012 年版，第 258 页。

② 何晓、罗隽：《中国风水史》（增补版），九州出版社 2008 年版，第 86 页。

③ 金身佳：《地理新书校理》，湘潭大学出版社 2012 年版，第 257 页。

④ 沈洪保撰文《传说不可擅自换成史实》进行批评，《温州读书报》2011 年第 3 期，总 166 期。

宋代易书考（一）

顾宏义

摘要：《易》作为群经之首，在宋代思想文化史上的地位极为重要，宋人对其进行注疏、阐释与发挥的著述文献也大量涌现，远过前代。由于年代久远，宋人《易》书多有残佚，其传世者也不乏错乱、窜伪者。本文拟通过对宋代《易》学文献进行逐人逐书的整体考辨，以廓清相关记载的讹缺。

关键词：宋代　易学　易书　文献

大 衍 义

李觉撰。

《通志》卷六三《艺文略一》著录李觉《大衍义》一卷。案：佚。

李觉（948—993），字仲明，青州益都（今山东青州）人。太平兴国五年（980）举九经，累迁秘书丞。"太宗以孔颖达《五经正义》刊板，诏孔维与觉等校定。……迁国子博士。端拱元年（988）春，初令学官讲说，觉首领焉。太宗幸国子监，谒文宣王毕，升辇将出西门，顾见讲坐，左右言觉方聚徒讲书。上即召觉，令对御讲。觉曰：'陛下六龙在御，臣何敢辄升高坐。'上因降辇，令有司张帝幕，设别坐，诏觉讲《周易》之《泰卦》，从臣皆列坐。觉因述天地感通、君臣相应之旨，上甚悦，特赐帛百疋。……淳化初，上以经书板本有田敏辄删去者数字，命觉与孔维详定。二年（991），详校《春秋正义》成，改水部员外郎，判国子监。四年迁司门员外郎，被病假满，诏不绝奉，卒。"《宋史》卷四三一有传。《东都事略》卷一一三云其卒年四十六。

周易八仙经疏

邢朝宗撰。

《通志》卷六八《艺文略》著录邢朝宗《周易八仙经疏》一卷。《崇文总目·卜筮类》作《周易八仙经》一卷，未著撰人名氏。《秘书省续编到四库阙书目》卷二作"二卷"。邢朝宗，事迹无考，疑为五代末、宋初人。待考。

周易太清易经诀

王晓撰。

《通志》卷六八《艺文略》著录玉笥山人王晓《周易太清易经诀》一卷。《崇文总目·卜筮类》《宋志·五行类》亦作一卷，未著撰人名氏。王晓，事迹未详。似为宋初人，号玉笥山人。

易　镜

王鄁撰。

《通志》卷六八《艺文略·易占》著录无惑子《易镜》三卷，云"中条山道士"。《宋志·蓍龟类》著录中条山道士王鄁《易镜》三卷、无惑先生《易镜正经》二卷；又《五行类》著录《易鉴》三卷，又《易鉴》一卷。皆未著撰人名氏。当为一书之重出。王鄁，号无惑子，中条山道士。似为宋初人。余未详。案：“镜”改作“鉴”，乃避宋国讳。

周易通神歌

王鄯撰。

《通志》卷六八《艺文略·易占》著录无惑先生撰《周易通神歌》一卷。《宋志·五行类》著录王鄯《周易通神歌》一卷。案：佚。

周易缭绕词

张胥撰。

《宋志·五行类》著录张胥《周易缭绕词》一卷。《通志》卷六八《艺文略·易占》著录《周易缭绕词》一卷，云“仙人张晋秘诀”。《崇文总目·卜筮类》作《周易缭绕词》一卷，未著撰人名氏。《经义考》卷二二引《通志》作张胥《周易缭绕词》一卷，不确。张胥，事迹无考。案：仙人张晋，疑宋初人托名。

附：周易探玄

王守一撰。

《通志》卷六八《艺文略》著录王守一《周易探玄》九卷。《宋志·五行类》著录王守一《周易探玄》九卷，注：“本十卷”。又《崇文总目·卜筮类》著录《周易探玄》九卷，未著撰人名氏。

王守一，事迹未详。《太平广记》卷八二《王守一》云：“唐贞观初，洛城有一布衣自称终南山人，姓王名守一，常负一大壶卖药，人有求买之不得者，病必死。或急趁无疾人授与之者，其人旬日后必染沈痼也。柳信……唯有一子，既冠后，忽于眉头上生一肉块，历使疗之，不能除

去。及闻此布衣，遂躬自祷请。既至其家，乃出其子以示之。布衣先焚
香命酒脯，犹若祭祝后，方于壶中探一丸药，嚼傅肉块。复请具樽俎。
须臾间，肉块破，有小蛇一条突出在地，约长五寸，五色烂然，渐渐长
及一丈已来。其布衣乃尽饮其酒，叱蛇一声，其蛇腾起，云雾昏暗。布
衣忻然乘蛇而去，不知所在。"当即此王守一，疑为唐五代人所托名者。

附：周易卦颂

黄景玄撰。

《通志》卷六八《艺文略》著录黄景元《周易卦颂》一卷。《秘书
省续编到四库阙书目》卷二作"黄景玄"。按："玄"，因避宋讳而改作
"元"字。又《宋志·五行类》著录黄子玄《易颂》一卷，注云此"子"
字"一作'景'"。黄景玄，事迹无考。疑为唐末五代史人。待考。

附：周易玉镜颂

阮兆撰。

《通志》卷六八《艺文略》著录阮兆《周易玉鉴颂》一卷。《秘书
省续编到四库阙书目》卷二作阮兆《周易玉镜颂》一卷，叶德辉按云：
"《宋志》无撰人，'镜'作'鉴'，'颂'作'领'。"案：《宋志·五行
类》著录《通玄玉鉴颂》二卷，注："一作'领'"。又著录《通玄玉鉴
颂》一卷。而据《玉海》卷三《唐步天歌》引《崇文总目》《通志》卷
六八《艺文略·天文总占》皆云《通玄玉鉴颂》一卷，"林仲子撰"。叶
德辉云云误。"镜"，因避宋讳而改作"鉴"。阮兆，事迹无考，疑为唐
末五代时人。待考。

易 卦 象 赋

黄宗旦撰。

黄宗旦，字叔才，晋江（今属福建）人。雍正《福建通志》卷五一称其"咸平元年（998）进士第二人。晚直史馆，以刑部郎中出知襄州。欧阳修称为闽中文士。有集十卷"。《梦溪笔谈》卷二二云："黄宗旦晚年病目，每奏事，先具奏目，成诵于口，至上前展奏目诵之，其实不见也。同列害之，密以他书易其奏目，宗旦不知也，至上前所诵与奏目不同，归乃觉之，遂乞致仕。"

《秘书省续编到四库阙书目》卷一著录黄宗旦《易卦象赋》三卷。《经义考》卷二二作"二卷"，疑误。佚。

附：周易歌

杜令贲撰。

《秘书省续编到四库阙书目》卷二《五行卜筮》著录杜令贲《周易歌》一卷。《经义考》卷二二同。然《崇文总目》卷八著录《周易杜陵贲卜法》一卷；《通志》卷六八《艺文略·易占》著录杜陵贲《周易歌》一卷；《宋史·五行类》著录杜灵贲《卜法》一卷。"令""陵""灵"字各异，未详孰是。且其事迹无考，疑为宋朝以前人。附此待考。案：本书佚。

周 易 正 例

李勃撰。

《秘书省续编到四库阙书目》卷一著录李勃《周易正例》三卷。案：

佚。

李勃，事迹未详。似为北宋中前期人。

周 易 卦 断

丘铸撰。

《通志》卷六三《艺文略一》著录丘铸《周易卦断》一卷。《秘书省续编到四库阙书目》卷一著录同。又《通志·艺文略一·诗》著录《周诗集解》二十卷，云"宋朝丘铸注。只取序中第一句，以为子夏作，后句则削之"。则知丘铸，北宋人。事迹未详。

易卦正名论

刘不疑撰。

《通志》卷六三《艺文略一》著录刘不疑《易卦正名论》一卷。刘不疑，北宋人。事迹无考。案：《经义考》卷二二著录刘不疑《易论》二十四卷，乃合刘不疑《易卦正名论》一卷、《广论》一卷、《大义疑问》二十卷、《大义》一卷、《发义》一卷而成。

易 广 论

刘不疑撰。

《通志》卷六三《艺文略一》著录刘不疑《广论》一卷。

易大义疑问

刘不疑撰。

《通志》卷六三《艺文略一》著录刘不疑《大义疑问》二十卷。

周 易 大 义

刘不疑撰。

《通志》卷六三《艺文略一》著录刘不疑《周易大义》一卷。

周 易 发 义

刘不疑撰。

《通志》卷六三《艺文略一》著录刘不疑《周易发义》一卷。

周 易 元 统

白云子撰。

《通志》卷六三《艺文略一》著录白云子述《周易元统》一卷。《周易启蒙翼传》中篇载蔡攸上表云："白云子述《周易元统》十卷，不著名氏。其书成于庆历乙酉岁（1045），大略谓：乾坤，阴阳之根本；坎离，阴阳之性命。坎为乾之游魂，离为坤之游魂。仲尼云：'游魂为变，神机泄矣，易道明矣。'乃作《元统》。其一明混元，其二明五太，其三明天地，其四述乾坤，其五示龙图，其六画八卦，其七衍揲蓍，其八明律候，其九敷礼乐之元，其十说序卦之由。凡二十八宿、五行、十日、十二辰、四时八节、六律六吕、三统五运，以至一人之身，五藏六气，皆总而归之于易，故备存之，以广异闻云。臣蔡攸谨上。"白云子，姓名未详。其书名，《授经图义例》卷四作《周易玄统》，似是。《经义考》卷四一云"未见"。

揲 蓍 法

不为子撰。

《通志》卷六三《艺文略一》著录不为子《揲蓍法》一卷。不为子，姓名无考。案：本书当撰于北宋时。佚。

周易正经明疑录

佚名撰。

《厚斋易学》附录二引《中兴书目》云："《周易正经明疑录》一卷，不知作者。设问对二十九。"又《宋志·易类》著录《易正经明疑录》一卷，云"不知作者"。《通志》卷六三《艺文略一》有《周易明疑录》一卷。《玉海》卷三六《皇祐周易折蕴旨要》："《周易正经明疑录》一卷，不知撰人。"推知本书约撰于北宋皇祐年间或其后。案：佚。

易 旨 归 义

佚名撰。

《秘书省续编到四库阙书目》卷一著录《易旨归义》一卷。未著撰人名氏。案：当撰于北宋时。佚。

周 易 口 诀

陆太易撰。

《通志》卷六十三《艺文略一》《宋志·易类》著录陆太易《周易口诀》七卷。佚。

陆太易，北宋中期人。事迹不详。

周易阐微诗

冀珍撰。

《宋志·易类》著录冀珍《周易阐微诗》六卷。《授经图义例》卷四作《周易阐微论》。佚。

冀珍，事迹不详。约为北宋中期人。

附：周易罔象成名图

张杲撰。

《宋志·易类》著录张杲《周易罔象成名图》一卷。《经义考》卷三七据《宋志》著录，云佚。列之冀珍《周易阐微诗》下，即视作宋人。《续通志》卷一六六《图谱略二·易》称宋张杲撰《周易罔象成名图》。按：张杲，当为"张果"之误，实为唐人。《崇文总目》卷十《道书》著录《罔象成名图》一卷，未载著者。然据《新唐书·艺文志·神仙类》著录张果《罔象成名图》一卷，"开元二十二年上"。故特辨附此。

张果，武则天时隐于中条山，时人传其有长年秘术。尝著《阴符经玄解》，尽其玄理。则天遣使召之，不赴。开元二十一年（733），恒州刺史韦济上其异状，玄宗遣使往迎至东都，召问长生之术。后恳辞归山，因下制赐号曰通玄先生。其年归恒山，不知所之，玄宗为造栖霞观。两《唐书》皆有传。

周易析微通说

楚泰撰。

《通志》卷六三《艺文略一》著录楚泰《周易析微通说》三十卷。楚泰，事迹未详。按《长编》卷一五六庆历五年（1045）六月丁巳条载，刑部郎中、天章阁待制、新知江州王素落待制，御史台主簿楚泰"送流内铨注外任官。时御史台鞫素托（刘）京市木事既罢，而言者乃谓（阎）询、泰与素连姻，而初不以闻，故复责之"。又宋胡宿《文恭集》卷十四有《楚泰可大埋寺丞依旧直讲制》，云："敕某：朕选通经义、诵说有法者劝教胄子。尔本学力自致俊等，向因祭酒之荐，置在详讲之员，通叙外劳，亦已久次。虽中坐细故，而见称大臣，参阅荐章，足验素行。姑宠法卿之属，仍敷学省之经，尚图后行，毋倦惠训。"而《盱江外集》卷一《札子》亦有"国子监奏据屯田员外郎充直讲楚泰等状"云云。当即此人。则本书似成于其任教国子监时。佚。

周易质疑卜传

楚泰撰。

《通志》卷六三《艺文略一》著录楚泰《周易质疑卜传》三十卷。佚。

附：易　诀

许季山撰。

《宋志·五行类》著录许季山《易诀》一卷。《经义考》卷二二云"时代未详"。按汉应劭《风俗通义》卷九《世间多有精物妖怪百端》尝记"汝南有许季山者，素善卜卦"云云。当即此人。是许季山乃汉人。特辨附此。

周易大义

赵世永撰。

赵世永（1011—1068），字文亿。太祖子越王德昭之曾孙。"仁宗为太子，初就学资善堂"，世永"入侍左右"。累迁左千牛卫大将军、登州防御使、蔡州观察使。神宗即位，拜镇南军观察留后。熙宁元年二月卒，年五十九，赠昭信军节度使、南康郡王，谥曰修孝。"英宗时劝督宗室为学，常遣中贵人入宫视之。学官姜潜方讲《周易》，疾暴作，王于是摄齐升座，为之代讲，听者悚服。中贵人以闻，帝深叹其好学。王平生所著甚多，歌诗杂文数百篇；钩考经传，为《周易大义》《春秋纂例》及《诸邸恩华录》；又能通释老星历之学，注《金刚经》《祖师授衣图》《六气图》《登真秘诀》，皆藏于家。"事迹见郑獬《郧溪集》卷二〇《南康郡王墓志铭》。案：本书佚。

易 论

蔡天球撰。

蔡天球（1015—1069），字粹夫，宋州（今河南商丘）人。庆历六年（1046）进士及第。历澶州节度推官、著作佐郎、太常博士。神宗即位，拜屯田员外郎、通判乾州，转都官员外郎。熙宁二年九月卒，年五十五。"始君学于徂徕先生石介……著《易论》十卷、《孝经》二卷、杂文诗百余。"事迹见刘挚《忠肃集》卷十三《屯田员外郎蔡君墓志铭》。案：本书佚。

易　通

周敦颐撰。

周敦颐（1017—1073），字茂叔，号濂溪，道州营道（今湖南道县）人。原名惇实，避英宗旧讳改惇颐；南宋时避光宗讳，追改作敦颐。历任分宁主簿、南安军司理参军、桂阳令、知南昌县、合州判官、虔州通判，熙宁初知郴州，擢广东转运判官，提点刑狱。晚年知南康军，遂定居于庐山莲花峰下。熙宁六年卒，年五十七。"著《太极图》，明天理之根源，究万物之终始"；"又著《通书》四十篇，发明太极之蕴。序者谓其言约而道大，文质而义精，得孔孟之本源，大有功于学者也。"南宋嘉定十三年（1220）赐谥曰元公，淳祐元年（1241）封汝南伯，从祀孔子庙庭。《宋史》卷四二七有传。

《读易举要》卷四云："濂溪先生舂陵周惇颐茂叔撰《易通》四十篇，即《通书》是也。又撰《太极图说》。"案：《通书》载于《周元公集》卷一。

胡宏《五峰集·周子通书序》云："《通书》四十章，周子之所述也。周子名敦颐，字茂叔，舂陵人。推其道学所自，或曰：传《太极图》于穆修也，修传《先天图》于种放，放传于陈抟。此殆其学之一师欤？非其至者也。希夷先生有天下之愿，而卒与凤歌荷蓧长往而不来者伍，于圣人无可无不可之道，亦似有未至者焉。程明道先生尝谓门弟子曰：'昔受学于周子，令寻仲尼、颜子所乐者何事。'而明道先生自再见周子，吟风弄月以归。道学之士皆谓程颢氏续孟子不传之学，则周子岂特为种、穆之学而止者哉？粤若稽古，孔子述三王之道，立百王经世之法；孟轲氏辟杨、墨，推明孔子之泽，以为万世不斩。又谓孟氏功不在禹下。今周子启程氏兄弟以不传之学，一回万古之光明，如日丽天，将为百世之利泽，如水行地。其功盖在孔、孟之间矣。人见其书之约也，而不知其道之大也；人见其文之质也，而不知其义之精也；人见其言之淡也，而不知其味之长也。顾愚何足以知之，然服膺有年矣，试举一二语为同志者启予之益乎。患人以发策决科，荣身肥家，希世取宠为事也，则曰：志伊尹之所志。患人以知识闻见为得而自尽，不待贾而自沽也，则曰：学颜回之所学。人有真能立伊尹之志，修颜回之学，然后知《通书》之言包括至大，而圣门事业无穷矣。故此一卷书，皆发端以示人者，宜度越诸子，直与《易》《诗》《书》《春秋》《语》《孟》同流行乎天下。是以叙而藏之，遇天下善士尚论前修而欲读其书者，则传焉。"而朱熹《周子通书后记》云："《通书》者，濂溪夫子之所作也。夫子……所著之书又多放失，独此一篇本号《易通》，与《太极图说》并出，程氏以传于世。而其为说实相表里，大抵推一理、二气、五行之分合，以纪纲道体之精微，决道义文辞禄利之取舍，以振起俗学之卑陋。至论所以入德之方、经世之具，又皆亲切简要，不为空言。顾其宏纲大用，既非秦汉以来诸儒所及，而其条理之密、意味之深，又非今世学者所能骤而窥也。是以程氏既没，而传者鲜焉，其知之者不过以为用意高远而已。熹自蚤岁即幸得其遗编而伏读之，初盖茫然不知其所谓，而甚或不能以句。壮岁获游延平先生之门，然后始得闻其说之一二。比年以来，潜玩既久，乃若粗有得焉。虽其宏纲大用所不敢知，然于其章句文字之间，则有以实见其条理之愈密，意味之愈深，而不我欺也。顾自始读以至于今，岁月几何，倏焉三纪。慨前哲之益远，惧妙旨之无传，窃不自量，辄为注释。虽知凡近，不足以发夫子之精蕴，然创通大义，以俟后之君子，则万一其庶几焉。淳熙丁未（1187）九月甲辰。"①

　　《太极图说》《通书》宋时诸本皆合为一编，然其初《太极图说》附于《通书》之后，至乾道间朱熹加以校订重编，始以《太极图说》冠于

---

① （宋）朱熹：《晦庵先生朱文公文集》（以下简称《晦庵集》）卷八十一，《朱子全书》，上海古籍出版社、安徽教育出版社2002年版，第3856—3857页。

《通书》。朱熹《周子太极通书后序》云："右周子之书一编，今春陵、零陵、九江皆有本，而互有同异。长沙本最后出，乃熹所编定，视他本最详密矣，然犹有所未尽也。盖先生之学，其妙具于《太极》一图，《通书》之言，皆发此图之蕴，而程先生兄弟语及性命之际，亦未尝不因其说。观《通书》之诚、动静、理、性命等章，及程氏书之《李仲通铭》《程邵公志》《颜子好学论》等篇，则可见矣。故潘清逸志先生之墓，叙所著书，特以作《太极图》为称首，然则此图当为书首不疑也。然先生既手以授二程，本因附书后，（原注：祁宽居之云。）使者见其如此，遂误以图为书之卒章，不复厘正，使先生立象尽意之微旨暗而不明，而骤读《通书》者，亦复不知有所总摄，此则诸本皆失之。而长沙《通书》因胡氏所传，篇章非复本次，又削去分章之目，而别以'周子曰'者加之，于书之大义虽若无所害，然要非先生之旧，亦有去其目而遂不可晓者。（原注：如理、性命章之类。）又诸本附载铭碣、诗文，事多重复，亦或不能有所发明于先生之道，以示学者，故今特据潘《志》，置图篇端，以为先生之精意，则可以通乎书之说矣。至于书之分章定次，亦皆复其旧贯。"撰于乾道己丑（1169）六月戊申。① 此本，张栻于次年（乾道庚寅，1170）闰月尝刊于严州州学。张栻《南轩集》卷三三《通书后跋》略云："濂溪周先生《通书》，友人朱熹元晦以《太极图》列于篇首，而题之曰《太极通书》，某刻于严陵学宫，以示多士。"至淳熙己亥（1179）五月，朱熹《再定太极通书后序》云："右周子《太极图》并《说》一篇，《通书》四十章，世传旧本遗文九篇、《遗事》十五条、《事状》一篇，熹所集次，皆已校定，可缮写。熹按先生之书，近岁以来，其传既益广矣，然皆不能无谬误，唯长沙、建安板本为庶几焉，而犹颇有所未尽也。"如诸本以《太极图说》附于《通书》，"长沙本既未

① （宋）朱熹：《晦庵集》卷七十五，《朱子全书》，上海古籍出版社、安徽教育出版社2002年版，第3628—3629页。

及有所是正，而《通书》乃因胡氏所定，章次先后，辄颇有所移易，又刊去章目，而别以'周子曰'者加之，皆非先生之旧。若理、性命章之类，则一去其目，而遂不可晓。其所附见铭碣、诗文，视他本则详矣，然亦或不能有以发明于先生之道，而徒为重复。故建安本特据潘《志》置《图》篇端，而《书》之序次名章，亦复其旧。又即潘《志》及蒲左丞、孔司封、黄太史所记先生行事之实，删去重复，参互考订，合为《事状》一端。至于道学之微，有诸君子所不及知者，则又一以程氏及其门人之言为正。以为先生之书之言之行，于此亦略可见矣。然后得临汀杨方本以校，而知其舛陋犹有未尽正者。……尝欲别加是正，以补其阙，而病未能也。兹乃被命假守南康，遂获嗣守先生之余教于百有余年之后。顾德弗类，惭惧已深，瞻仰高山，深切癙叹。因取旧帜，复加更定，而附著其说如此，锓板学宫，以与同志之士共焉。"①

又，《蜀中广记》卷九一《傅耆同人卦说》云："按耆遂宁人，有俊才，十四荐于乡。朱晦庵常属门人（杜）[度] 正访其家求《同人卦说》。详见《濂溪年谱》及《性理书》。"故《经义考》卷六九著录傅耆《同人卦说》一篇，云"佚"，并引度正曰："濂溪先生摄邵州事，以改定《同人说》寄傅伯成，伯成复书云：'蒙寄《同人说》，改易数字，皆人意所不能到，宜乎使人宗师仰慕之不暇也'。"案：《（雍正）四川通志》卷九上称傅耆，字伯成，成州（今甘肃成县）人。"少励志学古，年十四举于乡。时周濂溪判合州，因陆小溪知耆，以书通讯。耆往合州从之，讲明理学。登皇祐六年（1054）进士。历知汉州。至今遂宁称耆为理学名儒。"据《周元公集》卷一引度正《书太极图解后》有云："遂宁傅耆伯成未第时，尝从周子游，而接其议论。先生（今按：朱熹）闻之，尝令正访其子孙，而求其遗文焉。在吾乡时，傅尝有书

---

① （宋）朱熹：《晦庵集》卷七十六，《朱子全书》，上海古籍出版社、安徽教育出版社2002年版，第3652—3654页。

谢其所寄《(遇) [姤] 说》。其后在永州，又有书谢其所寄改定《同人说》。但傅之书稿无恙，而周子之《易说》则不可复见耳。闻之先生，今之《通书》本名《易通》，则六十四卦疑皆有其说。今考其书，独有《乾》《损》《益》《家人》《睽》《复》《无妄》《蒙》《艮》等说，而亦无所谓《(遇) [姤] 说》《同人说》者，则其书之散逸亦多矣，可不惜哉。"又称其"始仕遂宁，闻其乡前辈故朝议大夫、知汉州傅耆曾从先生游，先生尝以《姤说》及《同人说》寄之，遂访求之，仅得其目录及《长庆集》载先生遗事颇详，久之又得其手书手谒二帖。"则知上《同人卦说》寄傅耆者，乃周敦颐《易通》中之一篇，《蜀中广记》乃误称傅耆《同人卦说》，而《经义考》实承其误。

易　讲　义

陈襄撰。

陈襄（1017—1080），字述古，福州侯官（今福建福州）人。第庆历进士。神宗时，历知明州、同修起居注、知谏院，改侍御史。论青苗法不便，出知陈州，徙杭州。后以枢密院直学士兼侍读，判尚书都省，元丰三年卒，年六十四。时学者沉溺于雕琢之文，其与陈烈、周希孟、郑穆四人相与倡道于海滨，谓之"四先生"。学者称古灵先生。著有《古灵集》等。《宋史》卷三二一有传。

《易讲义》载于《古灵集》卷十、卷十一，仅存解说《大有》《谦》《豫》《随》诸卦。《古灵集》卷二五《古灵先生年谱》称陈襄于治平二年（1065）乙巳著《大易讲义》。

易　注

刘彝撰。

刘彝（1017—1086），字执中，福州（今属福建）人。"从胡瑗学，瑗称其善治水，凡所立纲纪规式，彝力居多。"第进士。熙宁初为制置三司条例官，除都水丞，为两浙转运判官，知处州，加直史馆知桂州。交趾陷钦、廉、邕三州，坐贬均州团练副使，安置随州，又除名为民，编管涪州，徙襄州。元祐初，复以都水丞召还，病卒于道，年七十。著《七经中议》一百七十卷、《明善集》三十卷、《居阳集》三十卷。《宋史》卷三三四有传。

《周易启蒙翼传》中篇载刘彝《易注》一部，"《沙随外篇》云：解《解》九二'田获三狐'云：'狐者性伏而情奸，昼伏夜动，小人道也。'"案：佚。

易 义

周希孟撰。

周希孟（1018—?），字公辟，侯官（今福建福州）人。《闽中理学渊源考》卷一〇云其"通五经，尤邃于《易》。知州刘夔、曹颖叔、蔡襄皆亲至学舍质问经义，部使相继论荐。诏赐粟帛，授将仕郎、试国子监四门助教，充本州学教授，三表力辞，不许。卒。门人曾伉等七百人相与塑像祀之于五福寺。所著有《易义》《诗义》《春秋义》、杂文等书。"

刘挚《忠肃集》卷六有《荐本州儒士周希孟奏》，云："右件人耽乐坟素，栖迟丘园，检身足法于人，为学每先于礼，屡贫不易其节，讲解以养其亲。本州两次近臣论荐，再蒙朝廷束帛之赐。臣自庆历中知福州，至今十五年，备悉希孟履行。去年曾讲《周易》，座下尝及三五百人，委实经义精通，文词深厚。今来年及强仕，迹齿编氓，至宝遐遗，众所共惜。伏乞朝廷嘉其退静，优与收录，以劝学者。臣不胜勤勤之至，谨具状奏闻，伏候敕旨。"案：刘挚于嘉祐四年（1059）进士及第，庆历间未冠，且平生未尝出知福州。此当属他人之文，清人自《永乐大典》辑录此集时，误收录其中。而据此《荐本州儒士周希孟奏》云云，却与蔡襄之宦迹相合。检《长编》卷一五二、卷一八七，蔡襄于仁宗庆历四年（1044）十月自秘书丞、直史馆、同修起居注、知谏院，授右正言出知福州；嘉祐三年七月"癸酉，福州进士周希孟为国子监四门助教、本州州学教授，以知州蔡襄言其文行为乡里所推也。襄，世闽人，知其风俗。往时闽士多好学，而专用赋以应科举。襄得希孟，专用经术传授，学者尝至数百人。襄亲至学舍，执经讲问，为诸生率"。可知本文乃蔡襄所撰。又据《荐本州儒士周希孟奏》云及"臣自庆历中知福州，至今十五年"，周希孟"今来年及强仕"，推知此文当撰于嘉祐二年（1057），而周希孟生于天禧二年（1018）。

《福建通志》卷六八著录周希孟《易义》一卷。案：佚。

易 外 传

刘敞撰。

刘敞（1019—1068），字原父，临江新喻（今江西新余）人。举庆历进士第二。累官擢知制诰。熙宁元年四月卒，年五十。"敞学问渊博，自佛老、卜筮、天文、方药、山经、地志皆究知大略。"长于《春秋》，为书四十卷行于时。《宋史》卷三一九有传。刘攽《彭城集》卷三五《故朝散大夫给事中集贤院学士权判南京留司御史台刘公行状》称其"所著《春秋传》十五卷、《春秋权衡》十七卷、《春秋说例》二卷、《春秋文权》二卷、《春秋意林》五卷、《弟子记》五卷、《七经小传》五卷，皆成书；《易外传》二十卷、《元滋》九篇、《通古》五卷、《古风》五卷，皆未就；文集若干卷。公学问广博，无书不通，自浮屠、老子以及山经、地志、阴阳、卜筮、医药、天文略皆究知，大略求其意义合于圣人者，而世人所谓善者亦不废也。"

刘敞《公是集》卷三四有《易外传序》，云："余读《周易》，表其象象爻辞，盖圣人之意微矣，非通材达识，孰能言之？传曰：仁者见之谓之仁，智者见之谓之智。以言者尚其辞，以动者尚其变，以制器者尚其象，以卜筮者尚其占。四者所从得之殊，其称君子一也。然《易》之书，最为深至。天道性命变化之数，自孔子罕言，后世无述焉。以为传其人不待告，告非其人，虽言不著云尔。学者或有谓《易》之辞非为数者，此以目听何异。及论刚柔始交而生屯分泰之体而成，则莫能通。习于所可见，而蔽于所不能睹，然后知《易》非一家之术也。夫君子所居而安者，《易》之序也；所乐而玩者，爻之辞也。是以自天祐之，吉无不利，以其穷理尽性，能自镜得失也。余以为仲尼有云：'垂之空言，不如见之行事深切著明。'故采五帝以来明君贤相、忠臣良士，下及亡国丧家兴坏成败、祸福善恶之理，附之象象爻辞，以见白黑，其说主王氏也。而时有不同，亦微辨而不斥。后有观者，总而理之，得以自省焉。"案：佚。

又，刘敞撰有《易本论》，载于《公是集》卷三八。

易　说

司马光撰。

司马光（1019—1086），字君实，号迂夫，晚号迂叟，陕州夏县（今属山西）涑水乡人，世称涑水先生。景祐五年（1038）进士。累除知制诰、天章阁待制、知谏院。治平三年（1066）为龙图阁直学士。神宗即位，擢翰林学士。熙宁三年（1070），因与王安石政见不合，出知永兴军，改判西京留司御史台。六年，以端明殿学士兼翰林侍读学士居洛阳，主编《资治通鉴》。哲宗即位，召主国政，元祐元年，拜尚书左仆射兼门下侍郎，卒于位，年六十八。赠温国公，谥文正。《宋史》卷三三六有传。苏轼《东坡全集》卷九〇《司马温公行状》载其著述甚多，内有《易说》三卷、《注系辞》二卷等。

《郡斋读书志》卷一著录司马光《温公易说》一卷，"杂解《易》义，无诠次，未成书也"。《厚斋易学》附录二引《中兴书目》著录司马光《易说》一卷，云"首篇设问答语，后有《系辞杂说》"。《直斋书录解题》卷一著录司马光《易说》三卷，"杂说无诠次，未成书也"。《宋志·易类》著录司马光《易说》一卷，又一本三卷。据朱熹《晦庵集》卷八一《书张氏所刻潜虚图后》云："是时又得《温公易说》于（范）炳文，尽《随卦》六二之半，而其后亦阙焉。炳文自言其家使人就誊温公手摹，适至而兴亡之故，所存止此。后数年，予乃复得其全书，云好事者于北方互市得版本焉。始亦喜其书之获全，今则不能无疑，然无以考其果为真与伪也。"则是一卷者乃不全之本，三卷者或即自北方互市所得版本，或乃合《易说》一卷、《系辞说》二卷而言。

陈仁子《易说序》略云："晚得《温公易说》一编，视诸老尤最通畅，今流传人间世，稿虽未完，其论太极阴阳之道、乾坤律吕之交，正而不颇，明而不凿，猎猎与濂洛贯穿，中间分刚柔中正配四时，微疑未安，学者直心会尔。《易》之作，圣人吉凶与民同患之书也，非隐奥难深而难见也。谈《易》而病其隐且艰，非深于《易》者也。参习是编，《易》道庶其明乎！"《四库全书总目》卷二著录司马光《温公易说》六卷，称考宋时诸书所云，"是其书在宋时所传本已往往多寡互异，其后乃并失其传，故朱彝尊《经义考》亦注为佚。今独《永乐大典》中有之，而所列实不止于《随》卦，似即朱子所称后得之本。其释每卦或三、四爻，或一、二爻，且有全无说者，惟《系词》差完备，而《说卦》以下仅得二条，亦与晁公武之言相合。又以陈友文《集传精义》、冯椅《易学》、胡一桂《会通》诸书所引光说核之，一一具在，知为宋代原本无疑。其解义多阙者，盖光本撰次未成，亦如所著《潜虚》转以不完者为真本，并非有所残佚也。光《传家集》中有《答韩秉国书》，谓王辅嗣以老庄解《易》，非《易》之本旨，不足为据。盖其意在深辟虚无元渺之说，故于古今事物之情状，无不贯彻疏通，推阐深至，如解

《同人》之《象》曰：'君子乐与人同，小人乐与人异。君子同其远，小人同其近'。《坎》之《大象》曰：'水之流也，习而不止，以成大川。人之学也，习而不止，以成大贤。'《咸》之九四曰：'心苟倾焉，则物以其类应之，故喜则不见其所可怒，怒则不见其所可喜，爱则不见其所可恶，恶则不见其所可爱。'大都不袭先儒旧说，而有德之言要如布帛菽粟之切于日用。惜其沈湮既久，说《易》家竟不获睹其书，今幸际圣朝表章典籍，复得搜罗故简，衷次成编，亦可知名贤著述其精意所在，有不终泯没于来世者矣。谨校勘厘订，略仿《宋史》原目，定为六卷，著于录。"案：《宋志》著录司马光《易说》二本，一本一卷，一本三卷，又《系辞说》二卷。而《四库》本六卷，乃经上、经下各二卷，与《宋志》不合，故馆臣云"略仿《宋史》原目，定为六卷"者实属附会。又馆臣称"《朱子语类》又云尝得《温公易说》于洛人范仲彪"云云，亦非，此事实载于《晦庵集》卷八一《书张氏所刻潜虚图后》。

有《四库全书》本等。

系 辞 说

司马光撰。

《宋志·易类》著录司马光《系辞说》二卷。《厚斋易学》附录二引《中兴书目》云司马光"又有《系辞说》二卷，前袁州分宜主簿刘彦校正本"。又题作《系辞注》，司马光《传家集》卷六一《与范景仁问正书所疑书》有云"前日所留《易说》《系辞注》《续诗话》，皆狂简不揆，宜见诛绝于君子者，然亦庶几景仁矜共有志于学，痛为锄治其芜秽，明示以坦涂，使识所之诣，幸甚幸甚"。《经义考》卷六九云"未见"。案：其收录于《温公易说》，有《四库全书》本等。

周 易 圣 断

鲜于侁撰。

鲜于侁（1019—1087），字子骏，阆州（今四川阆中）人。性庄重力学，年二十登景祐五年（1038）进士科，为江陵右司理参军。元祐中历官太常少卿、左谏议大夫，除集贤殿修撰、知陈州，进待制。无何卒，年六十九。"侁刻意经术，著《诗传》《易断》，为范镇、孙甫推许。孙复与论《春秋》，谓今学者不能如之。作诗平澹渊粹，尤长于《楚辞》，苏轼读《九诵》，谓近屈原、宋玉，自以为不可及也。"《宋史》卷三四四有传。又，南宋魏了翁《鹤山集》卷五九《跋鲜于子骏帖》有云："裕陵称其文学，司马文正公称其政事，苏文忠公称其词章，泰山孙先生称其经术，公之为人大略可睹矣。"

秦观《淮海集》卷三六《鲜于子骏行状》言其著有《周易圣断》七卷，并云其卒"前数日，语诸子曰：'吾心无不足者，惟以不得归老阳翟，别著《易》说为恨。'无它言"。《郡斋读书志》卷一著录鲜于侁《周易圣断》七卷，"本之王弼、刘牧，而时辩其非。且云'众言淆乱，析诸圣断'，故名其篇曰《圣断》"。《厚斋易学》附录二引《中兴书目》云："《周易圣断》七卷，元祐中左谏议大夫、集贤殿修撰鲜于侁撰。每卦为一篇，皆斥王弼之失。"《直斋书录解题》卷一著录七卷，云"多辨王弼、刘牧之非，《乾》《坤》二卦不解爻象，欲学者观《彖》《象》《文言》而自得云"。《通志》卷六三《艺文略一》《宋志·易类》著录同。案：佚。

易 说

金君卿撰。

金君卿（1020—1076），字正叔，浮梁（今属江西）人。《（雍正）江西通志》卷四九、卷八七称其庆历二年（1042）进士。历官秘书丞、知临川县、权江西提刑，入为度支郎中。尝著《易说》，有文集十五卷。《金氏文集》卷首载富临于元祐六年（1091）五月日所撰之序，有云"神宗更立法度，以底于治，故公受命出使，皆兼数职，奉行制诏，绰有条理。熙宁中降敕书奖谕曰：'尔使于远方，尽瘁乃事，推我新令，为天下先。'此又足见其匡君泽物之用心也。公以忧勤成疾，享年不永。噫！倘使公遭遇其时，居卿相之任，则澄清天下，未易量也"。其门人临川江明仲"力求公遗稿，十得其一，编成十五卷，号《金氏文集》"。《宋人生卒行年考》考证其生于天禧四年，卒于熙宁九年。

富临《金氏文集序》又称其"治五经，尤长于《易》，尝撰《易说》《易笺》，自谓可以起诸儒之膏肓、清辅嗣之耳目者矣"。《四库全书总目》卷一五三《金氏文集》云"《易说》《易笺》今并不存，独有《传易之家》一篇具载传授本末，疑即《易说》前所载之叙录"。《易说》，《经义考》卷一八作《易义》。按熙宁中蜀人房审权编《易义海》凡百卷，南宋初李衡删削成《义海撮要》十卷，内载录有金君卿之说。案：佚。

又，《金氏文集》卷上载《中爻辩是非赋》一篇。

易　　笺

金君卿撰。

案：佚。参见上金君卿《易说》条。

横　渠　易　说

张载撰。

张载（1020—1077），字子厚，凤翔郿县（今陕西眉县）横渠镇人。学古力行，笃学好礼，为关中士人所宗，世称横渠先生。其学"以《易》为宗，以《中庸》为体"。嘉祐二年（1057）中进士，为祁州司法参军。熙宁二年（1069）除崇文院校书，后同知太常礼院，以疾请归，熙宁十年十二月卒于道，年五十八。南宋嘉定间赐谥曰明公。《宋史》卷四二七有传。

《郡斋读书志》卷一著录张载《横渠易说》十卷，"载居横渠，故以名书。其解甚略，《系辞》差详"。《玉海》卷三六《周易传》所云同。《宋志·易类》著录张载《易说》十卷。《直斋书录解题》卷一著录张载《横渠易说》三卷，《厚斋易学》附录一《横渠说》亦作《易说》三卷，云："韩元龙刊于建康府，漕台主管文字胡大元校勘。按张载字子厚，秦人，号横渠先生，旧坐虎皮与诸生讲《易》，一日见程伯淳兄弟，及讲《易》，辄撤去虎皮，谓诸生曰：'有二程明《易》，前此所讲说未是，可往见之。'不知此书子厚晚年以所得删正邪，或好学者以门人所记录，与《正蒙》类，为此书也。多所发明，有二程未到处。"《景定建康志》卷三三《书版》载南宋后期建康府学藏有《横渠易说》一百六十八版，当即韩元龙刊于建康府者。

《四库全书总目》卷二著录张载《横渠易说》三卷，云："《宋志》著录作十卷，今本惟上经一卷，下经一卷，《系辞传》以下至《杂卦》为一卷，末有总论十一则，与《宋志》不合。然《书录解题》已称《横渠易说》三卷，则《宋志》误也。杨时乔《周易古今文》称今本只六十四卦，无《系辞》，实未全之书。则又时乔所见之本偶残缺耳。是书较程《传》为简，往往经文数十句中一无所说，末卷更不复全载经文，载其有说者而已。董真卿谓《横渠易说》发明二程所未到处，然考《宋史》，张子卒于神宗时，程子《易传序》则作于哲宗元符二年，其编次成书则在徽宗崇宁后，张子不及见矣。真卿谓发明所未到，非确论也。其说《乾·彖》用'迎之不见其首，随之不见其后'，说《文言》用'谷神'字，说'鼓万物而不与圣人同忧'用'天地不仁，以万物为刍狗'语，皆借《老子》之言，而实异其义，非如魏、晋人合《老》《易》为一者也。惟其解《复卦》'后不省方'，以后为继体守成之主，以不省方为富庶优暇，不甚省事，则于义颇属未安。此又不必以张子故而曲为之词矣。"案：《玉海》卷三六《周易传》《郡斋读书志》卷一皆载张载《横渠易说》十卷，是宋时实有十卷本，非《宋志》误载，馆臣云云不确。

南宋程珌《洺水集》卷六《易议》称"宋兴百年，名儒辈出，胡安定得其用也，邵康节得其数也，程明道、伊川得其理也，周濂溪得其体也，张横渠得其用也，然后《易》之道遂大明于天下"。案：有清通志堂刊本、《四库全书》本等。

正 象 书

张载撰。

《读易举要》卷四云"崇文校书横渠先生长安张载子厚撰《易说》三卷，又撰《正象书》二卷，凡十七篇"。案：佚。

易 解

王安石撰。

王安石（1021—1086），字介甫，晚号半山，抚州临川（今属江西）人。少好读书，庆历二年（1042）登进士第。历任淮南判官、知鄞县、舒州通判、知常州、提点江东刑狱等。神宗初，召为翰林学士，熙宁二年（1069）擢参知政事，三年拜相，推行新法。七年罢，八年又拜相，九年再罢相，隐居江宁，封荆国公，世称王荆公。元祐元年卒，年六十八，谥曰文。《宋史》卷三二七有传。著有《三经新义》《字说》等文集。

《郡斋读书志》卷一、《玉海》卷三六《周易传》著录王安石《易义》二十卷。《厚斋易学》附录一引《中兴书目》《直斋书录解题》卷一、《宋志·易类》著录王安石《易解》十四卷。《郡斋读书志》卷一云"介甫《三经义》皆颁学宫，独《易解》自谓少作未善，不专以取士。故绍圣后复有龚原、耿南仲注《易》，三书偕行于场屋"。《厚斋易学》附录一引《中兴书目》亦云"有上、下经至杂卦外，有《卦象论》统解《易》象"，并注云"《读书志》云《易义》二十卷，建本二十七卷"。则本书题《易义》者为二十卷，题《易解》者作十四卷，别有建州刊本作二十七卷。案：佚。

《龟山语录·南都所闻》载杨时云："某常疑定夫学《易》，亦恐出他荆公未得。荆公于《易》，只是理会文义，未必心通。若非心通，纵说得分明彻了，不济事。《易》不比他经，须心通始得。如龚深父说《易》，元无所见，可怜一生用功，都无是处。"黄震《黄氏日抄》卷六四称王安石"《易泛论》释《易》中字义甚详。《卦名解》始于刚柔始交之屯，辗转次第，用序卦之法而论其次，颇有牵强处。内云'中孚者至诚之卦，无妄则不妄而已'。此恐未安，'无'字与'不'字自是两义也。"

王安石还撰有《易泛论》《卦名解》，载于《临川文集》卷六三。

易 象 论

王安石撰。

《易象论》一篇，载于《临川文集》卷六五。

九 卦 论

王安石撰。

《九卦论》一篇，载于《临川文集》卷六六。

河图洛书义

王安石撰。

《河图洛书义》一篇，载于《临川文集》卷六三。

周 易 注 解

张公裕撰。

张公裕（1023—1083），字益孺，蜀之江原（今四川崇州）人。皇祐间中进士甲科，为戎州军事推官。"戎僰近蛮，素无儒生，公请兴学校，立生员，躬自教率，后遂继有登词科者。"再调忠武军节度掌书记，改太子中允、知定州唐县。以荐选充秘阁校理，除同知太常礼院，改判吏部南曹。出知嘉州，迁太常博士。会改官制，为承议郎。元丰六年五月卒，年六十一。"于书无所不读，而于《诗》《易》《春秋》《老子》《阴符》尤能究达其义，而各为之注解，共三十三卷。为文典赡，有西汉之风，《家集》三十卷。"事迹见《范忠宣集》卷一四《承议郎充秘阁校理张君墓志铭》。案：佚。

易 解

王存撰。

王存（1023—1101），字正仲，润州丹阳（今属江苏）人。庆历六年（1046）登进士第。治平中为国子监直讲，迁著作佐郎，历馆阁校勘、集贤校理、史馆检讨。元丰元年（1078）为国史编修官、修起居注，明年以右正言知制诰、同修国史，五年迁龙图阁直学士、知开封府，进枢密直学士，改兵部尚书，转户部。元祐二年（1087）拜尚书右丞，三年迁左丞，加资政殿学士、知扬州，改知大名府、杭州，绍圣初提举崇禧观，迁右正议大夫致仕。建中靖国元年卒，年七十九。《宋史》卷三四一有传。

《遂初堂书目》著录王存《易解》。案：佚。

周 易 论

陈皋撰。

《通志》卷六十三《艺文略一》著录陈皋《周易论》十卷。陈皋，事迹不详。按熙宁中蜀人房审权编《易义海》凡百卷，南宋初李衡删削成《义海撮要》十卷，内载录有陈皋之说。又，文同《丹渊集》卷三八《梓州处士张公墓志铭》有陈皋，字希古；清《湖广通志》卷三二亦载北宋零陵人陈皋，官通判；《成都文类》卷三二载陈皋《杜宇鳖灵二坟记》，撰于皇祐四年（1052）九月廿四日。疑即此人。案：本书佚。

周 易 重 注

鲍极撰。

鲍极，事迹未详。《宋志·易类》著录鲍极《周易重注》十卷。《厚斋易学》附录一引《中兴书目》云："《周易重注》十卷，治平中建昌军司户鲍极撰。右司谏郑獬表进，秘阁校理钱藻序。宣和中，秘书少监孙近重行改定，取《翼赞》附经之末，以全一家之书。"《明一统志》卷四二《金华府·鲍令岩》云岩"在东阳县南五里涵碧亭之上，岿然崛起，孤高峻拔，有石刻'鲍令岩'三字，以宋县令鲍极尝于此修禊故名"。则鲍极当为温州（今属浙江）人，于治平中官建昌军司户，撰进本书，后知东阳县。又，《（雍正）浙江通志》卷二四一引《万历温州府志》著录其《周易重注》九卷、《广赞》八卷。然《广赞》一书未见他书著录，《周易重注》九卷者亦与他书记载异。待考。

郑獬《郧溪集》卷一二有《进鲍极注周易状》，云："《易》与天地俱出，而隐于视听之表。伏羲始钩而得之，象之以卦，经文王、孔子然后其道益完以显。故其为书最古，最为宏衍幽深，魁卓而不可穷。后世学者虽终身穷考，而欲究其奥极，常患不至，故其注释者比他经为最多。如康成之博学，其所解经莫不传于世，至于注《易》，则学者所不齿。晚乃有王弼者。自弼而降，有陆希声、刘牧，此最可称道。然弼为义多老、庄无用之说，希声削文王、孔子系象而著以己说，兹非罪人耶？然其注差胜弼。牧之注本沿蹈于希声，而又益以茫昧荒虚不可究之象数。兹数子者，俱不免于诋訾，则宜说者之不息也。臣伏见某官强力积学，深于《易》义，致思十年，别为注解，斥诸家之浮杂，抗圣经而独骛，包罗大义，横穿直贯，其有高处超然出于学者之意外。臣实惜其埋郁而未能光明于世，辄令缮写编成五册，共一十卷，谨随状进呈，乞下儒臣看详，特赐施行，庶几传经之士有所闻益矣。"而朱震《汉上易传》卷上引录鲍极论卦变之义，曰："《遁》阴长之卦，邪道并兴，圣人易一爻而成《无妄》，欲以正道止其邪也。"案：本书佚。

周 易 义 略

张简撰。

《通志》卷六三《艺文略一》著录张简《周易义略》九卷。张简，事迹未详。《郡斋读书志校证》卷一〇著录《点注孟子》十四卷，"皇朝熙宁中，蜀州张简点节经注，附以释文，以教童子"。似即此人。案：佚。

易 问 难

张简撰。

《周易启蒙翼传》中篇著录张简《易义略》九卷，又《易问难》二十卷。案：佚。

周 易 口 诀

王锜撰。

《通志》卷六三《艺文略一》著录王锜《周易口诀》六卷。王锜，事迹未详，当为北宋中期人。案：本书佚。

易 义

袁建撰。

袁建，事迹未详。按《易义海撮要》内录有袁建之说，当为北宋中期人。案：本书佚。

周易开奥图

赵克颙撰。

赵克颙（？—1080），魏王廷美曾孙。《宋会要辑稿·帝系》三之二二云"皇叔克颙，元丰三年十一月赠昭德军（节度使）、祁国公"。刘敞《公是集》卷五十四《皇侄孙故右监门率府率叔僧石记》云克颙长子"叔僧庆历丁亥（1047）十二月二十日生"。故推知克颙卒于元丰三年，约生于仁宗天圣年中。又《长编》卷二百一十六载熙宁三年

（1070）十月"己巳，右武卫大将军、昭州团练使克颙领解州防御使。克颙试《诗》《易》大义及论于学士院，皆合格也"。

《玉海》卷三十六《熙宁周易图》云"熙宁九年五月二十二日，宗子克颙进《周易开奥图》、克孝进《孝经传》，诏褒之"。案：佚。

周 易 新 义

沈季长撰。

沈季长（1027—1087），字道原，真州（今江苏仪征）人。王安石妹婿。中进士甲科。熙宁间累官国子监直讲、崇政殿说书，"进讲发明，皆治乱之要"。除天章阁侍讲兼集贤校理，管勾国子监公事。元丰二年（1079）罢。哲宗继位，迁朝奉郎、权发遣南康军。元祐二年除少府少监，改权发遣秀州事，十月卒，年六十一。著有《文集》十五卷、《诗传》二十卷、《论语解》十卷、《对问》五卷等。事迹详见王安礼《王魏公集》卷七《沈公墓志铭》，传附《宋史》卷三百五十四《沈铢传》。

《通志》卷六十三《艺文略一》著录沈季长《周易新义》上下二卷。案：佚。

易 索 蕴

杨绘撰。

杨绘（1027—1088），字元素，绵竹（今属四川）人。皇祐五年（1053）擢进士第二人。神宗时官翰林学士、御史中丞。元祐初，复天章阁待制，再知杭州。三年卒，年六十二。范祖禹《范太史集》卷三十九《天章阁待制杨公墓志铭》云其"专治经术，工古文，尤长于《易》《春秋》"。居无为山著书，自号无为子"。所著"有《群经索蕴》三十卷、《无为编》三十卷、《西垣集》三卷、《谏疏》七卷、《台章》七卷、《翰林词稿》七卷"。《宋史》卷三二二有传。

宋陈师道《后山谈丛》卷一云："杨内翰绘云：庄遵以《易》传扬雄，雄传侯芭，自芭而下，世不绝传，至沛周郯。郯传乐安任奉古，奉古传广凯，凯传绘。所著《索蕴》，乃其学也。"即此《易索蕴》，当属《群经索蕴》之一部。案：佚。

《经义考》卷二四二曰："杨氏绘《群经索蕴》。《宋志》：三十三卷。"检《宋志·经解类》，著录杨会《经解》三十三卷。"会"，当作"绘"。然《经解》三十三卷，与《群经索蕴》三十卷，其书名、卷数皆异，似未能视作一书。

周 易 古 经

吕大防撰。

吕大防（1027—1097），字微仲，京兆蓝田（今属陕西）人。举进士。神宗初，召入直舍人院，为陕西宣抚司判官，除知制诰，出知临江军、华州、知永兴军、成都府。哲宗即位，召为翰林学士，迁吏部尚书，元祐初除尚书右丞，俄拜中书侍郎，三年（1088）拜左仆射兼门下侍郎。哲宗亲政，以观文殿大学士知颍昌府，改知永兴军，绍圣初落职知随州，贬秘书监，分司南京，郓州居住，再责舒州团练副使，循州安置。绍圣四年卒，年七十一。后复故官职，谥曰正愍。《宋史》卷三四〇有传。

《郡斋读书志》卷一著录吕大防微仲编《周易古经》二卷，"其序云：'《彖》《象》所以为解经，始各为一书。弼专治《彖》《象》以为注，乃分于卦爻之下，学者于是始不见完经，而文辞次第贯穿之意，亦缺然不属。因按古文而正之。'凡十二篇，别无解释"。《直斋书录解题》卷一著录《周易古经》十二卷，云"丞相汲郡吕大防微仲所录上、下经，并录《爻辞》《彖》《象》，随经分上下，共为六卷，上、下《系辞》二卷，《文言》《说》《序》《杂卦》各一卷"。则吕大防于元丰五年（壬戌，1082）定《周易古经》，计二卷十二篇，直斋所云十二卷，乃以篇为卷。案：本书收载于吕祖谦《古周易》，题《吕氏周易古经》，有《四库全书》本等。

吕大防序《周易古经》云："《周易古经》者，《彖》《象》所以解经，始各为一书。王弼专治《彖》《象》以为注，乃分缀卦爻之下，学者于是不见完经，而《彖》《象》《辞》次第贯穿之意，亦缺然不属。予因案古文而正之，凡经二篇，《彖》《象》《系辞》各二篇，《文言》《说卦》《序卦》《杂卦》各一篇，总一十有二篇。元丰壬戌七月既望汲郡吕大防序。"又《古周易·上经》李焘序曰："谨案元丰五年，正愍吕公微仲始厘析王辅嗣篇第，别定为十有二，如刘歆《六艺略》，首所列施、孟、梁丘三家者，刻板置成都学官，于文字句读初无增损。"又曰："吕氏于卦、爻、《彖》《象》《系辞》并分上下，自《咸》以后为《下经》《下彖》《下象》，自八卦成列以后为《下系》，而《文言》乃次《下系》。"尤袤《梁溪遗稿》卷二《与吴斗南书》曰："顷得吕东莱所定《古易》一编，朱元晦为之跋，（当）[尝]以板行，乃与左右所刊吕汲公《古经》无毫发异，而东莱不及微仲尝编此书，岂偶然同邪？"吴斗南，即吴仁杰。宋税与权《易学启蒙小传·周易古经发题》云"吕汲公元丰壬戌昉刻《周易古经》十二篇于成都学官"。《宋志·易类》著录《周易古经》一卷，未著撰者名氏。宋冯椅《厚斋易学》附录一《先儒著述上·古经》云："《易学外传》云《中兴书目》：《周易古经》一卷。盖未有传注，前经、《彖》《象》《系》分上下，并《文言》《说卦》《序卦》《杂卦》各不相属。不著名氏，谓后人仿之类为一书，非旧古经也。按刘向尝以中古文《易经》校施、孟、梁丘经，至蜀李譔又尝著《古文易》，今皆亡。惟成都府学官有元丰五年壬戌岁吕微仲自序其书十二篇，与古经同。晁氏《读书志》云二卷，今李仁父再刻者止一卷。"又胡一桂《周易启蒙翼传》中篇云："案尤侍郎袤字延之与吴氏仁杰书云：'顷得吕东莱所定

《古易》一编，朱元晦为之跋，尝以板行，乃与左右所刊吕汲公《古经》无毫发异，而东莱乃不及微仲尝编，岂偶然同耶？'愚谓此朱、吕二先生皆偶未及见，东莱决非掩袭，观文公与吴氏书，则后来必就吴氏本见之矣。但跋东莱本在前，其时必未之见也。今观所次序经传本末，并与东莱定本同。但东莱只分上经、下经，而无第一、第二字。又东莱称《象》上传第一至《杂卦》传第十，小有不同尔。"又《经义考》卷十九引胡一桂曰："《古易》之乱，肇自费直，继以郑玄，而成于王弼。《古易》之复，始自元丰汲郡吕微仲，嵩山晁以道继之，最后东莱先生又为之更定，实与微仲本暗合。而东莱不及微仲尝编此，盖偶未之见也。"

易　传

孙觉撰。

孙觉（1028—1090），字莘老，高邮（今属江苏）人。从胡瑗受学。中皇祐元年（1049）进士第。治平中为馆阁校勘，神宗即位，除直集贤院，迁右正言，出通判越州，徙知通州，召还修起居注，黜知广德军，踰年徙湖州、庐州、苏州、福州、徐州、南京，召为太常少卿，易秘书少监。哲宗即位，兼侍讲，迁右谏议大夫、给事中、吏部侍郎，擢御史中丞，除龙图阁直学士、提举醴泉观，力请外，提举灵仙观。元祐五年二月卒，年六十三。① 有文集、奏议六十卷，《春秋传》十五卷。《宋史》卷三四四有传。

游酢《游廌山集》卷四载《孙莘老易传序》，云："《易》之为书，该括万有，而一言以蔽之，则顺性命之理而已。阴阳之有消长，刚柔之有进退，仁义之有隆污，三极之道皆原于一而会于理。其所遭者时

---

① （宋）李焘：《续资治通鉴长编》卷四三八元祐五年二月戊戌条，中华书局 2004 年版，第 10553 页。

也，其所托者义也，其所致者用也，知斯三者而天下之理得矣。斯理也，仰则著于天文，俯则形于地理，中则隐于人心，而民之迷日久，不能以自得也。冥行于利害之域，而莫知所向，圣人有忧之，此《易》之所为作也。伏羲象之而八卦成，文王重之而六爻具，周公系之辞，仲尼训其义。自伏羲至仲尼，则《易》之书不遗余旨矣。盖将领天下于中正之涂，而要于时措之宜也。居则观象而玩辞，动则观变而玩占，以研心则虑精，以应物则事举，天且助之，人且与之，而何凶咎之有？故曰：'是兴神物，以前民用。'又曰：'因贰以济民行。'此四君子之用心也。孙公莘老，少而好《易》，常以是行己，亦以是立朝，或进或退，或语或默，或从或违，皆占于《易》而后行也。晚而成书，辞约而旨明，义直而事核，又将与学者共之，盖亦先圣之所期，岂徒为章句以自名家而已？此先生传《易》之意也，学者宜以是观之。"乾隆《江南通志》卷一九〇载高邮孙觉《易传》十卷。案：佚。

易　　说

史讽撰。

史讽，事迹未详。王安石《临川文集》卷七五《答史讽书》云："前日蒙访，及以《易说》一通，且欲责某之一言，以信之天下，大非某智力之所能任也。某于《易》尝学之矣，而未之有得，故虽悦足下志意之高，辞说之明，而不敢断其义之是非，则何能推其义以信之天下？虽然，足下属我良重，不可以无说。盖学者君子之务本，而教者圣人之余事，故学则求之，教则应之，有余则应，不足则求。盖有余而求之者有矣，未有不足而能应者也。盖见求而不应者矣，未有不求而应之者也。为足下计，亦志于学而已。学足乎已，则不有知于上，必有知于下，不有传于今，必有传于后。不幸而不见知于上下，而不传于今，又不传于后，古之人盖犹不憾也。知我者，其天乎！此乃《易》所谓知命也。命者，非独贵贱死生尔，万物之废兴，皆命也。孟子曰：'君子行法以俟命而已矣。'且足下求以诲人者也，道无求而诲之者，求人而诲之则丧道，丧道以求传道，则孰取以为道？足下其试思之。"案：佚。

周 易 略 例

桂询撰。

《通志》卷六三《艺文略一》著录桂询《略例》一卷。案：佚。

《江西通志》卷四九、卷八五载桂询，字谋道，贵溪（今属江西）人。皇祐五年（1053）进士。"弱冠游京师，一时英俊皆相友善。"仕司理，历直讲、应天府右军巡判，卒于官。似即此人。案：《万姓统谱》卷九六称桂询为晋时人，不确。

易 图

黄庶先撰。

黄庶先，事迹未详。文同《丹渊集》卷四有《送黄庶先岷州赴举》诗云："朝廷取士及洮西，君今去就岷州荐。男儿致身自有地，六月万里君莫惮。君也经术三十年，此发必中后羿箭。声名大抵重文章，慎莫便从班定远。"又《庶先北谷》诗云："路自西溪入，园当北谷开。月亭诗作客，雨馆睡为媒。摘果衣沾露，寻泉屐渍苔。闲居正无事，莫问我频来。"故推知其为蜀人，尝赴岷州应乡举，约与文同同时。

文同《丹渊集》卷二一《黄氏易图后题》云："易以数变以管摄天下之事物，横该直涉，穷崇扩远，幽玄隐奥，无所不及。古之人得一绪而力引之，舒演盘约，以系其说，滂洋溴溔，而初若有以可纪者，究其推合迁就，往往于端末亦自鏧。今之所谓京房之学者是已。房既受术于焦延寿，延寿尝谓'房必以吾道亡其身'，后果然。岂以其自置太审而尚凿者欤？取六十四卦更直日事，候一岁风雨寒温，以效其灾休，独以坎离震兑号方伯监司，以分至专王之气主之。其事疑强配不精解，勤则勤矣，然后人临文所惑，奈何！故吾庶先之论由此而兴矣。庶先少游四方，博学，善辩议湛思，无不晓贯，因悟周流六虚之说，遂以完合京之罅漏，散八卦所重之画，均诸消息而著之图焉。终始出入，无一悖谬，如瑶之聚斗，如辐之拥毂，循睌偻指，不失伦类。复撰《明闰》《衍图》《卦气》三篇，以正诸家之未至，以辨传记所以昧没之意。磨神晴，补鬼髓，庶先之深功厚力也，欲视于世，求此题述，试为道其大氐。世之君子考其图、阅其书者，皦然若粉墨界画，不待讲解而其法自得，此吾所以不复区区也。熙宁己酉（1069）孟冬望日，墨君堂书。"案：《经义考》云"一卷，佚"。

否泰一十八卦论

柯述撰。

柯述，字仲常，南安（今属福建）人。雍正《福建通志》卷四五云"述与弟述、迪尝贽文蔡襄，襄奇之"。登嘉祐四年（1059）进士，元祐、元符中两知福州。"通百家，尤精于《易》，著《否泰十有八卦》以明君子小人之义。"《经义考》卷六九云柯述撰《否泰一十八卦论》，佚。

易　　解

沈括撰。

沈括（1031—1095），字存中，钱塘（今浙江杭州）人。嘉祐八年（1063）举进士。熙宁间历任提举司天监、翰林学士、权三司使，罢知宣州。元丰三年（1080）知延州，任鄜延路经略安抚使。后因永乐之败，贬均州团练副使。元祐初徙秀州，后移居润州。绍圣二年卒，年六十五。"括博学善文，于天文、方志、律历、音乐、医药、卜算无所不通，皆有所论著。又纪平日与宾客言者为《笔谈》，多载朝廷故实、耆旧出处，传于世。"《宋史》卷三三一有传。

《直斋书录解题》卷一著录《易解》二卷，"翰林学士钱塘沈括存中撰。所解甚略，不过数卦，而于《大》《小畜》《大》《小过》独详"。案：《经义考》曰"未见"。

老子系辞解

蒋之奇撰。

蒋之奇（1031—1104），字颖叔，常州宜兴（今属江苏）人。嘉祐二年（1057）进士。历监察御史、殿中侍御史，累迁江淮荆浙发运副使。徽宗崇宁元年（1102），擢同知枢密院事，以观文殿学士出知杭州，以疾告归。三年卒，年七十四。《宋史》卷三四三有传。

《宋志·道家类》著录蒋之奇《老子解》二卷，又《老子系辞解》二卷。案：疑二者实为一书。佚。《经义考》卷六九作《系辞解》二卷。似不确。

易 义 解

单锷撰。

单锷（1031—1110），字季隐，常州宜兴（今属江苏）人。登嘉祐四年（1059）进士，《吴中水利书》卷末《后记》称其"不就官，独乘一小舟，遍历三州，苏、常、湖水道，经三十年，一沟一渎，无不周览考究，著《吴中水利书》。苏轼知杭州时，尝录其书进于朝，不果行。遂隐居不仕"。慕容彦逢《摛文堂集》卷十五《单季隐墓志铭》称其"少有志操，从胡翼之先生肄业，颇见推重。长益窒于学，著《诗》

《易》《春秋义解》，博考诸家之说，断以胸臆。他经及子史，皆手自抄纂，篇帙盈庋，笔札细楷，几若摹印。其为文务辞达事举，不喜浮靡，论议衮衮可听。尤能言吴中水利"。大观四年正月卒，年八十。案：本书佚。

易　传

王令撰。

王令（1032—1059），字逢原，初字钟美，广陵（今江苏扬州）人。少时尚意气，后折节力学。不求仕进，以教授生徒为生，往来于瓜洲、天长、高邮、润州、江阴等地。至和元年（1054），王安石奉召晋京，途经高邮，王令投赠诗文，获安石赏识，结为知己，遂以文学知名。嘉祐四年卒，年二十八。事迹见王安石《临川文集》卷九七《王逢原墓志铭》及门人刘发《广陵先生传》（见《广陵集》附录）。

《读易举要》卷四云"广陵王令逢原撰《易传》。为王介甫客，年二十八终于布衣。年虽不寿，著述甚富。介甫志其墓，不言其所著书"。案：佚。

易　说

李清臣撰。

李清臣（1032—1102），字邦直，魏（今河北大名）人。皇祐中举制科。累迁翰林学士、吏部尚书，元丰六年（1083）擢尚书右丞，元祐初为户部尚书，以资政殿大学士知河南府。徽宗即位，以礼部尚书召，复大学士，拜门下侍郎。出知大名府。崇宁元年正月卒，年七十一。详见晁补之《鸡肋集》卷六二《资政殿大学士李公行状》。《宋史》卷三二八有传。

李清臣撰《易论》三篇，载于《宋文选》卷十八。清朱彝尊《曝书亭集》卷四二《王氏大易缉说跋》有云："《易》于秦火后独完，似无可议，而欧阳永叔、王景山疑及《系辞》，张芸叟疑爻辞，窃以为非是，若夫李邦直、朱新仲疑《序卦传》。"

易　论

吕陶撰。

吕陶（1032—1108），字符钧，成都（今属四川）人。"蒋堂守蜀，延多士入学，亲程其文。尝得陶论，集诸生诵之曰：'此贾谊之文也。'陶时年十三。"中进士第，应熙宁制科。元祐初擢殿中侍御史，出为梓州、淮西、成都路转运副使，入拜右司郎中、起居舍人，进给事中。哲宗始亲政，以集贤院学士知陈州，徙河阳、潞州，贬库部员外郎分司。徽宗立，复集贤殿修撰，知梓州。致仕，卒，年七十七。《宋史》卷三四六有传。据《宋史》卷二九八《蒋堂传》，云其"以枢密直学士知益州，庆历初，诏天下建学，汉文翁石室在孔子庙中，堂因广其舍为学宫，选属官以教诸生，士人翕然称之"。又《长编》卷一五三载庆历四年十二月"甲辰，龙图阁直学士、吏部员外郎、知秦州文彦博为枢密直学士、知益州，代蒋堂也"。而据《长编》卷一四七庆历四年三月乙亥诏有云"其令曰州若县皆立学"。《玉海》卷一六一《汉文翁石室》载"庆历四年，益州守蒋堂广其舍为宫，以教诸生。治平中，韩绛建讲堂于文翁石室之西"。故推知蒋堂"得陶论，集诸生诵之"当在庆历四年（1044）中，时年十三，则推知吕陶当生于明道元年（1032），而卒于大观二年（1108）。又《宋史·蒋堂传》之"庆历初"，当作"庆历中"。

吕陶《净德集》卷十五载《易论》上、中、下三篇。

易 传

程颐撰。

程颐（1033—1107），字正叔，河南（今河南洛阳）人。学者称伊川先生。元祐元年（1086）奉诏赴阙，授崇政殿说书。次年出管勾西京国子监。绍圣四年（1097）入元祐党籍，编管涪州。徽宗立，遇赦还洛，复通直郎、权判西京国子监。崇宁元年（1102）再追所复官。五年，复通直郎致仕。大观元年卒，年七十五。详见杜大珪《名臣碑传琬琰集》下集卷二一《程侍讲颐传》。与其兄程颢并称"二程"。《宋史》卷四二七有传，称其"学本于诚，以《大学》《论语》《孟子》《中庸》为指南，而达于六经"。著有《易传》《春秋传》等传于世。《东都事略》卷一一四《程颐传》云程颐"有《易传》六卷，诸经解说未成，编者附于集"。

程颐《伊川易传序》云："《易》，变易也，随时变易以从道也。其为书也广大悉备，将以顺性命之理，通幽明之故，尽事物之情，而示开物成务之道也。圣人之忧患后世可谓至矣。去古虽远，遗经尚存，然而前儒失意以传言，后学诵言而忘味，自秦而下，盖无传矣。予生千载之后，悼斯文之湮晦，将俾后人沿流而求源，此传所以作也。《易》有圣人之道四焉，以言者尚其辞，以动者尚其变，以制器者尚其象，以卜筮者尚其占，吉凶消长之理，进退存亡之道，备于辞，推辞考卦，可以知变象与占在其中矣。君子居则观其象而玩其辞，动则观其变而玩其占，得于辞、不达其意者有矣，未有不得于辞而能通其意者也。至微者理也，至著者象也，体用一源，显微无间，观会通以行其典礼，则辞无所不备。故善学者求言必自近，易于近者，非知言者也。予所传者辞也，由辞以得其意，则在乎人焉。"时在元符二年（1099）正月。

杨时《龟山集》卷二五《校正伊川易传后序》云："伊川先生著

《易传》，方草具，未及成书，而先生得疾，将启手足，以其书授门人张绎。未几而绎卒，故其书散亡，学者所传无善本。政和之初，予友谢显道得其书于京师，示予，而错乱重复，几不可读。东归待次毗陵，乃始校定，去其重复，逾年而始完。先生道学足为世师，而于《易》尤尽心焉。其微辞妙旨，盖有书不能传者，恨得其书晚，不及亲受旨训。其谬误有疑而未达者，姑存之以俟知者，不敢辄加损也。然学者读其书，得其意，忘言可也。"吕祖谦《东莱集》卷七《书校本伊川先生易传后》云："伊川先生遗言见于世者，独《易传》为成书，传摹浸舛，失其本真，学者病之。某旧所藏本出尹和靖先生家，标注皆和靖亲笔。近复得新安朱熹元晦所订，雠校精甚，遂合尹氏、朱氏书，与一二同志手自参定，其同异两存之，以待知者。既又从小学家是正其文字，虽未敢谓无遗恨，视诸本亦或庶几焉。会稽周汝能尧夫、山楼锷景山方职教东阳，乃取刊诸学官。"朱熹《晦庵集》卷八一《书伊川先生易传板本后》："然自秦汉以来，考象辞者泥于术数而不得其弘通简易之法，谈义理者沦于空寂而不适乎仁义中正之归，求其因时立教，以承三圣，不同于法，而同于道者，则惟伊川先生程氏之书而已。……华山皇甫斌尝读其书而深好之，盖尝大书深刻，摹以予人，惟恐传者之不广，而读者之不多也，顾犹来请其所以读之之说，熹不得让，辄书此以遗之。"时淳熙六年（1179）秋八月丙戌朔。

　　《厚斋易学》附录一《伊川传》引《中兴书目》云：程颐《易传》六卷，"解六十四卦"，"元符二年自序……其学出于周茂叔。自汉以来言《易》者，局于象数之偏，展转推测，流于方技。自王辅嗣一扫群说，独据义理人事言之，虽未能尽识经旨，而《易》可寻矣。本朝诸君子如胡、石，亦只是依近注疏，王、苏又太阔略，至正叔《传》出，义理彰明，而辅嗣之学浅矣。其《答张闳中书》：'《易传》未传，自量精力未衰，尚觊少进。'其不苟如此。尝以《易传》示门人曰：'止说得七分，后人更须自体究也。'正叔兄颢，字伯淳，号明道先生，亦有说

273

《易》处，载之《语录》，曾穜裒之为《大易粹言》云"。《郡斋读书志》卷一著录程颐《程氏易》十卷，云："朱震言颐之学出于周敦颐，得之于穆修，亦本于陈抟，与邵雍之学本同。然考颐之解不及象数，颇类胡瑗尔。景迂云：'胡武平、周茂叔同师润州鹤林寺僧寿涯，其后武平传其学于家，茂叔则授二程。'与震之言不同。"《直斋书录解题》卷一著录程颐《伊川易解》六卷，云"止解六十四卦，不解《大传》，而以《序卦》分置诸卦之首，盖唐李鼎祚《集解》亦然。伊川平生著述，惟《易传》为深，而亦不解《大传》"。《玉海》卷三六《周易传》云《程氏易》十卷。《宋志·易类》著录程颐《易传》九卷，又《易系辞解》一卷。《文献通考》卷一七六著录《伊川易传》十卷，云："《遗书》：张闳中以书问《易》之义本起于数。程子答曰：'谓义起数，则非也。有理而后有象，有象而后有数。《易》因象以知数，得其义，则象在其中矣。必欲穷象之隐微，尽数之毫忽，乃寻流逐末，术家所尚，非儒者之务也。管辂、郭璞之学是已。'又曰：'理无形也，故因象以明理。理见乎辞者也，则可由辞以观象。故曰：得其义，则象数在其中矣。'门弟子请问《易传》事，虽有一字之疑，伊川必再三喻之。盖其潜心甚久，未尝容易下一字也。"又云："程子高弟尹公尝谓'《易传》乃夫子自著，欲知道者，求于此足矣，不必旁观他书。盖《语录》或有他人所记，未必尽得先生意。'又言：'先生践履尽一部《易》，其作传，只是因而写成。'此言尤有味。又曰：'《易传》不看本文，亦自成一书。'又曰：'《易传》明白，无难看处。但此是先生以天下许多道理，散入六十四卦、三百八十四爻之中。将作《易》看，却无意味。须将来作事看，即句句字字有用处耳。程先生《易传》，义理精，字数足，无一毫欠缺，只是于本义不相合。《易》本是卜筮之书，程先生只说得一理。''程《易》言理甚备，象数却欠在。'"又云："按伊川之《易》精于义理，而略于卜筮、象数，此固先儒之说。然愚尝以为《易》之象数卜筮岂出于义理之外？盖有此理，则有此象，有此数。而卜筮之说，其所谓趋吉避凶、惠迪从逆云者，又未尝不一出于义理。平时本诸践履，则观象玩辞，此义理也。一旦谋及卜筮，则观变玩占，亦此义理也。初不必歧而二之。然言出圣贤之口，则单辞词组皆有妙理，假借旁通悉为至教，往往多借《易》以明理，初不拘于说《易》也，自夫子而然矣。"又云："按伊川之学出自濂溪，此先儒通论也。而晁、朱之说以为濂溪所师，本于希夷及一僧，则固老、释之宗旨矣。此论未之前闻。"

《四库全书总目》卷二著录程颐《易传》四卷，云："卷首有元符二年自序。考程子以绍圣四年编管涪州，元符三年迁峡州，则当成于编管涪州之后。王偁《东都事略》载是书作六卷，《宋志》作九卷，《二程全书》通作四卷，杨时跋语称'伊川先生著《易传》，未及成书，将启手足，以其书授门人张绎。未几绎卒，故其书散亡，学者所传无善本。谢显道得其书于京师，以示余，错乱重复，几不可读。东归待次毗陵，乃始校正，去其重复，踰年而始完'云云，则当时本无定本，故所传各异耳。其书但解上、下经及《彖》《象》《文言》，用王弼注本，以序卦分置诸卦之首，用李鼎祚《周易集解》例，惟《系词传》《说卦传》《杂卦传》无注，董真卿谓亦从王弼。今考程子与金堂谢湜书，谓《易》当先读王弼、胡瑗、王安石三家，谓程子有取于弼，不为无据，谓不注《系词》《说卦》《杂卦》以拟王弼，则似未尽然，当以杨时'草具未成'之说为是也。程子不信邵子之数，故邵子以数言《易》，而程子此传则言理，一阐天道，一切人事。盖古人著书，务抒所见而止，不妨各明一义，守门户之见者必坚护师说，尺寸不容踰越，亦异乎先儒之本旨矣。"

有《四库全书》本，四卷；《古逸丛书》本，六卷等。

易 系 辞 解

程颐撰。

《宋志·易类》著录程颐《易系辞解》一卷。《直斋书录解题》卷一云程颐《伊川易解》六卷"止解六十四卦，不解《大传》，而以《序卦》分置诸卦之首"。《四库全书总目》卷二云程颐《易解》"但解上、下经及《彖》《象》《文言》，用王弼注本，以序卦分置诸卦之首，用李鼎祚《周易集解》例，惟《系词传》《说卦传》《杂卦传》无注，董真卿谓亦从王弼"。则知《易系辞解》当为一有别于《易传》之著作。

周 易 解

饶子仪撰。

饶子仪，字符礼，抚州临川（今属江西）人。《万姓统谱》卷三〇称其"九岁能诗，力学不倦。王安石多所论荐，子仪独不为屈。崇宁中，以经明行修，锡命于朝。司谏陈瓘阅其所著《编年史要》，为之序。又有《周易》《论语解》及诗文甚多"。《（雍正）江西通志》卷八〇云其"从胡瑗、孙复授经，亲没，不事科举。杨杰授以星历诸书，莫不洞究。结庵凌云山，名曰葆光，杜门著书。临江守王说欲迎致军学，郡守刘公臣曰：'吾州有士如此，令他之，可乎？'乃迎还，躬率诸生听讲说。崇宁初，诏举怀才抱艺养素丘园之士，郡以子仪应诏"。案：本书佚。

先 天 易 钤

牛师德撰。

《郡斋读书志》卷一著录《先天易钤》《太极宝局》二卷，称"皇朝牛师德撰。自云传邵雍之学于司马温公，而其说近于术数，未知其信然否"。《直斋书录解题》卷一著录《先天易钤》一卷，"序称牛师德祖仁撰。未详何人。盖为邵氏之学而专乎术数者也"。则《先天易钤》《太极宝局》各一卷。《经义考》卷二二称《先天易钤》二卷，不确。案：本书佚。

牛师德，字祖仁，北宋中后期人。事迹未详。

易 传

于房撰。

明王圻《续文献通考》著录于房《易传》。

《万姓统谱》卷一二载，于房，定襄（今属山西）人。"景祐四年（1037）知奉化，守正不回，惩恶劝善，敦厚风俗。毁石夫人庙以广学宫，亦其一事也。"又《浙江通志》卷一七六载，于房，浦江（今属浙江）人。"父昺，有学行。房为文有父风，而精简过之，远迩学者视为典型。嘉祐四年（1059）进士，官至尚书屯田员外郎、通判应天府、南京留守司。子世封、正封，亦举进士。世封晚著《易》《诗》《书》四十卷，正封著《春秋三传是非》二十卷，当时称以经学世其家者，必曰'浦江二封'。"则知撰本书者当为浦江人于房。案：佚。

易 解

张巨撰。

张巨，字微之，武进（今属江苏）人。《重修毗陵志》卷一七称"擢嘉祐二年第，举明经。少从安定先生游，居乡与蒋之奇、胡宗愈、丁骘为四友。学《易》于欧阳文忠公，公甚器之，荐充国子监直讲。《新经》行，与同职数人相继引去，时论高之。家藏文忠往复书迹甚富。所著文集四十卷，《易解》十卷，文忠公为之序"。案：安定先生，即胡瑗。又孔平仲《谈苑》卷二称嘉祐二年（1057）科进士，"明日唱明经第，张巨已于第四甲进士登科，又中明经。是时中两科者，例升一等。于是升缀第三甲末"。

欧阳修《文忠集》卷六四《张令注周易序》云："《易》之为书，无所不备，故为其说者亦无所不之。盖滞者执于象数以为用，通者流于变化而无穷，语精微者务极于幽深，喜夸诞者不胜其广大，苟非其正，则失而皆入于贼。若其推天地之理，以明人事之始终，而不失其正，则王氏超然远出于前人，惜乎不幸短命而不得卒其业也。张子之学，其勤至矣，而其说亦详焉，其为《自序》尤多所发明。昔汉儒白首于一经，虽孔子亦晚而学《易》。今子年方壮，所得已多，而学且不止，其有不至者乎？"案：佚。

易 释 解

孙载撰。

孙载（1035—1109），字积中，昆山嘉定（今属上海）人。宋龚明之《中吴纪闻》卷四载其治平二年（1065）进士及第，历任河中府户曹、中书检正官、知湖州德清县、知考城县。官制行，换奉议郎。除广东路常平，哲宗即位，转承议郎，授陕州通判，移广东转运判官，绍圣初除河北西路常平，改知海州、沂州，迁朝奉大夫、知婺州，移河东路转运判官，又移淮西路提点刑狱。徽宗即位，迁朝请大夫、知亳州。"言者谓公尝附荐元祐党人，得提举杭州洞霄宫，即归昆山，日与亲戚间里置酒棋奕，道故旧为乐。"大观中迁朝议大夫，未几守本官致仕。卒，年七十五。"自少喜读《易》，慕唐人为诗。著《易释解》五卷、文集五十卷，藏于家。"《无锡县志》卷三上称其尝从胡瑗学，被誉为"安定四俊友"之一。《姑苏志》卷三四载"朝议大夫孙载墓在高景山，大观三年葬，鲍钦止铭"。推知其当卒于是年。

本书五卷，佚。案：《姑苏志》卷四九称其著《易释解》五十卷，似衍"十"字。

易　义

薛温其撰。

薛温其，事迹不详。按熙宁中蜀人房审权编《易义海》凡百卷，南宋初李衡删削成《义海撮要》十卷，内载录有薛温其之说。《宋史》卷三四一《赵瞻传》称"时议追崇濮安懿王，（侍御史赵）瞻引汉师丹、董宏事，谓其属薛温其"云云。疑即此人。案：本书佚。

易　说

罗适撰。

罗适，字正之，宁海（今属浙江）人。陈耆卿《赤城志》卷三三称其治平三年（1066）彭汝砺榜进士。历提点府界五县公事，提点两浙、京西刑狱，终朝散大夫。著有《易说》《赤城集》行于世。

本书佚。《经义考》卷一八称《易解》。

易　说

乔执中撰。

乔执中，字希圣，高邮（今属江苏）人。初入太学，补五经讲书，五年不谒告。王安石为群牧判官，命子弟与之游。治平四年（1067）擢进士第，调须城主簿。王安石执政，引其编修《熙宁条例》。历提举湖南常平、提点开封府界县镇、提点京西北路刑狱，元祐初为吏部郎中，迁起居舍人、起居郎、中书舍人、给事中、刑部侍郎。绍圣初以宝文阁待制知郓州。卒，年六十三。所著有《中庸义》一卷，《周易说》十卷，《诗义》十卷，古律诗赋十五卷，杂文碑记十卷。《宋史》卷三四七有传。又《清波杂志·别志》卷一称"选人致仕，请受通直郎荣其亲，元符间待制宝文阁乔执中建明"。则知其卒于此后。

《宋志·易类》著录乔执中《易说》十卷。佚。

周 易 义 类

顾棠撰。

顾棠，字叔思，吴（今江苏苏州）人。《中吴纪闻》卷四《张几道挽诗》云其与张仅"皆为王荆公门下士。荆公修《三经义》，二公与焉"。

《通志》卷六三《艺文略一》著录顾棠《周易义类》三卷，其中《经类》一卷，《卦类》一卷，《类纂》一卷。《宋志·易类》著录顾叔思《周易义类》三卷。《厚斋易学》附录一引《中兴书目》曰："《周易义类》三卷，题顾思叔撰。以先儒论《易》不同，因取其辞说同者，分目而聚之，凡九十五条。"《直斋书录解题》卷一著录《周易义类》三卷，"称顾叔思撰，未详何人。序言：'先儒论说甚众，而其旨未尝不同，卦爻或有不同，而辞意未尝不一，各立标目，总而聚之。'"而《读易举要》卷四云"顾棠字叔始，吴人，撰《周易义类》三卷"。按作"叔始""思叔"皆误。又其所引"序言"，有与《直斋书录解题》不同者："未尝不同"作"未尝或同"，"或有不同"作"或有所同"，"未尝不一"作"固尝不一"，文字互异。案：佚。

又《周易启蒙翼传》中篇误以顾棠、顾叔思为二人，曰："顾棠《周易义类》三卷，《经类》《卦类》《杂纂》各一卷。"又曰："顾思叔《周易义类》三卷，以先儒论《易》不同，因取其辞说同者，分目而聚之，凡九十五条。（原注：思叔，一作叔思。）"

易　要　义

潘鲠撰。

潘鲠（1036—1098），字昌言，齐安（今湖北黄冈）人。师从闽人周希孟。"居乡里，以经教授，聚徒常百余人，后进皆师尊之。"登元丰己未（1079）进士第。初调蕲水县尉，迁和州防御推官，知江州瑞昌县，监楚州都盐仓，迁吉州军事推官，改宣德郎，监汉阳军酒税，遂以奉议郎致仕。元符元年十月卒，年六十三。"有集三十卷，曰《春秋断义》者十二卷、《讲义》者十五卷、《易要义》者三卷。"事迹见张耒《柯山集》卷五〇《潘奉议墓志铭》。案：本书佚。

易　说

杜纮撰。

杜纮（1037—1098），字君章，濮州甄城（今属山东）人。起进士，累迁大理评断官、检详枢密刑房，擢刑部郎中，迁右司郎中、大理卿，以直秘阁知齐、邓二州，复为大理卿，权刑部侍郎，加集贤殿修撰为江淮发运使，知郓州，徙知应天府，卒，年六十二。《宋史》卷三三〇有传。晁补之《鸡肋集》卷六七《刑部侍郎杜公墓志铭》云其"改差知应天府，兼南京留守司公事，感疾卒，元符元年八月十二日也"，所著有文集二十卷、奏议十卷、《易说》数十篇。案：本书佚。

易　传

苏轼撰。

苏轼（1037—1101），字子瞻，又字和仲，号东坡居士，眉州眉山（今属四川）人。嘉祐二年（1057）与弟苏辙同登进士。熙宁二年（1069）判官告院，因反对新法，出为杭州通判。迁知密州，移知徐州。元丰中罹"乌台诗案"，责授黄州团练副使。哲宗立，知登州，召为礼部郎中，除起居舍人，迁中书舍人，又迁翰林学士。元祐四年（1089）出知杭州，后改知颖州、扬州、定州。哲宗亲政后，远贬惠州，再贬儋州。徽宗即位，遇赦北归。建中靖国元年卒，年六十五。南宋初赠太师，谥文忠。著有《东坡集》等。《宋史》卷三三八有传。

苏轼《东坡全集》卷七三《黄州上文潞公书》称其"到黄州无所用心，辄复覃思于《易》《论语》，端居深念，若有所得，遂因先子之学，作《易传》九卷，又自以意作《论语说》五卷"，因"《易传》文多，未有力装写，独致《论语说》五卷"献之文彦博，欲其"公退闲暇，一为读之，就使无取，亦足见其穷不忘道，老而能学也"。又卷七五《与王定国书》有云"轼自谪居以来，可了得《易传》九卷、《论语说》五卷，今又下手作《书传》。迁拙之学，聊以娱老，且以为子孙藏耳。子由亦了得《诗传》，又成《春秋集传》，想知之为一笑耳"。则本书撰于苏轼贬居黄州期间。

《厚斋易学》附录一引《中兴书目》《宋志·易类》著录苏轼《易传》九卷。《郡斋读书志》卷一著录苏轼《毗陵易传》十一卷，《郡斋读书后志》卷二《二本四卷考异》云："袁本《毗陵易传》十一卷，衢本作《东坡易传》。"《玉海》卷三六《周易传》亦作苏轼《东坡易传》十一卷。《中兴书目》云其"父洵作此传未竟，疾革，命轼卒其业"，并注云："《读书志》云《毗陵易传》，当是蜀本"。《直斋书录解题》卷一著录《东坡易传》十卷，云"盖述其父洵之学也"。则称《东坡易传》，乃苏轼撰于黄州九卷者；称《毗陵易传》，乃苏轼晚年贬居海南期间予以增修者，乃有十一卷。故陆游《渭南文集》卷二八《跋苏氏易传》有云："此本先君宣和中入蜀时所得也。方禁苏氏学，故谓之毗陵先生云。"而《四库全书总目》卷二云"是书一名《毗陵易传》。陆游《老学庵笔记》谓其书初遭元祐党禁，不敢显题轼名，故称毘陵先生，以轼终于常州故也"。按《老学庵笔记》中无此语，清馆臣乃误记。

苏辙《栾城后集》卷二二《亡兄子瞻端明墓志铭》云及"先君晚岁读《易》，玩其爻象，得其刚柔、远近、喜怒、逆顺之情，以观其词，皆迎刃而解，作《易传》未完，疾革，命公述其志。公泣受命，卒以成书，然后千载之微言焕然可知也。复作《论语说》，时发孔氏之秘。最后居海南作《书传》，推明上古之绝学，多先儒所未达。既成三书，抚之叹曰：'今世要未能信，后有君子，当知我矣。'"又苏籀《栾城遗言》云苏洵"作《易传》未完，疾革，命二公述其志。东坡受命，卒以成书。初，二公少年，皆读《易》，为之解说。各仕它邦，既而东坡独得文王、伏羲超然之旨，公乃送所解予坡，今《蒙卦》犹是公解"。《郡斋读书志》卷一云苏轼撰《易传》，"自言其学出于父洵，且谓卦不可爻别而观之。其论卦必先求其所齐之端，则六爻之义未有不贯者，未尝凿而通也"。

邵博《邵氏闻见后录》卷二〇称晁以道"尝亲问东坡曰：'先生《易传》，当传万世。'曰：'尚恨某不知数学耳'"。又《朱子语类》卷六七载朱熹辨苏氏《易传》曰："老苏说《易》，专得于'爱恶相攻而吉凶生'以下三句。他把这六爻似那累世相仇相杀底人相似，看这一爻攻那一爻，这一画克那一画，全不近人情。东坡见他恁地太粗疏，却添得些佛老在里面。其书自做两样，亦间有取王辅嗣之说，以补老苏之说，亦有不晓他说了，乱填补处。老苏说底，亦有去那物理上看得着处。"又曰："东坡《易》说六个物事若相咬然，此恐是老苏意，其他若佛说者恐是东坡。"朱熹又撰《杂学辨》，辨"苏轼《易传》十九条"。

《文渊阁书目》卷一著录《东坡易解》一部四册、一部三册，《东坡易传》一部四册，《苏氏易传》一部三册。《四库全书总目》卷二著录《东坡易传》苏轼九卷，称"此书实苏氏父子兄弟合力为之，题曰轼撰，要其成耳。……胡一桂记晁说之之言，谓轼作《易传》，自恨不知数学，而其学又杂以禅，故朱子作《杂学辨》，以轼是书为首。然朱子所驳不过一十九条，其中辨文义者四条，又一条谓苏说无病，然有未尽其说者，则朱子所不取者仅十四条，未足以为是书病。况《朱子语类》又尝谓其于物理上亦有看得着处，则亦未尝竟废之矣。今观其书如解《乾卦·彖传》性命之理诸条，诚不免杳冥恍惚，沦于异学，至其他推阐理势，言简意明，往往足以达难显之情，而深得曲譬之旨，盖大体近于王弼。而弼之说惟畅元风，轼之说多切人事，其文词博辨，足资启发，又乌可一概屏斥耶！李衡作《周易义海撮要》，丁易东作《周易象义》，董真卿作《周易会通》，皆采录其说，非徒然也。明焦竑初得旧本刻之，乌程闵齐伋以朱墨板重刻，颇为工致，而无所校正，毛晋又刻入《津逮秘书》中。三本之中，毛本最舛，如《渐卦》上九并经文皆改为'鸿渐于逵'，则他可知矣。今以焦本为主，犹不甚失其真焉"。有《四库全书》本；又《经义考新校》云其书有"万历甲午刊本作苏氏《易解》，八卷；崇祯刊本作《大易疏解》，十卷"。

又，苏氏撰有《易论》一篇，论易数，载于《东坡全集》卷四一；有《易解》一篇，论"十八变而成"，载于《东坡全集》卷九二。案：《易论》又重载于苏辙《栾城集·应诏集》卷四。

易 论 纂 要

徐徽撰。

《厚斋易学》附录一引《崇文总目》云王昭素撰《易论》三十三卷，"后有徐徽撰《易论纂要》一卷。王介父题云：'予尝苦王先生《易论》晦而难读，徐徽生删取其略以示予，又取其义可传及虽不足传而犹可论者存之。'"《玉海》卷三六《开宝王昭素易论》注引《书目》云"徐徽删其略，为《易论要纂》十卷"。乃摘录王介父题辞。介父，王安石字。王安石此题语，又载于李壁《王荆公诗注》卷二〇《寄赠胡先生》

注引。徐徽，事迹未详。《明一统志》卷十八载徐徽，全椒（今属安徽）人"象贤子。提举利路常平，抗疏得谢，致仕，居县之独山，号独山居士。曾肇为守，相与为文字交。尝集唐、宋以来文字可传者合为一编以示肇，肇裒集之，以为《滁阳庆历集》"。乾隆《江南通志》卷一六七载"徐徽，全椒人。运判象贤子。嘉祐间进士。历提举利州常平，致仕归里。诗深沉典丽，文亦渊雅。绍圣中，曾肇守滁，与为文字交"。《宋诗纪事》卷二二称其字仲元，嘉祐四年（1059）进士。似即此人。案：本书佚。

作者单位：华东师范大学

利用"楔字"开启《易经》之智慧宝库

（中国台湾）廖庆六

　　摘要：自古以来，《易经》素有中华群经之首的美称。《易经》之文字既古老又难懂，过去可能受到文字与政治因素之影响，因此经文内容与人物描写手法，都显得相当艰涩隐晦。"训诂"是考证与解释古文字义之重要方法，前贤常利用"通假字"之辨识过程或"同音通借"之逻辑推理，以作为诠释上古经典文献内容之方法。事实上，多字"同音"是上古汉语中普遍存在的现象，多元"选项"则是解决"同音"问题的有效方法，而"楔字"算是属于"通假字"的运用范畴之一。再者，"楔字"就是透过"通假字"，并以闽南语作为"同音通借"的重要手段。"楔字"是打开一篇艰涩隐晦而难懂古文的重要元素，因此笔者认为利用"楔字"可以开启《易经》之智慧宝库。本文之后，特别附载一篇《易经卦名与楔字对照表》，这是个人解易的一种新尝试，谨请方家不吝批评指教。

　　关键词：易经　楔字　通假字　闽南语

　　关键词（Keywords）是揭示一篇学术性文章旨意的重要元素，可以作为认识、评估与阅读一篇好文章的重要依据；关键词通常是直接从整篇文章用字中，择要撷取出来的代表性文字。楔字（Word of Wedge）是打开一篇艰涩隐晦而难懂古文的重要元素，可以帮助我们解开古代经典文献之文字内容。楔字无法直接从整篇文章之用字中找到，必须透过通假字关系，并借同音与选项之方法与逻辑，才能取得的一个这样关键性文字。依据字典的解释：楔（Wedge），亦名劈，又名尖劈；为五平面合成之立图，它有劈面尖薄、劈背阔厚之构型。劈或楔者，凡是接缝斗榫有不固者，则钉楔以固之；析薪者常打楔入木以破之；物有罅隙，入物以补其缺，这些都是指劈或楔之用。又，在元曲体制中，即有楔子之应用；楔子者，以物出物之谓也，盖即由甲事引出乙事之意。①

"楔子"之辞，似乎可以作为引出经文别义或引申义之用，但改用"楔字"作为解开《易经》智慧宝库之线索，将会更加贴切。依传统训诂学之定义或标准，可作为"通假字"之范围较广，但选作"楔字"之范围应有局限性；例如，古今字就不适合当作"楔字"，因为它与本字同义之故。按"楔"与"屑"同音，《最新台语字音典》：楔，台湾话一音为 $SIAT_4$；另一音如"屑"（SEH_4）② 台湾话"楔字"（$SEH_4 JI_7$）一辞，发音几乎和"细腻"（$SE_3 JI_7$）一词相同；"细腻"就是指做事情小心、谨慎，态度很谦卑、客气之意思。③

以出土甲骨文为例，不同形状之文字，虽有五千字左右，但真正可以辨解并取得共识者，约仅一千字左右。上古时代文字少，但有一字多义之用，及一音多字之事实，因此借助训诂学之研究方法，才能有效解读其别义或一语双关之现象。《易经》文字内容深奥难解，除必须解读经文各字之本义外，还有赖于"楔字"之巧妙应用，方可帮助我们观照具有文学、历史、哲学等珍贵资料背景的经文内容与深层意涵。以六十四卦之卦名用字为例：首先我们要了解各字之本义，再为每卦找一个与卦名用字可以同音通借之"通假字"或"楔字"，这样就比较有可

① 高树藩：《正中形音义综合大字典》增订本，（台湾）正中书局1979年版，第744页。

② 徐金松：《最新台语字音典》，（台湾）开拓出版公司1998年版，第219页。

③ 董忠司：《台湾闽南语辞典》，（台湾）五南图书出版公司2003年版，第1140页。

能劈开全篇经文在文史哲领域方面的智慧宝库。卦名之外的题辞与系辞，全经共有 450 句；同样也可以利用"通假字"及"选项"之方法与理论，找到每句经文用字之"通假字"或适当之"楔字"，如此才可能真正体悟与验证卦名所蕴涵与论述的内容与价值。

传统所知所见之"楔"，我们可以用它来劈开一块坚硬的木头；好比"楔"之锐利与功用一样，"楔字"可以算是帮助解经的引子与利器，"楔字"应该可以用来解开一篇艰涩隐晦之古典经文。本文所附载《易经卦名与楔字对照表》之内容，正是笔者本着"细腻"的态度，并根据每卦卦名之同音字，进行细心研究与推敲筛选的初步成果。每卦各举一例，其研究方法与理论，同样也是依据通假字与选项逻辑作为基础。

《易经》成书较早，年代距今久远，而用字也艰涩难懂，所以才借用自创的"楔字"法，以作为辅助解读方法之一。"楔字"法所依据的同音字，几乎是根据台湾闽南语作为基础。本文所称之台湾话或台湾闽南语，根源于闽南语；而台湾话或台语台湾话、闽南语、上古汉语，是属同义词，它是一脉相传的汉语方言之一。论述"楔字"意义与建置对照数据之目的，一方面可以用来阐释与证说"同音"与"选项"（Option）之研究方法与理论基础，一方面可以用来劈开 3000 年前《易经》之智慧宝库。[1] 这是个人针对同属上古文化遗产的汉语与经典，所进行研究的一项新尝试，疏漏或错误之处在所难免，期盼日后能继续研究与改进。总而言之，"楔字"法之概念与运用成效，至盼有识者的不吝斧正与赐教，或许，"楔字"也可以和"易经""通假字""闽南语"等用词一同列为认识或分享《易经》一书内容的关键词。

兹依通行本《易经》64 卦之顺序，试行制作一篇《易经卦名与楔字对照表》，并附载于本文之后，以供学者参考之需。

---

[1] 廖庆六：《闻声究古：解读易经的智慧与哲理》，自印本 2018 年版，第 7 页。

《易经卦名与楔字对照表》

卦号	名	楔字	意象	说明
1	乾	坚	坚忍不拔	乾，台湾话发音 KAN$_1$，与"坚"同音通借；"乾乾"通假"坚坚"，形容态度很虔诚坚强又努力不懈之样貌 九三：君子终日乾乾；夕惕若厉，无咎 形容君子贵族自强不息，日夜常保坚强不懈之美德
2	坤	昆	黄道绕行	1. 坤，台湾话 KHUN$_1$，与"昆"同音通借。"昆"之金文字形，颇似两个比临星球（地球与月亮）绕着太阳走 2. 六二：直方，大；不习，无不利 3. 月球公转之方向，一直和地球保持垂直之角度，且不断伴着地球绕太阳向前运转
3	屯	囤	囤积财货	1. 屯，台湾话 TUN$_1$ 或 TUN$_5$，与"囤"（TUN$_2$）同音通借，囤积财货之意 2. 九五：屯其膏小，贞吉；大，贞凶 3. 要把不义财物散发给人民，这样做可以减少旧朝所囤积的民膏民脂
4	蒙	望	望子成龙	1. 蒙，台湾话 BONG$_5$，与"望"同音通借，借启蒙教育而祈望智慧大开 2. 六五：童蒙，吉 3. 师长都望子成龙，因此子女从小就要开始接受老师教育
5	需	思	三思而行	需，台湾话 SU$_1$，与"思"同音通借；谨慎思考需求与给予之内容 题辞：需：有孚；光亨，贞吉 提出需求者与给予者，双方都要以三思而行为吉
6	讼	颂	赞颂对方	讼，台湾话 SIONG$_7$，与"颂"同音通借，称颂他人之意 九五：讼，元吉 能把争讼态度转化为赞颂对方者，这样才能开展一个平安吉祥新纪元
7	师	婿	贤婿主帅	师，台湾话发音 SAI$_1$，与"婿"（SAI$_3$）同音通借，意指贤婿 题辞：师：贞，丈人吉 贤婿主帅得胜，岳丈居功至伟

卦号	名	楔字	意象	说明
8	比	辟	大辟丧命	比，台湾话发音 PI$_7$，与"辟"同音通借；罪曰"辟"，辟与擘同，析裂也。 六三：比之匪人 上六：比之无首，凶 如纣王杀比干之史事
9	小畜	小憴	东山再起	畜，台湾话 THIOK$_4$ 与"憴"同音通借，憴作"兴起"解 初九：复自道，何其咎；吉 想要东山再起者，就先从本身努力做起
10	履	辇	人挽车行	履，台湾话发音 LIAN$_2$；与"辇"同音通借；人君所乘车曰"辇"，如大将军亲挽人君乘坐之车出巡 六三：武人为于大君 大将军就是人君之贴身护驾
11	泰	汰	汰除杂物	泰，台湾话发音 THAI$_3$ 或 THOA$_3$，与"汰"同音通借，淘汰，汰弱留强，去芜取精之意 初九：拔茅茹以其汇，征吉 拔除田间杂草或过剩之禾苗，做法正确又可得到吉祥
12	否	庇	庇荫后人	否，台湾话发音 PHI$_2$，与"庇"同音通借，庇荫后人也 上九：倾否；先否，后喜 祖先有积德，故能庇荫子孙出人头地
13	同人	动人	同气相动	同，台湾话 TANG$_5$ 或 TONG$_5$，与"动"（TANG$_7$ 或 TONG$_7$）同音通借；能让人心动目感即会有所感应 上九：同人于郊，无悔 能同气相动，就是"动人"之发挥
14	大有	大佑	上天保佑	有，台湾话 IU$_7$，与"佑""祐"同音通借，上天保佑也 上九：自天祐之，吉，无不利 农作物要大丰收，七分靠人力，三分靠天气

续表

卦号	名	楔字	意象	说明
15	谦	险	惊险无害	谦,台湾话发音 $HIAM_5$,与"险"($HIAM_2$)同音通借;危险也,"谦谦"通假"险险",表示惊险无害 初六:谦谦,君子用涉大川,吉 以谦避险,君子贵族能以"惊险无害"为上策
16	豫	有	有备无患	豫,台湾话发音 U_7;与"有"同音通借,有备而无患之意 六二:介于石,不终日,贞吉 建筑"万里长城",代表古人"有备无患"之概念与意志
17	随	瑞	嘉瑞吉祥	随,台湾话发音 SUI_5,与"瑞"(SUI_7)同音通借,祥瑞之意 九五:孚于嘉,吉 谈吐应对,嘉瑞吉祥
18	蛊	故	事故缠身	蛊,台湾话 KOO_2,与"故"(KOO_3)同音通假,事也,变也 上九:不事王侯,高尚其事 遭逢生母病故,再遇蛊惑之事
19	临	连	君临天下	临,台湾话 $LIAM_5$,与"连"同音通借,上下心系相连之意 九二:咸临,吉,无不利 有"君临天下"及上下心手相连之成效
20	观	关	关心历史	观,台湾话 $KOAN_3$,与"关"($KOAN_1$)同音通借,关心祖先及祖国之历史 六三:观我生,进退 以史为鉴,因此要关心与观照祖先、祖国之历史意义与价值
21	噬嗑	逝柙	刑期无刑	噬,台湾话 SE_7,与"逝"同音通借,没有也;嗑,发音 AP_8 或 $KHAP_4$,AP_8 与"柙"同音通借,囚罪徒入柙栏也 题辞:噬嗑:亨,利用狱 制定刑罚的目的,在于期望人民能有自发性的遵守法律概念,从而达到不使用刑罚的最高境界

卦号	名	楔字	意象	说明
22	贲	奔	劳碌奔波	贲，台湾话 PHUN$_1$，与"奔"同音通借，为护主与生活奔走 初九：贲其趾，舍车而徒 六五：贲于邱园，束帛戋戋 为护卫君主与生活而奔波劳碌一生
23	剥	博	住有其屋	剥，台湾话发音 PHOK$_4$，与"博"同音通借；广及，广施之意 上九：小人剥庐 人民可以普受国家照顾，可以拥有自己安身立命的住家房屋
24	复	服	诸侯服命	复，台湾话发音 HOK$_8$，与"服"同音通借；臣服、服从，诸侯向君王复命，如《周礼·夏官·职方氏》乃辨九服之邦国 题辞：反复其道，七日来复 诸侯邦国依期要向君王朝觐与进贡
25	无妄	无望	舞动希望	无妄，台湾话发音 BU$_2$ BONG$_7$，与"舞梦""舞望"同音相借；能脚踏实地并舞动梦想、希望之意 题辞：无妄：元亨利贞 初九：无妄，往吉 俗话说：希望相随，有梦最美
26	大畜	大旭	旭日东升	畜，台湾话 HIOK$_4$，与"旭"同音通借，意指兴起，旭日东升 上九：何天之衢，亨 天下大放光明，各地道路四通八达；旅人四处营商而获利
27	颐	姬	考验姬昌	颐，台湾话发音 YI$_5$，与"臣""姬"同音通借，姬姓周族也；又，"姬"，台湾话发音 KI$_1$，与"居"同音通借 六五：拂经，居贞吉 姬昌聪明而得吉，因为他能够很冷静地拂拭绞痛心情，可以把它存放心中而不发泄出来

卦号	名	楔字	意象	说明
28	大过	代划	老有所依	大,台湾话发音 TAI$_7$,与"代"同音通借;过,台湾话发音 KO$_3$,与"划"同音通借。大过通假"代划",表示有人帮忙代劳划船以渡过河川之意 九二:枯杨生稊,老夫得其女妻,无不利 九五:枯杨生华,老妇得其士夫,无咎无誉 人想渡过大川大河,就要依靠划船工具;年老者就要有子女依靠奉养
29	坎	瞰	盱横情势	坎,台湾话 KHAM$_3$,与"瞰""勘"(KHAM$_1$)同音通借,表示做人就要多观察、多思索,才能避过危险之境 题辞:习坎:有孚,维心,亨,行有尚 九二:坎有险,求小得 深陷险境,必须以眼明察并思索对策;要盱横情势,才能逢凶化吉
30	离	莅	好事降临	离,台湾话发音 LI$_7$,与"莅"同音通借,诞生、降临之意 六二:黄离,元吉 六五:出涕沱若,戚嗟若,吉 新气象、新生命、新世代降临之意
31	咸	含	包含融合	咸,台湾话 HAM$_5$,与"含"同音通借,包含、容忍也 题辞:咸亨利贞;取女,吉 九五:咸其脢,无悔 在精神与肉体上,男女双方能够相互含忍与融合成一体
32	恒	耕	力耕种田	恒,"古邓切",音"亘";"亘"台湾话为 KENG$_3$,与"耕"(KENG$_1$)同音通借,男人要力耕种田之意 九四:田无禽 男人不力耕种田,田地就没有作物与鸟禽
33	遯	钝	以钝克刚	遯,台湾话 TUN$_7$,与"钝"同音通借,愚昧、迟缓之意 六二:执之用黄牛之革,莫之胜说 如箕子详狂为奴之举,就是以软弱自缚行动用来应付纣王的刚愎自用

卦号	名	楔字	意象	说明
34	大壮	大庄	庄严肃敬	大壮，台湾话 THAI$_3$ TSONG$_1$，与"大庄"同音通借，意指庄严肃敬之大人物 九二：有孚，贞吉 六五：丧羊于易，无悔 一个强健成熟而让人肃然起敬之伟大人物，他对未来会充满自信心，对财物损失也可以承担得起
35	晋	震	功高震主	晋，台湾话 CHIN$_3$，与"震"同音通借，震惊、震动也 上九：晋其角，维用伐邑 代王出征讨伐邦国，周族借机扩张其领土与势力
36	明夷	墨夷	孤竹国姓	明夷，台湾话 BENG$_5$ YI$_5$，与"墨夷"（BEK$_8$ YI$_5$）音近义同，孤竹国明夷之古姓也 六五：箕子之明夷，利贞 《隋书》：上古时代原属孤竹国明夷氏（墨夷氏）之领地；商亡之后，武王以之封于箕子
37	家人	佳人	贤妇呵护	家人，台湾话 KA$_1$ JIN$_5$，与"佳人"同音通借，意指贤惠妇女 初九：闲有家，悔亡 六二：无攸遂在；中馈，贞吉 家中最需要有贤淑的妇女，她们可以细心呵护一家大小平安吉祥
38	睽	家	阴阳一家	睽，台湾话 KE$_1$，与"家"同音通借，祖先与子孙，都是家的成员 六五：悔亡，厥宗噬肤；往，何咎 历代祖先与后嗣子孙，分处阴阳两界：家庭住屋、家厅神龛、家族墓园、家庙宗祠是也
39	蹇	謇	忠诚耿直	1. 蹇，台湾话 KIAN$_2$，与"謇"同音通借，忠诚耿直之意 2. 六二：王臣蹇蹇，匪躬之故 3. 乱世暴君之下，忠臣难有作为；朝廷形成"王蹇""臣謇"两样情
40	解	假	托辞监视	解，台湾话 KE$_2$，与"假"同音通借，解说，托辞，假装也 上六：公用射隼于高埔之上 指派公侯就近监视城内殷商旧民

续表

卦号	名	楔字	意象	说明
41	损	旬	旬日祭祖	损，台湾话发音 SUN_2，与"旬"同音（SUN_5）同音通借，旬祭之礼仪 初九：巳事遄往，无咎，酌损之 办理（旬祭）之祭祀事宜，因此日子过得很繁忙，可以考虑酌量减少
42	益	易	国事变迁	益，台湾话发音 EK_4 或 IAH_4，均与"易"（EK_8 或 IAH_8，）同音通借，变迁之意 六四：中行告公从；利用为依迁国 商王盘庚迁徙都邑是国家之大事
43	夬	拐	详狂避祸	夬，台湾话发音 $KOAI_2$，与"拐"同音通借，表示走路拐脚之动作 九三：君子夬夬，独行 九五：苋陆夬夬，中行 如箕子被髪详狂为奴以避祸之事
44	姤	够	知足常乐	姤，台湾话 KOO_3（文读）或 KAU_3（白读），与"够"同音通借，多也 上九：姤其角，吝 不知足而有奢侈心作祟，即为贵妇做人之瑕疵
45	萃	悴	哀伤吊唁	萃，台湾话 $TSUI_7$，与"悴"同音通借；本义作"忧"解，乃指人心有忧愁忧伤之苦而言 六三：萃如嗟如，无攸利 上六：赍咨涕洟，无咎 一方面表示忧愁忧伤，一方面表示致哀吊唁
46	升	先	赠谥先祖	升，台湾话发音 $SIAN_1$（或 $SENG_1$），与"先"同音通借，祖先也 上六：冥升，利于不息之贞 （武王）赐谥庙号（太王、王季、文王）给已经过世之祖先，让其庙祭同享百世不迁之殊荣
47	困	恳	诚恳悔过	困，台湾话 $KHUN_3$，与"恳"（$KHUN_2$）同音通借，真实无欺也 上六：曰动悔，有悔；征吉 受困者必须展现诚恳效忠与悔过向上，态度正确才能得到平安吉祥

卦号	名	楔字	意象	说明
48	井	整	整治水井	井，台湾话 CHENG$_2$（CHENN$_2$），与"整"同音通借，整治水井之意 上六：井收，勿幕 水井经过整饬修治后，井水即可继续供人随意汲用
49	革	格	品格德行	革，台湾话 KEK$_4$，与"格"同音通借；人品，格调，德行也 上六：君子豹变 身为王子贵族之品格表现，要显露有如花豹般高贵而美丽之德行
50	鼎	叮	聆声迁善	鼎，台湾话发音：TENG$_2$，与"叮"同音通借；聆听之意 九三：鼎耳革，其行塞，雉膏不食 六五：鼎黄耳 商王武丁主持宗庙祭典，突然有雉鸟停驻在鼎耳上鸣叫之异象，这是君王不行善政之征兆；然后他能洗耳聆听朝中老臣之谏言，并施行德政而使民得利
51	震	诊	孕妇产检	震，台湾话 CHIN$_3$，与"诊"（CHIN$_2$）同音通借，诊察怀孕者之健康状况 九四：震遂泥 六五：震往来 妇女怀孕过程漫长，孕妇要时时接受产检，以确保母子均安之状况
52	艮	群	合群相处	艮，台湾话 KUN$_3$，与"群"（KUN$_5$）同音通借，表示人多，意指群众 上九：敦艮，吉 合群参与社会，和睦共处而互利
53	渐	暂	短暂停留	渐，台湾话 CHIAM$_7$，与"暂"同音通借；表示候鸟在过冬地或繁殖地，都是暂时性的居留 上九：鸿渐于逵，其羽可用为仪 候鸟在繁殖地与过冬地停留，在地上觅食与在空中飞翔，都是生命中的短暂性过程

卦号	名	楔字	意象	说明
54	归妹	贵妹	宝贵闺女	归,台湾话 KUI_1,与"贵"(KUI_3)同音通借;归妹,通假"贵妹",意指能替皇室生下子嗣之宝贵闺女 六五:帝乙归妹 商朝先王帝乙迎娶能替他生下子嗣之宝贵闺女
55	丰	风	祭祖风俗	丰,台湾话 $HONG_1$,与"风"同音通借,指有关祭祀祖先之传统风俗 题辞:宜日中 台湾人祭祖之习俗及举行祭拜时辰订在午时之惯例,似与上古时代"宜日中"祭祖之风俗相一致
56	旅	女	女色肇祸	旅,台湾话发音 LI_2(漳)或 LU_2(泉),与"女"同音通借,外面女人之意 九三:旅焚其次,丧其童仆,贞厉 营商在外之旅人,最忌迷上女色
57	巽	舜	大舜贤才	巽,台湾话 SUN_3,与"舜"同音通借,帝尧让位虞舜也 九二:巽在床下,用史巫纷若;吉 帝尧让位虞舜之禅让政治佳话
58	兑	对	对话得宜	兑,台湾话发音 TUI_7,与"对"(TUI_3)同音通借,对话也 初九:和兑,吉 对话得宜,双方意见与态度融洽
59	涣	犯	违犯天理	涣,台湾话 $HOAN_3$,与"犯"($HOAN_7$)同音通借;逆也,违也,铸下大错之意 六四:涣有丘,匪夷所思 无缘无故换掉家中之太太或休掉贤妻,这是违犯天理之错误行为
60	节	折	行动中断	节,台湾话 $CHIAT_4$,与"折"同音通借;表示中断行动之意 六三:不节若,则嗟若;无咎 不能中断对他人的敬诺诚信;能依照法理做人,并以信守这个敬诺诚信为贵

续表

卦号	名	楔字	意象	说明
61	中孚	中虚	不实谣言	孚，台湾话 HU_1，与"虚"同音通借；中虚，就是指不实之谎言 上九：翰音登于天，贞凶 不实谣言满天飞，但散布谣言原本就是无实又缺德的行为
62	小过	少过	少犯过错	小，台湾话发音 $SIAU_2$，与"少"同音通借；少过，少犯过错之意 九三：弗过防之，从或戕之 候鸟迁徙时不可以大意犯错，它必须小心严防灾难发生
63	既济	既祭	祭祀简约	济，台湾话 CHE_3，与"祭"同音通借；既祭，以简约小食行祭祀礼仪 九五：东邻杀牛，不如西邻之禴祭，实受其福 禴祭就是周朝施行简约祭祖之礼仪
64	未济	沫济	戒除酗酒	未，台湾话发音 BI_7，与"沫"同音通借；殷墟朝歌曰"沫"，人带酒面曰"沫" 上九：有孚于饮酒，无咎；濡其首，有孚失是 殷朝以喝酒过多而失国，故有《尚书·酒诰》"殷之迪诸臣惟工，乃湎于酒，勿庸杀之"

附记：

本文稿已列入个人新著《闻声究古：解读易经的智慧与哲理》的一部分内容，但该书尚未正式出版与上市发行，特此叙明。

作者单位：美国祖先网

《经义考》卷六三著录易类典籍辨证

陈开林

摘要:《经义考》著录易类典籍七十卷,囿于多方面因素的限制,存有一些谬误和不足。应以《经义考》卷六三著录易类典籍为研究对象,予以条辨并针对书名、卷数、作者传记、著述、失载之书等方面的问题,加以补正。

关键词:《经义考》《周易》 易类典籍 经学

朱彝尊《经义考》三百卷,"统考历朝经义之目"[①],备载历代经籍存佚情形,并加考索,为清代辑录体目录典范,极富文献价值。然而,囿于见闻、传抄、版刻等因素的限制,《经义考》也存在诸多方面的不足。历代学者对之已有相关的补正,如翁方纲撰《经义考补正》、罗振玉《经义考校记》等。特别是林庆彰先生主编的《经义考新校》,通过参稽众本,对《经义考》中的错讹多有剔抉。然《经义考新校》限于诸本参校的体例,未能对全书做具体考订,以致尚有疑义有待深入考索。

就《周易》而言,《经义考》著录易类典籍七十卷(卷二至卷七十一)。相比其他经书,数量最多,内容最丰富,同时阙漏亦多。本文

---

① (清)永瑢等撰:《四库全书总目》卷八十五《经义考三百卷》,中华书局1965年版,第732页。

以《经义考》卷六十三著录易类典籍为研究对象，予以条辨，以期略有助益。

张次仲《周易玩辞困学记》①

案：《经义考》著录张次仲《周易玩辞困学记》，录钱谦益、陆嘉淑文、自序，钱谦益之序乃其集外佚文。②哈佛燕京图书馆藏有清康熙六年（1667）刻本，不分卷，卷首仅有陆嘉淑跋，比勘文本，可知《经义考》所载陆跋阙略甚多。且文末有"康熙己酉夏五后学陆嘉淑谨跋"，知陆跋作于康熙八年（1669）。《文渊阁四库全书》第三十六册收录此书，仅载自序，知《经义考》所载自序乃节录，且有剪裁，出入颇大。其中，自序称"屏迹萧寺，昼夜绅绎……二十年如一日也"。《浙江潮》载延恩寺，称"明末，张次仲曾于寺中云隐山房读易三十年，题其处曰'读易之地'"③，可为参证。

引黄宗羲"志墓"之文，即《张待轩先生哀辞》，引文皆经剪裁，非复黄宗羲原貌。张次仲享年八十八，而《哀辞》作于丙辰，即万历四十四年（1616），可推知其生年为嘉靖八年（1529）。赵万里曾为《待轩遗集》撰写提要，称"首有胡从中及同邑吴农祥、朱尔迈、陆嘉淑序文。陆与次仲有甥舅之亲，次仲卒后，嘉淑为之传，见《辛斋遗集》"④。《辛斋遗集》今不传，所载之内容未可知。温睿临《南疆逸史》卷四十二亦有传，称"卒年八十八"。

---

① （清）朱彝尊撰，林庆彰、蒋秋华、杨晋龙等主编：《经义考新校》第4册，上海古籍出版社2010年版，第1164—1165页。

② 陈开林：《〈钱牧斋全集〉所收〈春秋胡传翼序〉辨误——兼辑钱谦益佚文〈周易玩辞困学记序〉》，《图书馆杂志》待刊。

③ 中国社会科学院近代史研究所编：《民国文献类编》历史地理卷第967册，国家图书馆出版社2015年版，第18页。

④ 冀淑英、张志清、刘波主编：《赵万里文集》，国家图书馆出版社2011年版，第339页。

《经义考》卷一百一十六另著录张次仲《待轩诗记》六卷。此外，还著有《澜堂夕话》《一经堂集诗文集》十二卷（又名《张待轩先生遗集》①）《史记钞》②《竹窗杂录》③ 等。

而题为卢文弨所撰《经籍考》④ 为此书所作解题，则称：

> 明海宁张次仲，字元岵，号待轩，取待天下清之义。天启辛酉举人。著《易经困学笺记》《诗弋》《晋书钞》《唐藩镇考》《土室晤言录》等书。为人偲偿，有气概，才罩千人，议论创辟，独行己意，即先儒定论勿顾也。入清，初逊于荒野，后因其子欲谋仕，入城居，禁止之。康熙十九年，卒年八十九。⑤

据此可知其著述情况。但所载其卒年，则与前举之说不符。

关于《周易玩辞困学记》的卷数，诸书所载不同。《雍正浙江通志》卷二四一、《明史》卷九六著录为十二卷；嵇璜《续通志》卷一五六、李楁《民国杭州府志》卷八十六著录为十五卷，李楁注云"《乾隆志》作十二卷，盖本《通志》。今据《四库书目》改正"。嵇璜《续文献通考》卷一四五、徐乾学《传是楼书目》著录为无卷数，徐乾学称"六本。又一部，十本"。卢文弨《经籍考》著录清钞本《易经困学笺记》，称"作《周易玩辞困学记》，十二卷"，则书名亦有别称。

---

① 杜信孚：《同书异名通检》，江苏人民出版社 1982 年版，第 1 页。

② 张大可、俞樟华、梁建邦编：《史记论著提要与论文索引》，商务印书馆 2015 年版，第211 页。

③ 北京图书馆藏抄本《明季海宁殉节始末》一卷，称"是书汇辑张次仲《竹窗杂录》、谈迁《海昌外志》、陈之伸《黍离小志》、查继佐《国寿录》、全祖望《鲒琦亭集外编》等书"。见谢国桢《增订晚明史籍考》，北京出版社 2014 年版，第 728 页。

④ 陈东辉：《〈续修四库全书〉本〈经籍考〉著者考辨》，《山东图书馆学刊》2017 年第 4 期，第 97—99 页。

⑤ （清）卢文弨：《经籍考》，《续修四库全书》史部第 923 册，上海古籍出版社 2002 年版，第 505 页。

顾枢《西畴易稿》①

案：《经义考》著录顾枢《西畴易稿》，引严绳孙之说，介绍其生平。顾枢乃顾宪成之孙、顾贞观之父。检《忍草庵志》卷二录其诗二首，传云：

> 枢字所止，号庸菴，与沐子。天启元年举于乡，尝受业高忠宪攀龙之门，于忠孝出处之道少而习焉。值世多事，居泾皋故居，筑室曰西畴，隐居乐志。著有《西畴易稿》三卷、《古今隐居录》三十卷、《端文公年谱》一卷、《端文要语》一卷、《西畴日钞》一卷。②

《西畴日钞》二卷，见《四库全书总目》卷九六《儒家类存目二》，为江苏巡抚采进本，与此处所载略异。

另外，徐乾学《憺园文集》卷三二有《顾庸菴先生墓表》，称"先生生于万历壬寅，卒于康熙戊申"，可知其生卒年为1602—1668年。并称："所著述有《隐居录》《蒙言随笔》《东林列传》《明盛编》《十二代诗删》《八家诗删》《史荟》《文荟》，多散佚不存。今所刻者《易蒙》《西畴日钞》诸书。"③《易蒙》与《西畴易稿》未知是否为同一书，俟考。

而钱林辑、王藻编《文献征存录》卷四亦有其传，称"邃于《易》

---

① （清）朱彝尊撰，林庆彰、蒋秋华、杨晋龙等主编：《经义考新校》第4册，上海古籍出版社2010年版，第1166页。

② （清）刘继增：《忍草庵志》，杜洁祥主编《中国佛寺史志汇刊》第3辑第29册，（台湾）丹青图书有限公司1985年版，第33页。

③ （清）徐乾学：《憺园文集》卷三十二，《清代诗文集汇编》第124册，上海古籍出版社2010年版，第670页。

学，而未尝自为著书"①，与前举之说均不同。

陈仁锡《羲经易简录》②

案：《经义考》著录陈仁锡《羲经易简录》，引陆元辅之说，介绍其生平。陈仁锡，《明史》卷二百八十八有传，称："闻武进钱一本善《易》，往师之，得其指要。久不第，益究心经史之学，多所论著。"又称"仁锡讲求经济，有志天下事，性好学，喜著书，一时馆阁中博洽者鲜其俦云。"③据此可知陈仁锡乃从钱一本学《易》。钱氏精研易学，所著书有《像象管见》《启新斋意象钞》《续钞》《四圣一心录》，《经义考》卷五十九已著录。

陈仁锡一生勤于著述，编纂之书甚多，美国学者富路特、房兆楹主编《明代名人传》收录颇为完备。④其经学著述，《经义考》另于卷六十九著录《系辞十篇书》、卷一百二十八著录《周礼句解》、卷一百二十九著录《考工记句解》、卷一百五十五著录《中庸渊天绍易测》、卷二百三十著录《孝经翼》、卷二百五十一著录《六经图考》、卷二百五十九著录《四书语录》《四书析疑》《四书备考》。

然尚有遗漏。对此，崔富章《四库提要补正》称：

> 《明史·艺文志》《经义考》仅著录陈仁锡《羲经易简录》八卷。征之今日传本有：《易经疏义统宗》三卷，明陈仁锡撰，明末

---

① （清）钱林辑、王藻编：《文献征存录》，周骏富编辑《清代传记丛刊》第10册，（台湾）明文书局1985年版，第593页。

② （清）朱彝尊撰，林庆彰、蒋秋华、杨晋龙等主编：《经义考新校》第4册，上海古籍出版社2010年版，第1166—1167页。

③ （清）张廷玉等：《明史》卷二百八十八《文苑列传》，中华书局1974年版，第7395页。

④ ［美］富路特、房兆楹原主编：《哥伦比亚大学明代名人传1》，北京时代华文书局2015年版，第227—230页。

奇赏斋刻本，天一阁藏；《羲经易简录》八卷附《系辞十篇书》十卷，明陈仁锡辑，明神默斋刻本，北京大学藏。《系辞十篇书》十卷，《总目》据江苏巡抚采进刊本著录。《易经颂》十二卷，据副都御史黄登贤家藏本著录，《四库采进书目》载《易经颂》十二本（《都察院副都御史黄交出书目》），即其底本也。是书今未见传本。①

则《易经疏义统宗》三卷、《易经颂》十二卷，可补《经义考》之阙。另外，陈仁锡有《重校古周礼》六卷、《周礼五官考》，《经义考》亦失载。

黄道周《易象正》《三易洞玑》②

案：《经义考》著录黄道周《易象正》十四卷，《经义考新校》校云"《四库》本十六卷"，所载卷书不同。对此，崔富章《四库提要补正》有考辨：

> 检文澜阁库书九册（丁氏补抄八册，钱恂补抄一册），卷一至十二止，附之以卷初上、下，卷终上、下，诸家书目及库书《提要》作十四卷者，盖卷初，卷终各作一卷，《总目》各作二卷，故得十六卷之数耳。③

可谓探本之论。屈万里《普林斯顿大学葛思德东方图书馆中文善本书志》则著录旧钞本"《易象正》十二卷凡例一卷卷初二卷卷终二卷"④，

---

① 崔富章：《四库提要补正》，杭州大学出版社1990年版，第62页。
② （清）朱彝尊撰，林庆彰、蒋秋华、杨晋龙等主编：《经义考新校》第4册，上海古籍出版社2010年版，第1167—1169页。
③ 崔富章：《四库提要补正》，杭州大学出版社1990年版，第34页。
④ 屈万里：《普林斯顿大学葛思德东方图书馆中文善本书志》，（台湾）联经出版事业公司1984年版，第10页。

所言卷数虽不同，但并无二致。

《经义考》录何孟春、朱朝瑛、郑开极序。《易象正》今有翟奎凤点校本，乃以崇祯十六年刻本为底本整理而成。在《易象正序述》部分有孟长民孟春、陈彦升之遴、朱美之朝瑛①、刘仲渔履丁、何羲兆瑞图诸序，书末附郑开极序，《经义考》失收三序。另外，孙奇峰《夏峰先生集》卷九有《跋黄石斋易象正》，亦可为补充。

《三易洞玑》，《经义考》著录为十六卷，《千顷堂书目》著录为十五卷，卷数不同。《三易洞玑》今有翟奎凤点校本，附录郑开极序，《经义考》失收。

关于黄道周之资料，《经义考》引黄宗羲、高佑釲之说。黄宗羲之文出自《朱康流先生墓志铭》②，朱康流系黄道周之高弟。屈大均《明四朝成仁录》卷九《督师死事传》有传。

另外，全祖望《鲒埼亭集》外编卷二七有《跋黄漳浦易解》，称：

> 漳浦先生于学宏通博达，世以为如武库之无不备。而所尤精者《易》，天根月窟，独有神会。能于京、焦、陈、邵之外，颉颃一家。其所著《三易洞玑》《革象新书》，鲜有得通之者。盖别立一变法，因而重之，以推前世事迹，无不洞中。至有明思庙时，以为当地水，"大君有命，开国承家，小人勿用"之，由今观之，是革命之应也，先生之学神矣。岁戊申，复得先生《易卦要说》读之，则又平正通达，大似东莱、平甫诸家。于是叹先生易学之奇且法也。③

---

① 屈万里《普林斯顿大学葛思德东方图书馆中文善本书志》作"宋朝瑛"，误。

② （清）黄宗羲著，陈乃乾编：《黄梨洲文集》，中华书局1959年版，第162页。

③ （清）全祖望撰，朱铸禹汇校集注：《全祖望集汇校集注·鲒埼亭集》外编卷二十七，上海古籍出版社2000年版，第1269页。

据此，则黄道周之易学著述，尚有《革象新书》《易卦要说》等。

倪元璐《儿易》①

案：《经义考》著录倪元璐《儿易》，并引陈济生之说，介绍其生平；引蒋雯阶之序，申说《儿易》之意旨。倪元璐，《明史》卷二六五有传。其子倪会鼎有《倪文正公年谱》四卷，记载生平较详，知其"字玉汝，别号鸿宝，又号园客"，生于万历二十一年（1593），卒于崇祯十七年（1644）。

蒋雯阶称"作《儿易》，'儿'者，姓也，其义孩，言童蒙也"，以"儿"通"倪"，此说不尽然。《倪文正公年谱》载：

> （崇祯九年）舟中作《儿易》，初以《易》不可为典要，偶取爻象之变化以资发挥，后遂覃思著作，书成号曰《儿易》。自叙曰："汉人说《易》，舌本彊懱，似儿强解事者。宋人梳剔求通，遂成学究。学不如儿，儿强解事不如儿不解事也。"又曰："子云《太玄》，童乌共之。"童乌者，子云九岁儿也。盖自谦不敢当注《易》之名，及门以古文儿、倪通用，遂以姓称《倪易》，失府君指矣。②

《四库总目》亦称"然考元璐自序，实作孩始之义，其文甚明，则雯阶不免于附会"③，与《倪文正公年谱》说法一致。

《儿易》含《内仪》六卷、《外仪》十五卷，《经义考新校》引《四

---

① （清）朱彝尊撰，林庆彰、蒋秋华、杨晋龙等主编：《经义考新校》第4册，上海古籍出版社2010年版，第1169页。"儿"，或以为当作"兒"（同"倪"）。

② （明）倪会鼎撰，王云五主编：《明倪文正公（元璐）年谱》，台湾商务印书馆1978年版，第105—106页。

③ （清）永瑢等撰：《四库全书总目》卷五，中华书局1965年版，第32页。

库总目》《校记》，注云"应作《内仪以》六卷"。《倪文正公年谱》载：

> 十三年庚辰，四十八岁。著《儿易》成，分内、外二仪。《外仪》发挥微义，虽因实创；《内仪》特标元解，不离经内之义。又分之以两编者，以本诸《大象》，如"《豫》以作乐崇德"，全卦皆归乐；"《革》以治历明时"，全卦皆归历。尊仲尼以兼三圣，俾程、朱不得不俛首之者。等于《易林》六十四卦，从而重之。卦占一辞，取《易》所固有，而笺释以通之，使焦、京无所擅繇象。①

仅言《外仪》《内仪》，未提《内仪以》，则《四库总目》之说不尽可信。同时，据之可知《儿易》的写作，起于崇祯九年（1636），成于崇祯十三年（1640）。

另外，全祖望《鲒埼亭集》外编卷二七有《跋倪文正公儿易》，称：

> 始宁倪文正公《儿易》，其自序曰："汉儒说经，舌本强嘅，似儿强解事者。宋儒疏剔求通，遂成学究。学究不如儿，儿强解事不如儿不解事也"，可谓奇语。又曰："子云《太玄》，童乌共之。"童乌，子云九岁儿也，公之命名以此。公于学无所不通，但亦多好奇之过，一切文字皆然，而《儿易》其尤甚。公言"儿强解事不如儿不解事"，予亦尚嫌公之强解事也。②

全祖望之跋，可补《经义考》之阙。《儿易》载《四库全书》，《内仪以》自序、《外仪》自序写于崇祯辛巳（1641），《经义考》失载。

---

① （明）倪会鼎撰，王云五主编：《明倪文正公（元璐）年谱》，台湾商务印书馆1978年版，第108—109页。

② （清）全祖望撰，朱铸禹汇校集注：《全祖望集汇校集注·鲒埼亭集》外编卷二十七，上海古籍出版社2000年版，第1269页。

此外，王重民《中国善本书提要》著录《儿易》（《内仪以》六卷《外仪》十三卷），知《内仪以》除自序外，尚有王鲲序①，而《外仪》卷数与《经义考》所载亦不同。

龙文光《乾乾篇》②

案：《经义考》著录龙文光《乾乾篇》，录其自序。另引缪泳之言，介绍其生平，较为简略。龙文光传见《明史》卷二六三，所载亦不详。

其传又见《乾隆柳州县志》卷七、《民国雒容县志》卷下。乾隆《志》称"字焕斗，马平人，寄雒容籍"，民国《志》称"字中黄，号西野，谥忠毅，柳州人"，二书所载表字略有不同。二《志》记载其"死寇乱"的经过甚为详备。特别是《民国雒容县志》所载郑守聪《书龙忠毅公传》，知其死于甲申年（1644）八月初十。③

此外，李都安、郭丽娟《龙文光宦蜀行迹考》一文④，爬梳剔抉，对诸书不同之记载加以辨证，清晰地梳理了龙文光宦蜀行迹，可为佐证。

文安之《易佣》⑤

案：《经义考》著录文安之《易佣》，并引黄百家之言，介绍其生平。

---

① 王重民：《中国善本书提要》，上海古籍出版社1983年版，第6页。

② （清）朱彝尊撰，林庆彰、蒋秋华、杨晋龙等主编：《经义考新校》第4册，上海古籍出版社2010年版，第1171页。

③ 藏进巧修，唐本心纂：《民国雒容县志》，《中国方志丛书》第129号，（台湾）成文出版社1967年版，第90—91页。

④ 李都安、郭丽娟：《龙文光宦蜀行迹考》，《广西地方志》2013年第5期，第54—58页。

⑤ （清）朱彝尊撰，林庆彰、蒋秋华、杨晋龙等主编：《经义考新校》第4册，上海古籍出版社2010年版，第1171页。

检《同治宜昌府志》卷十三《士女传上》有其传，称：

> 文安之，字汝止，号铁菴。天启辛酉壬戌，联举乡会试第二，改庶吉士，进检讨。器质宏远，馆阁中咸以公辅期之。崇祯末，进南大司成，为薛国观所构，罢归。福王立，召拜詹事；唐王授礼部尚书，皆不赴。明王以瞿式耜荐，虚相位以待，安之知事不可为，见国危地蹙，乃强起为首辅，日以忠义激励诸镇，锐意兴复，间关戎马间，不失臣节。及谭宏降于我朝，王遁入缅，遂赍志以卒。①

《易佣》十四卷，附《诸儒传略》一卷《诸儒著述》一卷，今存上海图书馆藏明崇祯刻本，收入《四库全书存目丛书》经部第二十二册，卷首有崇祯己卯（1639）周凤翔序，可补《经义考》之阙。

林胤昌《周易耨义》②

案：《经义考》著录林胤昌《周易耨义》，引高兆之说，介绍其生平。检《乾隆泉州府志》卷四四《人物列传》有其传，称"（丁酉）冬十月卒于家，年六十三"③，丁酉乃顺治十四年（1657），可推知其生于万历二十三年（1595）。卷七四《艺文》录其著述，有：《春秋总论》《春秋易义》十二卷、《易史象解》一卷、《易史广占》一卷、《三礼约》《续尚书》《续三百篇》《续小学》二卷、《论语耨义》《经史耨义》二十二卷、《悌经》一卷、《问问录》一卷、《在兹堂会语》一卷、

---

① （清）聂光銮修，（清）王柏心、雷春沼纂：《同治宜昌府志》卷十三，《中国地方志集成》湖北府县志辑，第49册，江苏古籍出版社2001年版，第471页。

② （清）朱彝尊撰，林庆彰、蒋秋华、杨晋龙等主编：《经义考新校》第4册，上海古籍出版社2010年版，第1172页。

③ （清）怀荫布总裁，（清）黄任、郭赓武纂修：《乾隆泉州府志》卷四十四，清同治九年（1870）刻本。

《三先生语录》一卷、《笋堤集》四卷、《雁山集》《泉山小志》各一卷、《铨曹奏议》《且气箴》《且气语录内外编》《百梦草》《茧草》《戊巳自镜录》。①

因《乾隆泉州府志》传文篇幅颇大，兹迻录《道光晋江县志》卷三八《人物志·名宦之二》之传，称：

> 林孕昌，字为磐，号素庵。万历壬戌进士，授南京户部、广东司主事，调南兵部职方司，给假归省，思为终养计，丁父艰，服阕。崇祯元年，入补北吏部稽勋主事，调验封掌司印。时崔、魏败后，各官惨死者子孙陈乞凡应予赠荫，及理学节义之臣，无不立为题覆题请。旋调考功文选，升文选司员外郎，酌定规条，关防严密，自此大选急选皆协群望。擢稽勋司郎中，旋乞归。开讲坛于笋江在兹堂，与布衣黄文炤倡明旦气之学，从游日众，郡缙绅与兵备使太守邑令俱集听讲。丁丑，又与蒋德璟重建西洞天偕乐亭于清原，为文以记。是年，起补吏部验封司郎中。己卯，擢文选郎中。铨地情弊丛集，极力振剔，以此忤杨嗣昌，削籍为民。抵家，复与黄文炤申明旦气，重修清源西洞天。甲申，京师陷，福王监国南京，擢通政使司，辞焉。唐王入闽，推兵部右侍郎，已复推大常寺正卿，坚辞不出。卒年六十三，绅士公举特祠于晋江学所。著有《茧草》《经史樛义》等书。子逢泰、逢济。②

同书卷七十《典籍志》录林孕昌著述与《乾隆泉州府志》，但与其

---

① （清）怀荫布总裁，（清）黄任、郭赓武纂修：《乾隆泉州府志》卷七十四，清同治九年（1870）刻本。
② （清）吴之铤修，周学曾、尤逊恭纂：《道光晋江县志》，福建人民出版社1990年版，第1141页。

他典籍所载稍有出入。①

其中，《春秋易义》，见载《经义考》卷二○七。《素庵先生栖录堂经史耨义》二十二卷，《四库全书总目提要》卷九十六《儒家类存目二》著录，载《四库全书存目丛书》子部第十七册。其他经部著述，可补《经义考》之阙。

另外，《道光晋江县志》卷五十六《人物志》有郑宇明传，称其"字寅台，立身为学，不乐仕进。著有《义易说》等十余种行世。前辈叶文忠及林素庵皆重之，殁年八十四"②。《义易说》，《经义考》失载。

张镜心《易经增注》③

案：《经义考》著录张镜心《易经增注》，并引高佑釲之说，介绍其生平。《四库全书总目》卷八"易类存目二"著录此书，称：

> 镜心字用晦，磁州人。天启壬戌进士。官至兵部尚书。是编用注疏之本，随文阐发，多释义理。无吊诡之词，亦无深微之论，说

---

① 案：其著述，《乾隆福建通志》卷六八载有"《易史》《象解》《广占》《续小学》《春秋总论》《泉山小志》《旦气箴》《百梦草》《经史耨义》《笋堤集》"。李清馥《闽中理学渊源考》卷七六有《铨部林素菴先生孕昌学派》一篇，传中云："所著有《易史象解》《广占》《续小学》《春秋易义》《泉山小志》《经史耨义》《旦气箴》《语录》《在兹会语》《笋堤集》，未梓者有《论语耨义》《尚书三礼》《三百篇薬前后》《戊巳自镜录》《雁山集》等书。"陈笃彬、苏黎明《泉州古代著述》亦有著录，计有："《周易耨义》《易史象解》《悌经》《春秋易义》《易史广占》《续小学》《经史耨义》《问问录》《在兹堂会语》《三先生语录》《笋堤集》《泉山小志》《春秋总论》《三礼约》《续尚书》《续三百篇》《论语耨义》《铨曹奏议》《雁山集》《旦气箴》《旦气语录内外编》《百梦草》《茧草》《戊巳自镜录》。"《泉州古代著述》所载之"旦气"当为"旦气"之误，"兰草"为"茧草"之误。另外，李秉乾编《福建文献书目》还著录其《大笑集》。

② （清）吴之鏌修，周学曾、尤逊恭纂：《道光晋江县志》卷五十六，上海书店出版社2000年版，第804页。

③ （清）朱彝尊撰，林庆彰、蒋秋华、杨晋龙等主编：《经义考新校》第4册，上海古籍出版社2010年版，第1172页。

《易》家之墨守宋儒者也。①

　　检陈廷敬《午亭文编》卷四七有《清故前兵部尚书张公墓志铭》②，记载生平甚详，称其"字晦臣"③，与《四库总目》所载不同。又载"顺治十二年某月甲子春秋六十七终于家"，可知其生卒年为1589—1655年。而汤斌《前明兵部尚书湛虚张公墓志铭》则称"皇清顺治十有三年四月初三日，前明兵部尚书磁州张公卒于家"④，又称"公生万历十八年正月十九日，距卒年六十有七"⑤，则其生卒年为1590—1656年⑥。陈廷敬、汤斌所载恰好错位一年，孰是孰非，尚待考证。称其"字孝仲，号湛虚，晚号晦臣"⑦，所载表字与《四库总目》、陈廷敬《墓志铭》均不同。关于其著述，仅言"辑《驳交记》二十卷""所著有《孝友堂集》如干卷藏于家"。而汪森《粤西丛载》卷八传中称"有《平蛮纪事》八卷"。而《康熙磁州志》则载"所著有《云隐堂集》《大易解》《阴符经解》行世"⑧。
　　《经义考》著录《易经增注》十二卷，《校记》称"《四库存目》作

---

①　（清）永瑢等撰：《四库全书总目》卷七，中华书局1965年版，第64页。

②　（清）陈廷敬：《午亭文编》卷四十七，《清代诗文集汇编》第153册，上海古籍出版社2010年版，第484—486页。

③　邓之诚：《清诗纪事初编》卷二亦载"张镜心，字晦臣，号湛虚"，上海古籍出版社2012年版，第143页。

④　（明）张镜心：《易经增注》，《四库全书存目丛书》经部第22册，齐鲁书社1997年版，第88页。

⑤　（明）张镜心：《易经增注》，《四库全书存目丛书》经部第22册，齐鲁书社1997年版，第89页。

⑥　汤开建：《明代澳门史论稿》第二十一章《两广总督张镜心〈云隐堂文录〉与崇祯末年的中英、中葡冲突》，黑龙江教育出版社2012年版，第696页。（案：此书关于张镜心之生平，即据汤斌《汤子遗书》本《前明兵部尚书湛虚张公墓志铭》）

⑦　（明）张镜心：《易经增注》，《四库全书存目丛书》经部第22册，齐鲁书社1997年版，第88页。（案：蒋擢修、乐玉声等纂《康熙磁州志》卷十六《人物》有张镜心传，称"字孝仲"，未载其生卒年）

⑧　（明）蒋擢重订，（清）乐玉声等纂：《康熙磁州志》卷十六，清康熙四十二年（1703）刻本。

十卷"。《四库全书存目丛书》经部第二十二册收录《易经增注》十卷附《易考》一卷，乃清张璥等刻本。卷首有康熙乙巳（康熙四年，1665）孙奇峰序、汤斌《前明兵部尚书湛虚张公墓志铭》。《丛书集成初编》本《易经增注》据《畿辅丛书》本排印，亦为十卷。卷首有康熙乙巳（康熙四年，1665）孙奇峰序、康熙丁未（康熙四年，1667）其子张潪《述言》。孙奇峰序、张潪《述言》《经义考》失载。

孙序称"前大司马湛虚先生自甲申后里归，杜门读《易》，著有《易注》十卷"[1]，明言卷数为十卷，《经义考》所言当误。

张潪《述言》则称：

> 先君子生平喜读《易》，自丁丑建牙两粤，比佐枢，居忧，先后七载，未尝少辍。或日阅一卦，或数日一卦，或月余一卦。第从经文领取，凡有所得，随时标记。甲申国变，弃家行遁，播越江海间。故庐几经劫火，旧编轶散。乙酉冬归里，闭关谢客，取诸前贤《易》著，及已所见，参伍折衷，以求其是。手自钞集，凡三四易稿。始于丙戌正月，迄孟冬望后乃成。[2]

据此可知《易经增注》一书乃成于丙戌年，即顺治三年（1646）。

周瑞豹《易解》[3]

案：《经义考》引陆元辅之说，介绍周瑞豹之生平，颇为简略。检

---

[1]（明）张镜心：《易经增注》，《四库全书存目丛书》经部第22册，齐鲁书社1997年版，第86页。

[2]（明）张镜心：《易经增注》，《丛书集成初编》第430册，上海商务印书馆1935年版，第3页。

[3]（清）朱彝尊撰，林庆彰、蒋秋华、杨晋龙等主编：《经义考新校》第4册，上海古籍出版社2010年版，第1173页。

陶汝鼐《续宦迹类纪诸小传》"徇卓类"有周瑞豹传，称：

> 周瑞豹，石虬，吉水人。以进士称《羲经》名家，固落落有崖岸，而思以南皋先生之学设施，故其为政严明肃穆，不畏疆御。豪者黠者，往往拔薤矣。若子弟俊彦之尤，非不推奖意气，而淄、渑苂兰断断也。凡所兴革，以公才望，无不得请于上者，民或阴受其惠而不知。会学宫圮甚，毅然改作，制倍崇丽，未尝损公帑钱。既考最，调江陵，擢兵科给事中。越十年，楚且棘矣。公以尚玺奉使过邑，父老张乐留饮，徘徊山川，不减岘山之涕云。终玺卿以忠节殉国。①

另外，光绪《吉水县志》卷三五《人物志·宦业》有传：

> 周瑞豹字元叔，泥田人。天启进士。知宁乡县时，珰焰方炽。南昌熊明遇、徐良彦、黄龙光皆谪戍过楚，他令无敢谒者，瑞豹独郊行馆馈。崇祯初，调江陵，振刷积弊，一如治宁，擢兵科疏屡上，如责成枢辅，停遣内臣，审释淹滞，省发章奏，酌留援兵，皆军国大计。忌者追劾其令楚时，催科数不足，镌级调用，补光禄监事。时宜兴复相为瑞豹乡举坐主，竟不往谒，改行人司副。甲申之变，痛哭失明，杜门不出，甲午被逮，入章门，死于狱。②

梅英杰编《陶密庵先生年谱》（陶密庵先生即陶汝鼐）于永历十五年辛丑（即顺治十八年，公元 1661 年，年六十一）载，"叙周瑞豹《香雾阁草》。其子少游来请也。瑞豹，不仕清而殁。叙见文集卷二"③。《香雾

---

① （明）陶汝鼐：《荣木堂文集》卷八，《陶汝鼐集》，岳麓书社 2008 年版，第 609 页。
② （清）彭际盛等修，胡宗元纂：《吉水县志》卷三十五，清同治十二年（1873）刻本。
③ 熊治祁编：《湖南人物年谱》第一册，湖南人民出版社 2013 年版，第 198 页。

阁诗集后序》在陶汝鼐撰《荣木堂文集》卷二，称"楚陶子读《香雾阁集》，泣然出涕。曰：某之不见吾师十六年所矣"①，可知陶汝鼐乃其门人。

李奇玉《雪园易义》②

案：《经义考》著录李奇玉《雪园易义》，录曹勋序。并引俞汝言之说，介绍其生平。钱仪吉《衍石斋记事稿》卷六有《李奇玉传》，称：

> 李奇玉，字元美，自号荆阳，秀水人。万历三十一年举人，崇祯元年进士。历南京工部兵部，出为汝宁知府，有寇警，登陴固守。寇去，乞病归。少从高攀龙学《易》，攀龙语以"显仁藏用"之旨，曰"发其蕴者子也"。晚而掩关研求，杂撰错综，理象融洽，成《雪园易义》四卷、《图说》一卷，推衍邵子先天之学。轻安自得，终日陶然，有句云："飞鸟流云皆象意，莫从纸上觅羲皇"，人拟之《击壤集》。庄烈帝殉国，奇玉闻，大恸三日，病，不旬日卒，年七十有二。③

庄烈帝即明崇祯皇帝，殉国时为1644年3月19日。李奇玉卒于此年，逆推72年，可知其生于1573年。《雪园易义》卷首载有钱士升《李荆阳先生传》，文长不录。《雍正浙江通志》卷一七五《人物五》《光绪嘉兴府志》卷五四《嘉善列传》均有传。

另外，吴焯《绣谷亭熏习录·经部易类》著录此书，称：

---

① （明）陶汝鼐：《荣木堂文集》卷二，《陶汝鼐集》，岳麓书社2008年版，第484页。
② （清）朱彝尊撰，林庆彰、蒋秋华、杨晋龙等主编：《经义考新校》第4册，上海古籍出版社2010年版，第1173—1174页。
③ （清）钱仪吉：《衍石斋记事稿》卷六，《续修四库全书》集部第1508册，上海古籍出版社2002年版，第601页。

《浙江通志·儒林传》："李奇玉，字符美，嘉善人。明天启壬戌进士，累迁汝宁守。值中原寇炽，至则劫怵城守，寇随遁去。数月，引疾归。发箧中所笺注，研晰疑义，凡十年而《雪园易义》成。学者称荆扬先生。"是编四卷，终六十四卦，另列首卷，有《增补四易图说》《参订图说》《进退变化图》《对待流行图》《生生竖图》《卦变图》《纳甲图说》。宋赵汝楳有《纳甲图》，以元美说参之，大同小异，而元美之说为明。卷首有曹勋、王宣、赵元社序。书刻于其子公柱，末有跋。①

关于李奇玉中进士的时间，《经义考》和《衍石斋记事稿》所载同，《绣谷亭熏习录》与之有异。对此，胡玉缙《四库未收书目提要续编》在《绣谷亭熏习录》的提要中指出："《雪园易义》下云，'李奇玉天启壬戌进士'，不知其为崇祯戊辰。"②《雪园易义》载《四库全书存目丛书》经部第23册，乃上海图书馆藏顺治刻本，卷首所载曹勋序与《经义考》所录文本有差异，王宣、赵元社两序，《经义考》失载。书末附载李公柱《雪园易义补》三卷。《经义考》卷六八著录李公柱《读易述余》四卷，未载此书，当补入。

朱之俊《周易纂》③

案：《经义考》著录朱之俊《周易纂》，并引徐盛全之说，介绍其生平。检《康熙汾阳县志》卷三有传，称：

① 左茹慧：《吴焯绣〈谷亭熏习录·经部易类〉（点校）》，张涛主编《周易文化研究》第六辑，社会科学文献出版社2014年版，第361页。
② 胡玉缙撰，吴格整理：《续四库提要三种》卷二，上海书店出版社2002年版，第122页。
③ （清）朱彝尊撰，林庆彰、蒋秋华、杨晋龙等主编：《经义考新校》第4册，上海古籍出版社2010年版，第1175页。

朱之俊,字擢秀。少为诸生,慕龙门之学,负笈走金陵,览名山大川,访奇人名德为师友。旋里,联掇巍科,入翰林,两预乡会闱试,得人最盛。告归省亲,其击焰珰逃姜逆事,载国史。闯贼蹂汾,本朝驱除定鼎,公犹坚志不出。会冀南分守马公贻书罗致之,乃应聘。顺治二年,擢内翰林秘书院侍读兼修国史副总裁,以继母侯太夫人年高乞养,归,创攀龙桥,造文昌阁,改建府学,城东立崧峰塔,舍药济人,出粟赈饥诸善事。①

《光绪汾阳县志》卷八《文苑》亦有传,载:

朱之俊,字擢秀,邑人。天启二年进士,入翰林,迁国子监司业。国初为秘书院侍读兼修国史副总裁。著有《五经四书纂注》《吴越游草》《排青楼诗集》《乡环选奇》《峪园草》《砚庐全集》等书。②

另外,邓之诚《清诗纪事初编》卷六亦称其"字擢秀",并称"号沧起"③。三书所载其表字并同,与《经义考》所引徐盛全之说,称其"字沧起"有异。

《周易纂》载《四库全书存目丛书》经部第二十三册,乃中国科学院图书馆藏清顺治砚庐刻本。徐盛全称"自为之序",实则书前有无名氏序④、门人胡世安序、顺治丙申自序。

另外,《四库全书存目丛书》经部一二四载朱之俊《春秋纂》四卷

---

① (清)周超等修,(清)邢秉诚等纂:《康熙汾阳县志》卷三,康熙六十年(1721)刻本。
② (清)方家驹、庆文修,(清)王文员纂:《光绪汾阳县志》卷八,清光绪十年(1884)刻本。
③ 邓之诚:《清诗纪事初编》,上海古籍出版社1965年版,第722页。
④ 案:缺页,序文不全,作者不详。

《提要》一卷《丛说》一卷，《经义考》失载。书前有胡世安序、顺治庚子周士章序、顺治癸巳自序。

董守谕《读易钞》《卦变考略》《易韵补遗》①

案：《经义考》著录董守谕《易》学诸书，当是依据陆元辅之说。黄宗羲有《户部贵州清吏司主事兼经筵日讲官次公董公墓志铭》，董公即董守谕，称"公生于丙申十月初四日，卒于甲辰十二月二十日，年六十有九"，可知其生于丙申，即万历二十四年（1596），卒于甲辰，即康熙三年（1664）。"所著有《读易一钞》《二钞》《卦变考略》《易韵补遗》《春秋简秀集》《公车录》。《公车录》仅存，《董□□集》藏于家。"②全祖望有《董户部守谕传》。《清史稿》列传二百八十七亦有传，称"著有《揽兰集》"。

董守谕易学诸书，《经义考》称"未见"。张寿镛编纂《四明丛书》第三集有董守谕《读易一钞易余》四卷。

另外，湖北省图书馆藏有《读易一钞》十卷《易广》四卷，称：

> 明董守谕编纂
>
> 稿本　佚名批校　十册
>
> 是书成于明崇祯十五年（1642），分《读易一钞》十卷，《易广》四卷。据书前的"自序"云："吾殚心专气，博极而求，深惋郑注九卷不传，间得之李鼎祚《易解》，及汉书文选注者，犹之不见郑注也，失于郑，幸得其似郑者而读焉。"因而是书推广卦气直日，飞伏六日七分之说，以考亭为外道，郑学为内道，略其所短，

---

① （清）朱彝尊撰，林庆彰、蒋秋华、杨晋龙等主编：《经义考新校》第4册，上海古籍出版社2010年版，第1175页。

② （清）黄宗羲著，陈乃乾编：《黄梨洲文集》，中华书局1959年版，第139—140页。

扬其所长，编类成书。"于是钞上下《经》六卷、上下《系》四卷，丛及《易广》四卷，《易余》四卷（注：此书未藏）。从野文逸篆外，冗沓兼收，奇离共掇。"①

《易广》《易余》，均可补《经义考》之阙。

姚世勋《易剩义》②

案：《经义考》著录姚世勋《易剩义》，引《平湖县志》介绍其生平。《明遗民录》卷十有其传，称：

> 姚世勋，字元仲，五保人，天启四年举人。甲申后，潜隐不出，绝意仕进，专心《易》理。晚岁，家益窭，僦居城隍庙庑，讲《易》不倦，著有《易剩讲义》。卒年七十六。③

《嘉庆松江府志》卷五五《古今人物》《光绪平湖县志》卷十七《人物》《光绪金山县志》卷二十《儒林传》所载小传近同，所载姚世勋的著作，均名《易剩讲义》，与《经义考》略异。此外，《光绪松江府续志》卷三七《艺文志》亦著录《易剩讲义》。

① （清）阳海清主编：《中南西南地区省市图书馆馆藏古籍稿本提要》，华中理工大学出版社1998年版，第3页。

② （清）朱彝尊撰，林庆彰、蒋秋华、杨晋龙等主编：《经义考新校》第4册，上海古籍出版社2010年版，第1175页。

③ （清）孙静庵编著，赵一生标点：《明遗民录》，浙江古籍出版社1985年版，第78页。

何楷《古周易订诂》①

案：《经义考》著录何楷《古周易订诂》，并录其自序。另引俞汝言之说，介绍其生平。何楷，《明史》卷二七六有传，称"楷博综群书，寒暑勿辍，尤邃于经学"②。黄宗羲《思旧录》载："何楷，字玄子，闽人。著《五经解诂》。余入其书室，方为《周易解诂》。收罗甚博，百年以来穷经之士，黄石斋、郝楚望及公而三耳。"③《周易解诂》与《古周易订诂》当为同一书。

张溥《七录斋诗文合集》文集近稿卷二《何玄子易诂序》，亦为此书而作，《经义考》失载。

此外，《经义考》卷一一六著录《毛诗世本古义》、卷二三〇著录《考定古文孝经》。据黄宗羲所载，则何楷除《周易》《诗经》外，于《书》《礼》《春秋》均有著述。

《古周易订诂》收入《景印文渊阁四库全书》第36册。黄仲琴《重刊〈古周易订诂〉》称"所著有《四书字考》《考定孝经》《考定古文》《诗经世本》《古周易订诂》，又有《春秋绎》，于昭定哀三公，尚未卒业"④，则何楷关于《春秋》的著述，或即《春秋绎》。

---

① （清）朱彝尊撰，林庆彰、蒋秋华、杨晋龙等主编：《经义考新校》第4册，上海古籍出版社2010年版，第1176—1177页。

② （清）张廷玉等：《明史》卷二百七十六，中华书局1974年版，第7077页。

③ （清）黄宗羲：《思旧录》，吴光主编《黄宗羲全集》第1册，浙江古籍出版社2012年版，第356—357页。

④ 黄仲琴：《嵩园文史论丛》，《黄仲琴全集》第2辑，漳州市图书馆2002年版，第143页。

侯峒曾《易解》①

案：《经义考》著录侯峒曾《易解》，并引陆元辅之说，介绍其生平。张乃清《上海乡绅侯峒曾家族》有其传，称：

> 侯峒曾（1591—1645 年），字豫瞻，号广成，侯震旸长子。谥号忠节。著有《侯忠节公全集》十八卷、《易解》三卷、《侯纳言集》《都下见闻》《江西学政全书》《启秀堂稿》《燕游草》。存世书画作品有《行书七言律诗扇面》（藏辽宁省博物馆）、《绝缨书》（藏上海历史博物馆）等。②

其中，《侯忠节公全集十八卷》包含诗集一卷、文集十四卷、首一卷、附侯忠节公年谱三卷。《侯忠节公年谱》乃侯峒曾幼子侯元瀞所编，载《北京图书馆藏珍本年谱丛刊》第六十册。

成勇《程易发》③

案：《经义考》著录成勇《程易发》，并引高佑釲之说，介绍其生平简略，称其"字宝慈"。《古今图书集成》著录《程易发》，小传和《经义考》同。

而《明史》卷二五八有其传，称"字仁有"④。《咸丰青州府志》卷

---

① （清）朱彝尊撰，林庆彰、蒋秋华、杨晋龙等主编：《经义考新校》第 4 册，上海古籍出版社 2010 年版，第 1177—1178 页。

② 张乃清：《上海乡绅侯峒曾家族》，学林出版社 2015 年版，第 205 页。

③ （清）朱彝尊撰，林庆彰、蒋秋华、杨晋龙等主编：《经义考新校》第 4 册，上海古籍出版社 2010 年版，第 1178 页。

④ （清）张廷玉等：《明史》卷二百五十八，中华书局 1974 年版，第 6681 页。

四五《人物传》亦有传，表字同《明史》，并载其祖名彩，父名可训。而《雍正乐安县志》卷十二《人物》称其"字宝慈，晚字蜗庐居士"，所载表字不同。

其著述，《雍正乐安县志》《咸丰青州府志》所载相同，计有：《李署炯鉴录》《蜗庐楼诗》《留台疏稿》《程易发》《春秋三传释疑》《十三经注略》《消闲录》《西铭解》《昆嵛洞语录》。① 而《经义考》仅著录《程易发》，《春秋三传释疑》《十三经注略》可补其阙。

黎遂球《周易爻物当名》《易史》②

案：《经义考》著录黎遂球《周易爻物当名》，录自序、徐世溥序、章美序。此书收入《丛书集成初编》，另有张溥序、曾文饶序，且《经义考》所录徐、章二序乃系节录，文本不全。

《易史》录自序，另引陆元辅、屈□□之说，介绍其生平。对于屈□□，《经义考新校》有注，称："'屈□□'，《四库荟要》本作'元辅文'，文渊阁《四库》本作'俞汝言'，文津阁《四库本》作'张云章'"，未作定论。实则，此引文出自屈大均《广东新语》。该书卷十一《文语》中，有"易史"一则，《经义考》所引乃前半，其后云：

> 张天如谓："孔子忧时之作，挹损褒讳，莫如《春秋》，深切著明，莫如《易》。后人以《春秋》言治乱，不若以《易》言治乱之尤长，故《易史》不可以不作。"《易史》，美周未有成书，予尝欲踵为之。③

---

① （清）毛永柏修，李图、刘燿椿纂：《咸丰青州府志》第2册，《中国地方志集成》山东府县志辑三十二，凤凰出版社2004年版，第226—227页。

② （清）朱彝尊撰，林庆彰、蒋秋华、杨晋龙等主编：《经义考新校》第4册，上海古籍出版社2010年版，第1178—1179页。

③ （清）屈大均：《广东新语》，欧初、王贵忱主编《屈大均全集》第四册，人民文学出版社1996年版，第296页。

另外，屈大均《翁山诗外》卷十六有《自题易叶轩》七绝五首，第五首云："九卦先生忧患余，年衰一倍惜居诸。思求《易史》莲须阁，表里《春秋》作一书。"并注："九卦先生，予之自号也。黎美周太仆曩撰《易史》未成，予将继之。莲须阁，太仆读书处。"①

《经义考》称《易史》"佚"，据屈大均所载，则《易史》并未成书。《经义考》所载自序，当是先期为之。

除了经学著作外，黎美周尚有文学创作。《太一丛话》卷一载：

> 明德既夷，诗道杂乱，黎美周起于番禺，大有起衰救弊之思。其为诗不轨常律，然纵横排荡，不可一世。徐巨源至谓：万历五十年无诗，滥于王李，佻于袁徐，纤于钟谭，乃今独见美周。读之如春风驰荡，夏云崔嵬，如坐百花，杂听箫韶，剑客翩动，左右推崇之，至于如此。美周字遂球，著有《莲须阁集》。②

可知其人善诗。另外，钱谦益《牧斋有学集》卷四七有《书黎美周诗序后》，《广东新语》卷十二《诗语》有"黎美周诗"一则，袁枚《随园诗话》第八十三则"黎美周"，杭世骏有《题黎美周莲须阁集后二首》，均论及其诗。

郑赓唐《读易搜》③

案：《经义考》著录郑赓唐《读易搜》十二卷，并附其自序。另引

---

① （清）屈大均：《翁山诗外》，欧初、王贵忱主编《屈大均全集》第二册，人民文学出版社1996年版，第1294页。
② （清）宁调元：《太一丛话》，山西古籍出版社1996年版，第1页。
③ （清）朱彝尊撰，林庆彰、蒋秋华、杨晋龙等主编：《经义考新校》第4册，上海古籍出版社2010年版，第1181页。

高佑钯之说，介绍其生平，颇为简略。《读易搜》见载《四库全书总目》卷九"易类存目三"，《总目》对郑赓唐的介绍当是直接引录《经义考》。今收入《四库全书存目丛书》经部第二十七册。

吴焯《绣谷亭熏习录·经部易类》著录此书，称：

> 缙云郑赓唐著。字宝水，号禅复居士，明天启丁卯举人。有自序，又张玉书序。其大指以程朱为宗，间参以他说而已，亦无所发明焉。《经义考》："赓唐，官福建按察使佥事。"《缙云县志·吏科》："特荐不就。"二说未知孰是。①

可补《经义考》未载其表字、别号之阙。自序作于"丁亥秋"，即康熙四十六年（1707）秋，《经义考》不载。

另外，《清人诗文集总目提要》卷四著录郑赓唐《空斋遗集》十二卷，称：

> 赓唐字而名，号宝水，浙江缙云人。天启七年举于乡。此《空斋遗集》十二卷，附《古质疑》一卷、《春秋质疑》一卷、《唐宋节录》一卷，康熙二十一年郑惟飈、郑载飚等刻，中国国家图书馆藏。②

据此可知郑赓唐之别集。《春秋质疑》一卷，《经义考》亦未载。

本文逐条考证了《经义考》卷六三所载《易》类典籍，针对书名、卷数、作者传记、著述、失载之书等方面的问题加以补正，一方面使《经义考》的内容更为完备准确，便于学界在利用《经义考》时能够获

---

① 左茹慧：《吴焯绣〈谷亭熏习录·经部易类〉（点校）》，张涛主编《周易文化研究》第六辑，社会科学文献出版社 2014 年版，第 361 页。

② 柯愈春：《清人诗文集总目提要》，北京古籍出版社 2001 年版，第 61 页。

取一些补充材料；同时，通过相关的考订能够抉发历代易学家的部分信息，也为相关研究开启了方向。比如文中提及多位易学家的经学著作，有些未被《经义考》著录。这些典籍是否留存于世？书中有什么经学见解？成就如何？如果已经亡佚，是否有佚文可辑？等等问题，都有待进一步考察。至于《经义考》其他卷著录的易类典籍，笔者另有系列文章进行辨证。

作者单位：盐城师范学院

《续修四库全书总目提要·经部·易类》三十九则

《中华易学》编委会整理

编者按：本编委会自成立伊始，便高度重视易学古籍文献的整理、出版工作，前期整理、校点的《四库全书总目·经部·易类》文献更是获得了读者的一致好评。鉴于四库易学研究的需要，编委会决定继续选载《续修四库全书总目·经部·易类》文献。此次整理，以中华书局1993年出版的《续修四库全书总目提要》为底本，并改为横排简体字，以方便读者阅读使用。一般不出校记，有明显的讹误、衍脱之处一律径改。（执笔：张沫飞、薛明琪）

《周易属辞》十二卷《通例》五卷
《通说》二卷（吉修堂存本）

清萧光远撰。光远字吉堂，道光举人，贵州省遵义县人。据是书自序云，卦象字为母，爻翼字为子，析及偏旁谐声，见六十四卦三百八十四爻，互相开通故曰《属辞》也。初时《属辞》繁，乃著《通说》以分之，又于《通例》中著解以分之，又于《通例》中著十数类以分之。三编离合弃取，冥思默索，独往独来。又质于学使丁虚园先生，获正音韵之讹。朋友中莫君子偲，点定商量，始终无闲，偏旁谐声补救尤多。至钞录之功，则前后来游数百人，咸与厥事，十易稿，始成今本。夫《易》广矣大矣，象数、义理前人之说备矣，光远锥指管窥，何足言《易》哉！然则光远于汉宋两家之学兼通并备，吉修堂存本亦《属辞》《通例》《通说》之善本也矣。

（高润生）

《周易属辞》十二卷（咸丰癸丑吉修堂刻本）

清萧光远撰。光远字吉堂，遵义人。光远初怪彖爻翼何以一语再见数见十数见，此中必有义例，乃悉屏旧说，专取经文观玩，因将同句、同字、同旁、同音及不同字，分汇钞集，又以全《易》一千三百余字，据《说文》逐一比勘，编成《易例》《易注》若干卷。继从莫友芝言，旧义新解分而两存，成《属辞》十二卷、《通例》五卷、《通说》二卷。盖卦象字为母，爻翼字为子，析及偏旁谐声，见六十四卦三百八十四爻，互相关通，故曰《属辞》也。其据《系辞》所举二十二卦十九爻，准天地数为《大有图》，以纲领全《易》，又于二十二卦中三陈之《履》九卦就《序卦》《杂卦》次序，以通《明夷》之蕴，与《大有》相发明。又于十九爻中以《中孚》七爻七乘之应大衍用数，证大衍章古本所以直接七爻，尤大义卓卓，能阐不尽言不尽意之秘。又如三极三才，读《易》者不过谓具天地人之道耳，光远则溯源于卦位卦字，并以卦名字旁大象谐声证之，皆有经文可据，触类引申，如合一契。唯其逐字求象，及于助语逐卦爻字求数，颇疑简易之道，当不尔然。郑珍、莫友芝尝已惑之，第其书持之有故，言之成理，虽郑、莫亦不可攻破，而反以其精进巧思，因经求义，不袭前人，可与焦里堂分道扬镳，而匹敌无愧。于易家足名一氏，盖亦为其说所动矣。

《改定崔氏易林》四卷（稿本）

清牟庭馔。庭原名廷相，字陌人，号默人，栖霞人。乾隆六十年优贡生，任观县训导，以病去官，卒于道光十五年。著有《雪泥书屋杂志》，已著录。《焦氏易林》，旧题西汉焦赣撰，首有费直序一首，又附京房分卦直日之法，与《易林》占法不类，可疑之处甚多。庭据《后汉书·儒林传》，孔僖拜临晋令，崔骃以《家林》筮之。又检《崔骃传》云："骃祖篆，王莽时，为建新大尹，称疾去。在建武初，客居荥阳，闭门潜思，著《周易林六十四篇》。"因定《易林》为崔篆所撰，崔形误为焦，建信为建新之误，大尹形误为天水。其说虽创，而证据确凿，无可疑易。近儒犹有引京氏分卦直日之法以证《易林》为焦氏书者，今是编有庭辩语云："直日占验，以日为卦爻，以风雨寒温为占，不用卦具者也，若合以《易林》，则有卦具。有卦具，则所得有本卦有之卦。以直日管事卦为本卦，以所得之本卦为之卦，则余不知所得之之卦将置之何处也。是《易林》中添不得直日法也。"此说尤为精微。至书中校改之字，多据他卦参合互证，以定刊本之讹改，其识为卓绝也。

（孙海波）

《生斋读易日识》六卷（道光刊本）

清方坰著。坰字子春，平湖人。嘉庆举人，官武义训导。平生研求理学，以程朱为依归，以乡先辈陆稼书、张杨园为法则。其为学大概，略见于《生斋文集》中。兹《读易日识》，至《无妄》而止，盖未及卒业而殁。其说《易》皆以《易》辞证反身克己之功，而不在于解《易》。故其所举《易》说，多以程朱为宗，汉魏旧诂，从未一引，然为义所缚，讲章习气太深，中八比之毒，剖析之功太细，纵战兢惕厉之言,自宽自欺之戒,每卦皆有,然千篇一律,则陈腐不鲜矣。故书内一涉经义,则十九皆误。如说《需》初九"利用恒"云,恒于其所,即是不失其常。要其所以能恒者,只在乎有孚,故《象》言有孚。爻言用恒,夫初九之用恒,以二三皆阳为害,故不能应四。《象》言有孚,谓五孚于上下阴,于初之用恒何涉,乃曰用恒在于有孚,殊为误解。又如说《比》"原筮"云,受人比而必自筮,然一筮不足,又必再筮,其再筮也,有元善之德,而又必长永,元且永矣,而又必正固。不问人之来比与否,而于己之当比不当比,审之,何其内省之严密也。按原者坤象,筮者坎象,原筮略如野筮,然二象皆失传。自汉以来,训原为再为先,兹从旧诂,原不足怪。独其所陈之义,皆经义所本无,为当时习制义者,咬文嚼字之论说,虽程朱亦所恒言,然以说经,则浮泛无当。又如以图之于将然,防之于未然说《蛊》之"先甲三日,后甲三日",于天行义不合。说《无妄》初九"往吉"云,诚能动物,其理丝毫不爽,似未知往吉之义何在,不足贵也。

(尚秉和)

《生斋读易日识》六卷(当湖方氏藏本)

清方垌撰。案垌字子春,生斋其读书斋名也。平湖县人。"平"与"当"一义。在汉为海盐,后陷为湖。始析置平湖,言与湖平也。属浙江嘉兴县,民国初属钱塘道,后废道,直属浙江省政府。此书成于道光丙甲秋七月朔,携李沈维鐈刊行。据此书首《乾》终《无妄》,按沈维鐈序云,此书未终,而子春遽殁。然则当湖方氏藏本,其子春未成之缺本也欤!

(高润生)

《易例》一卷（自刻本）

清端木国瑚撰。国瑚字子彝，又字井伯，号鹤田，青田人。道光癸巳进士，官内阁中书。其祖父桧传易学，国瑚演其学说，撰《周易指》三十八卷，又撮举大纲为《易例》一卷，以发明之。曰《易》中凡言先后皆以先天后天为义，曰六十四卦刚柔六爻皆《坤》用六，曰天、地、人三才之道齐之以《巽》，曰知《坤》直方而后知《乾》对时，曰错卦、杂卦、变卦、之卦、反卦，曰命卦为周公每卦系词之所命，曰声应卦为孔子每卦系词之以声相应，曰系词所系不端在本爻，而从其类卦之爻，又从其类聚之方，曰六十四卦皆是往来八卦为一爻，当为一卦而往来，曰乾干坤支，曰卦以象告，爻象以情言，曰当位不当位，曰凡《易》中用此字，即以此卦为义。其根据前言，如错卦、杂卦、变卦、之卦、反卦，当位不当位等义，皆不谬。惟云命卦出于周公，声应卦出于孔子，则国瑚臆造，无义例之可言。至谓凡言先后皆指先后天之八卦，按先后天八卦图，最为晚出，周孔何从据之，三才之道齐以巽木，假"才"为材用之"材"，望文生义，尤不足论矣。

（柯劭忞）

《周易指》三十八卷（自刻本）

清端木国瑚撰。国瑚易学以象数为宗，其意欲包罗汉宋焦京陈邵之学，融合为一，而博引繁征，支离蔓衍，几于不可究诘。其乡人黄式三谓国瑚自欺欺人，虽不免诋之过甚，然国瑚谓《易》之指尽于十翼，十翼之作，一言以蔽之，曰圣人之情见乎辞。故国瑚说《易》法，皆从情见乎辞一言而出，则大言无实，固欺人之论也。其释经，每卦之前列命卦，卦系声应卦，其法具于所著《易例》中。今就《乾》卦言之，其爻有卦名者，即其爻而命之。九三"君子终日乾乾"，命九三一爻，《谦》为命卦，《谦》通于《履》，为《谦》系《履》，义尚明了。《乾》之声应卦为《坤》，为《剥》，为《泰》。以《乾》阳数五在《坤》阴五，应以《剥》，《剥》上九，《乾》阳无《坤》阴，遗音不宜上宜下。（其说卦气起《中孚》，《中孚》通《小过》，故取飞鸟遗音不宜上宜下之义。）应以《泰》，故《坤》《剥》《泰》为《乾》声应卦。其词左支右诎，无一定之例也。国瑚以词章受知于阮文达，晚岁成进士，又出文达之门，而无一语及国瑚易学，则其学为达所不取可知矣。

（柯劭忞）

《周易图》五卷（自刻本）

清端木国瑚撰。是书凡一百余图，后附图说，奇形异状，欲眩人之耳目，其实浅陋已甚，不值一噱。如开卷"易有太极"十图，其第二图为圆图，中添一直画。第三图为圆图，中添一曲画。第四图为圆图，中添一平直画。第五图为圆图，中添一平曲画。余图大率类此，皆节外生枝，绝无义理。其第五卷为《尚书》易图、《周官》易图、《诗》易图、《春秋》易图、《孝经》易图。其尤堪骇异者，《春秋》图中之"子同生""鸲鹆来巢""盗窃宝玉大弓"三图，支离诡诞，匪夷所思。易学中之有图，自刘牧以后，本多可议者，然未有如国瑚之甚者矣。

（柯劭忞）

《易断辞》一卷（自刻本）

清端木国瑚撰。国瑚既作《周易述》，复援《正义》断辞之说，为《易断辞》一卷。首论三《易》本原，次论卦象之辞凡八事，次论《乾》之天体、《坤》之地势，次论六爻即六书，次论乾坤六爻端已亥而用其中，南北坎离中子午正，最后驳虞氏《坤》渐而成《遯》弑父，渐而成《否》弑君之义。卷末附上下经、往来卦、八卦世位、十二卦候、虞氏易象，以备学《易》者之考验。按以六爻为六书，其说已穿凿附会，至谓东南偏辰巳，有阳无阴为道教，西北偏戌亥，有阴无阳为佛教，知鬼神之情状为三彭，恒象不见为《春秋·庄七年》恒星不见，乃佛感生，支离诡诞之辞，尤不足与辩矣。

（柯劭忞）

《易经图旨》一卷（原刊本）

清朱文炌撰。文炌字惧甫，浏阳人。文炌笃志宋儒之学，所著《大易粹言》，由易象以窥道体，颇为精核，惜其书无传。是书取世所传朱子《本义》卷首各图，为之衍说而刊行之，湘乡曾国藩序颇不以为然。案宝应王懋竑晚年校定朱文公年谱，于《文集》《语类》考订尤详，谓《易本义》前九图、《筮仪》，皆后人依托，非文公所作。其略曰，朱子于《易》有《本义》，有《启蒙》，与门人讲论甚详。而此九图，曾无一语及之。九图之不合于《本义》《启蒙》者多矣，门人何以绝不致疑也。《本义》之叙画卦云，自下而上，再倍而三，以成八卦。八卦之上，各加八卦，以成六十四卦。初不敢参以邵子之说，至《启蒙》则一本邵子，而邵子所传，止有先天图。其伏羲八卦图、文王八卦图，则以经世演《易》图推而得之。同州王氏，汉上朱氏易，皆有此二图。而《启蒙》因之，至朱子所自作横图六，则注《大传》及邵子语于下，而不敢题云伏羲六十四卦图，其慎重如此。今乃直云伏羲八卦次序图、伏羲八卦方位图、伏羲六十四卦次序图、伏羲六十四卦方位图，是孰受而孰传之耶？又云伏羲四图，其说皆出邵氏。按邵氏止有先天一图，其八卦图后来所推，六横图朱子所作，而以为皆出邵氏，是诬邵氏也。又云邵氏得之李之才，李得之穆修，穆得之希夷先生，此明道叙康节学问源流如此。汉上朱氏以先天图属之，已无所据，今乃移之四图，若希夷已有此四图者，是并诬希夷矣。文王八卦，《说卦》明言之，《本义》以为未详，《启蒙》别为之说，而不以入于《本义》。至于"乾，天也，故称乎父"一节，《本义》以为揲蓍以求爻，《启蒙》以为乾求于坤，坤求于乾，与"乾为首"两节，皆文王观于已成之卦，而推其未明之象，与《本义》不同。今乃以为文王八卦次序图，又孰受而孰传之耶？变卦图，《启蒙》详之，盖一卦可变为六十四卦，《象传》变卦偶举十九卦以为说尔。今图卦变，皆自十二辟卦而来，以《本义》考之，惟《讼》《晋》二卦为合，余十七卦皆不合，其非朱子之书明矣。指辨精确，何文炜直以图为真出朱子，亦不考之甚也。惟咸淳乙丑九江吴革所刊《本义》，前亦载有各图。直斋陈氏所见《本义》，首亦列有九图，末著揲法，于是学者遂以九图揲法，为《本义》原本所有，而不知其为后人依托，盖自宋已然，不能以此苛责文炜。何况其衍说，亦颇有可取者，虽与德清胡谓《易图明辨》之论不合，要亦各明一义耳。虽有丝麻，无弃菅蒯，固不妨存备说《易》家之旁采焉。

（叶启勋）

《诸家易象别录》一卷（南菁书院丛书本）

清方申撰。申字端斋，仪征人。本姓申氏，舅氏方取以为子，遂从舅氏姓，以申为名。著《易学五书》，此为五书之一。其撰集诸家易象，以《易纬》及郑君《易纬注》为大宗，《易注》则取之李鼎祚《集解》。若他书所引，往往遗之。即如《毛诗·采薇》，《正义》引郑注"坤上六为蛇得乾气杂似龙"，《后汉书·崔骃传》注引郑注"艮为手"，皆为申所漏，是其一证也。至于非逸象而强名为象，如坤六月坤立秋，震二月震春分，皆卦气，非象也。甲子乾戌亥乾乙癸坤，皆爻辰，非象也。乾数九，坤数六，皆易数，非象也。青齐震徐鲁震扬吴离荆楚离，皆分野，非象也。凡此之类，不遑枚举，亟应刊削者矣。

（柯劭忞）

《虞氏易象汇编》一卷（南菁书院本）

清方申撰。此为申《易学五书》之二。申自序述虞氏易象者，以惠氏栋、张氏惠言为最详。惠所述凡三百三十则，张所述凡四百五十则。顾其所引者止于乾为王之类，而乾天崇也，乾称二帝等类则绝不一引，即逸象之有为字者，仍属略而未备。且有也字误作为字者，有称字误作为字者，有谓字误作为字者，有本无也为称谓等字而误衍者，有一字之象误作二字者，有他卦之象误作此卦者，有他注之象误作此注者，有经文本有而误为逸象者，有注家未引而误列于逸象者，申于有疑者则置之，有误者则正之，有脱者则补之，字之通用者则仍存之，义之各殊者则并列之，重见者则叠引之，错出者则分纪之，共得逸象一千二百八十七则。其爬罗剔抉，辨析异同，较前人实为精细。惟错出之文分见各门，未免重复无谓。如乾为德，又引作乾德，又引作乾称德。乾大人也，又引作乾为大人，又引作大人为乾。乾为君子，又引作乾称君子，又引作乾君子也，又引作君子谓乾。乾大也，又引作乾为大，又引作大谓乾。乾神也，又引作乾为神，又引作神谓乾。本是一事，而叠床架屋，分为数则，实有乖于义例。然则申自谓得逸象一千二百八十七，斠其重复，宜汰十之三四矣。

（柯劭忞）

《周易卦象集证》一卷（南菁书院本）

清方申撰。此为申《易学五书》之三。其自序谓，两汉以前，注《易》者无不引《说卦传》以证经文，至王弼倡得意忘象之说，而韩康伯效之，遂于《说卦传》之言象者，全不注释，几于恶其害己而去其籍矣。自唐以后，引《说卦传》以解《易》者，罕有其人。岂非蹈虚易而征实难，故弃卦象如弁髦欤！今博考古注与诸纬及《春秋》内外传注所引者，条理其次第，各系于本文之下，共得象二百有四。用以见《说卦》之象，求之于经，莫不相符，忘象者断不能得意也。按申之论，切中舍卦象讲义理之流弊，虽其书为襞积之学，亦有裨考证也。至谓九家注引乾为言，列于此书，虞氏注引乾为言者，仍列于虞氏逸象。以九家本有此句，虞本无此句，虞谓震为龙，当作駹，艮为狗，当作拘，兑为羊，当作羔，今亦附列于此。尤见义例矜慎，不同臆为去取者。

（柯劭忞）

《周易互体详述》一卷（南菁书院本）

清方申撰。此为申《易学五书》之四。申谓互体之别有九，曰二三四互卦之法，三四五互卦之法，中四画互卦之法，下四画互卦之法，上四画互卦之法，下五画互卦之法，上五画互卦之法，两画互卦之法，一画互卦之法。四画五画能互诸卦，三画又为四画五画之本，为正例，二画仅互八卦，而一画又分二卦之余为附例。按贾公彦《仪礼疏》，孔冲远《左传正义》，俱云凡卦爻三至四，二至五，两体交互，各成一卦，先儒谓之互体。以交互释互体，最为明了。二画已不得谓之互，况一画乎。申谓一画分二画之余，岂有当于交互之义。申自序确守先哲之旧章，不用后儒之新说，其实自逞胸臆，汉宋诸家俱无此等学说也。

（柯劭忞）

《周易卦变举要》一卷（南菁书院丛书本）

清方申撰。此为申《易学五书》之五。申据经传之文，及汉儒旧注，以求卦变之义例，为旁通，为反复，为上下易，为变化，为往来，为升降。又以变化附于旁通，往来附于反复，升降附于上下易。变化门则兼及某宫弟几卦，往来门则兼及阴阳消息，升降门则兼及当位不当位。务使端绪分明，阅者易瞭。虽无精深之义，亦可为学《易》之初阶。惟申所谓变化者，即《易》之爻变，《系辞》"爻者言乎变者也"，不若改称爻变，较为确当矣。

（柯劭态）

《李氏易解剩义》三卷（读书斋丛书本）
（槐庐丛书初编本）

清李富孙撰。富孙字既方，又字芗沚，浙江嘉兴人，嘉庆辛酉拔贡。富孙以李鼎祚辑汉以来三十五家之注成《集解》一书，汉学之存于今者，犹得见其一二。然诸家之说，未采入《集解》者尚多，遗文剩义，间见于陆《释文》《易书诗三礼春秋尔疋义疏》，及《史记集解》《后汉书注》、隋唐《书》、李善《文选注》《初学记》《北堂书钞》《太平御览》《唐宋人易说》等书，缀而录之，附于《集解》之后。名其书曰《剩义》，卢文弨序，称为命意高而用力勤，述之功远倍于作。按鼎祚荟萃诸家之说，其取者固为菁英，其不取者亦未必遽为渣滓。富孙博采广甄，实可补资州之未及。然援引诸书，不无疏漏。如《乾》"利见大人"，《史记》索隐引向秀说："圣人在上，谓之大人。"《文言》"上下无常，非为邪也；进退无恒，非离群也。"《正义》引何妥说："所以进退无恒者，时使之然，非苟欲离群也"。言上下者，据信也，进退者，据爻也，同人升其高陵。董真卿《周易会通》引刘瓛说："三居下体之下故谓之陵。"凡此之类，富孙皆遗之。盖采撷既繁，挂漏时所不免。卢文弨誉之曰"几于一字不遗"，则过矣。

（柯劭态）

《易经异文释》六卷（读书斋本）

清李富孙撰。富孙有《李氏易传剩义》，已著录。《易异文》较诸经尤多，师读不同，文以音异，义又以文异，文有今古，有通假，有传写之讹，纷纭杂揉，不易爬梳。富孙博引旁征，以释经之异文，又采惠栋、钱大昕、段玉裁诸家说，为之证佐，使占毕之士，不致囿于一先生之学说，洵为读《易》者不可少之书。然百密一疏，时所不免。如《遯》上九"肥遯"，富孙引《淮南九师训》作"飞遯"。按《后汉书·张衡传》"利飞遁以保名"章怀注：遁，卦名也，上九曰"飞遁无不利"。《经典释文》《遯》卦下，字又作"遂"，又作"遁"。富孙释"飞遗遁，困据于蒺藜"，《韩诗外传》引此爻，而释之以秦穆公、晋文公、越王勾践、齐桓公之疾据，谓"皆困而知疾据贤人者"，是《韩氏易》作"据于疾"，与各本不同。长言为蒺藜，短言为疾，师读不同也。《外传》引此爻，亦当作"据于疾"，浅人妄改为"据于蒺藜"耳。《姤》"系于金柅"，《释文》"柅"，子夏作"鑈"。富孙释《说文》无"鑈"字。按周秦人印玺多作"鈢"，"鈢""鑈"或从"尒"，或从"尔"，一字也。《说文》已收"玺"字，故"鑈""鈢"俱不收。此二事富孙亦遗之。

（柯劭忞）

《周易姚氏学》十六卷（湖北丛书本）

清姚配中撰。配中字仲虞，旌德人。湛深易学，以诸生卒于家。门人刊其遗书行世。自张惠言以后，治虞氏易者一时风靡。配中研究汉易，独谓郑君最优。殚精竭思，至形梦寐，初为《周易参象》十四卷，又为《论十篇》说其通义，后乃点窜原书至什七八，删通义十篇为三，冠于卷首，改名《周易姚氏学》。大旨主发明郑学，郑君所未备者，取荀虞诸家补之，然必与郑义相比附。荀虞诸家所未及者，附加案语，亦本郑君家法，由卦象以求义理，一洗附会穿凿之陋，至郑君间取爻辰征之星宿为后人所驳斥者，配中悉皆删去，一字不登，尤见择善而从，不为门户之标榜，可谓善学郑君者矣。其通义三篇，一为《赞元》，按《乾凿度》曰"易一元以为元纪"，郑君注天地之元，万物所纪，天地之元即乾元，坤元谓之一元者，坤凝乾之元以为元也。配中自序，一者元，元者易之原，即隐括郑君注《乾凿度》之义矣。二为《释数》，按郑君注《乾凿度》曰"一与二并生，八与七并变，六与九并成"，一与二并生者，凝乾之元为坤元。七与八并变者，七变而为九，八变而为六也。九与六并成者，六九成十五也。此生成之数之大义也。三为《定名》，郑君《易赞》及《易论》曰："夏曰《连山》，殷曰《归藏》，周曰《周易》。"周易"者，言易道周普，无所不备也。"姚氏已具引之。其自序曰："元藏于中，周于外，不知周者，不可以言易，郑君所谓易一名而含三义者，易简、变易、不易，实周普之一义而已。"按通论三篇，为全书之纲领，繁称博引，奥衍宏深，实不出郑学范围之外，故补引《易纬》之郑注以证明之。俾读是书者有考焉。

（柯劭忞）

《周易通论月令》二卷（一经庐刊本）

清姚配中撰。配中有《周易姚氏学》已著录，是书大旨略与《姚氏学》同。以元为易之原，帝者，乾元也，出乎震，成言乎艮，而元周八卦，古之王者，发号施令，每月异礼，所以顺阴阳、奉四时、效气物、行王政。其著于《录》《略》，谓之《明堂阴阳》，是故"月令"者，《大易》阴阳之道，施于政事者也。故于著《易》之暇，会通其说，为《月令笺》五卷，复探其微言大义，统而论之，自成条贯，名曰《周易通论月令》，凡二卷。上卷用七、八、九、六之义，以与月令之五神、五虫、五音、五味、五祀、五藏及干支十二律相比附，杂引大小戴《记》《洪范五行传》《淮南王书》《春秋繁露》《律书》《纬候说》《白虎通义》以证之。下卷专以卦象说七十二候，一依李溉所传《孟氏卦气图》为准，既以四正卦主四时，以六十卦主六日七分矣，复取八卦用事各四十五日之说，错综而参用焉。如云立春艮用事，艮互震，震东方卦，坎阴凝，阳风以散之，故东风解冻，卦气成小过。艮互震、坎，坎为隐伏。震，动也，故蛰虫始振，卦气成蒙。艮互坎，阳由坎中之上成艮，故鱼上冰，卦气成益。艮为狗，为黔喙之属，獭象之，土兽也，而居于水，土制水，故獭祭鱼，卦气成渐。《艮》"时止则止，时行则行"候雁象之，艮为背，故曰北，故候雁北，卦气由渐而成泰，自此讫卦气成临。水泽复坚，由临而之小过，于是而岁更始矣。案易家以十二辟卦之七十二爻主七十二候，不闻以六十卦主七十二候也，以八卦主八风十二辰，不闻以八卦与六十卦重复杂错而用之也。易家好以卦象解释经传，不闻假借互体取象之法以说七十二候也。姚氏自命巧慧，左右采获，穿穴无所不通，加之博征古义，旁引马、郑、荀、虞，训辞深厚，似若悉有典据。宋翔凤至以豪杰之士称之，其实乃汉学之末流。惠栋、张惠言之遗法，其违于皖南朴学之风远矣。又谓七八九六阴阳老少为四象，则窃自宋儒之先天横图，非治汉易者所宜言，盖犹删剟未尽者邪！

（吴承仕）

《易学阐元》三篇（花雨楼丛书本）

清姚配中著。配中字仲虞，安徽旌德人，诸生。治经长于《易》，尝本郑氏义著《周易姚氏学》，为阮元所称许。晚年乃著《易学阐元》，无卷数，分为《赞元》《释数》《定名》三篇，锤凿幽深，颇多奥语。其《赞元》云："元者一也，元不可见，终亥出子，故虞氏谓复初为乾元，复初阳始来复，天地之心也。"又《汉书·律吕志》云："十一月乾之初九，阳气伏于地下，始著为一，万物萌动，故黄钟为天统。律长九寸，九者所究极中和为万物元也。"云始著为一，云究极中和为万物元，则其所谓元非初九明矣，此则大误。姚氏盖泥于《乾》初九"潜龙勿用"之言，而元则"万物资始"，非不用也，故谓元自元，初九自初九，岂知复初即《乾》之初九，乾元在初，子勿用，息至二则用矣，即推而至于四跃五飞，仍此元也，与初九不异也。《系》所谓"周流六虚"也，奈何欲析而二之乎！又云《乾凿度》云："阳动而进，变七之九，象其气之息也；阴动而退，变八之六，象其气之消也。"郑注云："彖者，爻之不变动者"；"九六，爻之变动者"。而疑七变九，八变六，非阴变阳，阳变阴，是尤谬误。夫《乾凿度》所云"变七之九，变八之六"，皆就揲著言。揲著三变成一爻，两耦一奇则为七，乃三变皆奇，则七变而之九矣。两奇一耦则为八，乃三变皆耦，则八变而之六矣。故郑注云"彖者，爻之不变动者"，不变动谓两奇一耦，两耦一奇之七八也。"九六，爻之变动者"，变动谓三变皆奇皆耦，而为九六也，至爻已成九，则变阴。故《左传》蔡墨曰"乾之姤曰"潜龙勿用"，是乾初爻变阴成巽也。爻已成六则变阳，成季之生，筮得大有之乾，曰同复于父，是大有五爻阴变阳，故成乾也。胡言非乎！姚氏又云："宋衷注《革》九五'虎变'云，九者变爻，若如常解。变而之阴，则五失位。"夫革之对为蒙，蒙皆革之九六所变而成，及其既变，于本卦革何涉乎！是皆因不知用九用六，文王以筮例示人，而求之过深，故有此疑误也。至第二《释数》，云易本于一，一者数之始，十者数之终，十仍一也，故易始于一，终于一。又以"龙战于野"为乾坤接，不释为战争，其识与惠士奇相同。至第三《定名》，谓易道周普，周流于万物，周匝于四时，故曰"周易"。以《周礼》贾疏说为是，以孔颖达释代号为非。其神农黄帝，所以有《连山》《归藏》之名者，乃因其易而名。犹之明农，即称为神农也。一扫宋以来俗解，非深于

《易》理者，莫能道也，其见重于后学宜矣。

（尚秉和）

《周易集解纂疏》十卷附《易筮遗占》一卷
（道光二十二年有获斋刊本）
（光绪间思贤讲舍重刊本）

清李道平撰。道平字远山，湖北安陆人，嘉庆戊寅恩科举人。李鼎祚《周易集解》，前提要已著录。鼎祚取《子夏易传》以下三十五家之说，成《集解》一书。所采惟虞氏易为最多，亦惟虞氏义例邃密，为不易贯澈。自惠栋开通奥突，而张惠言继之，虞氏之学始大显于世。道平自序其书，谓得栋书而向之滞者十释四五，得惠言书而向之滞者十释二三。是道平之《纂疏》，其发挥虞义大抵据惠氏、张氏之书为之。盖不通虞氏易，不能读鼎祚之书，不研究惠氏、张氏之书，亦不能通虞氏易也。道平此书，于虞氏之隐辞奥义，阐发详尽，俾读者可一览而知其门径。他家之说，亦随文诠释。句梳字栉，家法瞭然，实可为后学津逮之资。卷首载诸家说《易》凡例，自卦气至二十四方位，凡十事，详其端委，列图于左，尤得《易》学之纲领。惟虞氏之两象易及六十四卦旁通，钱大昕并演为图，而道平遗之，亦其一疏矣。至凡例云，卷中征引事实之处，未及检出原书，难免舛误，其言殊为夸陋。盖考订之学，非其所尚也。末附《易筮遗占》一卷，谓占筮之辞，必援古法断之。又证以经师之义，实出毛奇龄《春秋占筮书》之上，李塨《周易筮考》，道平未见其书，今塨书有刊本，亦不及道平也。王先谦拟重刻其书，令人覆检，征引原文，重加厘正，然究未重刻，仅载其序于文集而已。

（柯劭忞）

《周易校勘记》十一卷（皇清经解本）

清阮元撰。元字伯元，号芸台，江苏仪征人。乾隆五十四年进士，官至体仁阁大学士，加太傅衔，卒谥文达。元撰《十三经校勘记》二百四十二卷，为读注疏者之圭臬。《周易》则据宋十行注疏本，而以唐石经、宋相台本、山井鼎《七经考文》所引之宋本、足利本、钱遵王所校之宋单疏本、明钱保孙所校之影宋注疏本，以及闽本、监本、汲古阁本，参互而校订之。宋十行本注疏九卷附音义一卷，闽本则附略例一卷、音义一卷，故元为《校勘记》，取闽本之略例，附于十行本并校之，为十一卷。其自序云，属元和生员李锐笔之于书，盖元校之而锐述之也。前提要《周易正义》卷端，又题曰"兼义"，未喻其故。《校勘记》卷一标《周易兼义》上经，《乾传第一》校语云，"兼义"字，乃合刻注疏者所加，取兼并正义之意。盖其始无合一之本。南北宋之间，以疏附于经注者，谓之某经"兼义"。其后则直谓之"注疏"，此变易之渐。按"兼义"，谓合孔《正义》、陆《音义》，合刻之，无他意也，《校勘记》失之。

（柯劭忞）

《易义原则》七卷《易义附编》五卷
（道光丁亥刻本）

清张瓒昭撰。瓒昭字斗峰，湖南平江人。嘉庆辛酉优贡，道光乙未举人，官东安训导。所著曰《经笥质疑》，有《易义原则》《易义附编》《书义原古》等。《易义原则》六卷，并卷首凡七卷。《易义附编》四卷，并卷首凡五卷。瓒昭为人诡僻好异，而自谓不甘为古人所愚，故于群经诸传，罔不妄肆诋毁。如《易义原则》中云："读其书期知其人"，岂说卦象而不述《羲皇本纪》，讥太史公为未之思，遂采皇甫谧《世纪》、司马贞《补本纪》、罗泌《路史》等书，参以卦象，作《羲皇本纪》，冠之于首。而不知"百家言黄帝，其文不雅驯"，太史公且不取，岂反取乎牛首蛇身、神异诸谬说，以传伏羲氏。此正所谓好学深思者，而瓒昭讥之妄矣。瓒昭又以伏羲葬于平江天岳山，世远而人无知，因作《天岳皇坛图》及《图说》次于本纪之后，又以古经传所谓"帝"所谓"上帝"者，皆指伏羲，作《上帝考》《黄陵庙记》。所称黄龙助禹治水，其龙即伏羲氏以龙纪官之真龙，作《黄龙考》，次《图说》后。又以"十翼"中惟《系辞》《说卦》非孔子高弟不能作，其余《彖》《象》《文言》诸篇，语既浅滑，意亦含糊，皆非古《易》所有，乃费直辈所伪托，并谓古今文体，唯时文为尤得卦体，凡八股与八韵试帖，皆取诸八卦。又以《系辞传》所谓"河出图，洛出书"，图者即乾坤六十四卦之卦象，书者即卦爻辞。因于六十四卦卦象上，各冠一图字，象辞上各冠一书字。其所言所为，诞妄不经皆类是。附编卷首，全载《五行图说》，卷一、卷二曰天文类，谓《周易》卦象与星象同，因以卦象附会星象。卷三、卷四曰地理类，谓包牺画卦仰则观象于天，俯则观法于地，故经义在舆图，因以舆图文饰经义。又凡医经方伎杂术之学，罔不援引比附，滥厕于其间。盖其人学无家法，又师心自用，故涉猎愈多，而其书愈见驳杂而无当云。

（尚秉和）

《周易通解》三卷（道光刊本）

清卞斌著。斌字雅堂，归安人。嘉庆进士，由刑部郎中简知府，后为左江兵备道。其《易》解颇简洁，无支辞蔓语，无空泛之淡，又深知圣人观象系辞之意，能以象解《易》，与汉儒合，又直抒己见，不拘囿前人，故瑕瑜互见。其解之误者，如说《坤》六三"或从王事"云，爻等五为王，三五同功，为从王事。按《坤》消至三《否》，上《乾》为王，故从王事，非以三五同功，《文言》说《坤》六四曰，天地变化，便知坤消至四为观，观八月故云变化，消至三与至四同耳，故知为否，此其证也。又说《需·彖》"利涉大川"云，爻等五为大，三为川，三五同功而济，故利涉大川。按《彖传》云，利涉大川，往有功也，谓五往坤中也，坤为大川也，坤水之象虽失传，然往谓五明矣。兹谓三五同功，三何功之有哉。又说《讼》六三"或从王事"云，听于二而顺于四。按"从王事"，谓三承上乾，乾为王，与坤三同也，于二何与！又说《说卦》"巽为工"云，巽精巧为工。按巽无精巧之象，旧无达诂，则当阙疑，不宜穿凿。书内如此者甚多。其说之善者，如读阴疑于阳必战，读疑为凝，不从义理家阴盛阳疑之说.又说《屯》"刚柔始交而难生"云，屯者乾坤之始交，震阳交始，坎阳交中。按乾纯阳，坤纯阴，无所谓交。屯以乾初交坤成震，以乾二交坤成坎，为乾坤二卦后之始见，故曰始交。兹书独不从虞翻，以坎初二易位之说，改正旧解，甚为有功。又说《蒙》六三"见金夫"云，三应上，上九刚坚称金夫。按艮为金为夫，旧说因不知此取应爻象，又不知艮金艮夫象，故歧误百出。兹书独知此取上艮坚刚象，能发前人所未发。书内如此者，亦多有也，阅者弃取之可也。

（尚秉和）

《周易通解释义》一卷（道光刊本）

清卞斌著。斌著《周易通解》，已著录。兹曰释义者，乃总释《周易大义》，使六十四卦，皆无滞义，而不拘于一卦一爻，又其所说，皆创自己意，直抒所见，不蹈袭前人，深得著书之体。如云《小畜·象》曰"不雨"，爻曰"既雨"。《履·象》曰"不咥人"，爻曰"咥人"。两卦爻象之不同如此者，象明一卦之用，爻备六位之占故也。按此义为前人所未知，故既雨咥人之故，无有通其说者，惜所举只二卦。他若《无妄·象》曰："不利有攸往。"爻曰："往吉。"《损·象》曰："利有攸往。"爻曰："往凶。"《夬·象》曰："利有攸往。"爻曰："往不胜。"《易》内如此者，不可胜数。昔之人坐不知此，故所释皆误。卞氏独能明其义，甚为有功。又云《易》象一爻有吉凶兼及者，如《无妄》六二，《渐》九三，《未济》六三，皆先凶后吉。若此者皆两占之，按此义前人亦未及，惟《无妄》六二、《未济》六三，先儒皆谓经文有缺误，难以为凭。独《渐》九三曰："夫征不复，妇孕不育，凶，利御寇。"前凶而后利，盖《艮》为夫，居卦终，故不复。《巽》为妇，《坎》为孕，《坎》陷，故不育，而凶。然九三下有二阴相附，势众，故利御寇。《坎》为寇，《艮》为御也，此与《家人》九三"家人嗃嗃，悔厉吉，妇子嘻嘻，终吝"，皆按一爻上下视而取义，故吉凶不同。惜卞氏未能博引，以申其义。他若释六十四卦、先天八卦、后天八卦及《序卦》《杂卦》等篇，虽各有新义，未能协洽。又谓八卦必重者，谓耳目手足股肱皆两。乃兑为口，则谓口为肱之形讹字，殊嫌穿凿。又信虞氏谬说，谓《大过》"过以相与"，故二应上，五应初，因误解传文，擅改《易》例，殊为大谬。独其释象，能以《坤》为鱼，以《坎》为矢，以《巽》为豕，以《兑》为牛，与《易林》暗合，经义藉以复明者多处，则殊为有益耳。

（尚秉和）

《周易通解》三卷《释义》一卷（雅堂刊本）

清卞斌撰。案斌字叔均，号雅堂，浙江归安县人。嘉庆进士，刑部郎中，官至广西分巡左江兵备道，光禄寺卿。此书据梁章钜序言，成于道光十八年孟夏，并言雅堂所学，无所不通，而尤精于《易》。其所述《周易通解》，大要以经训经，错而综之，引而伸之，旁而通之，务达乎义而止。《系辞》不云乎："易简而天下之理得矣。"诚求之于"易"，则无穿凿附会之讥。诚求之于"简"，则无浮诞支离之弊。以《易》训《易》，而《易》愈明。此固雅堂数十年诣力之所存，而深得此意于汉宋诸儒不传之表者也。盖卞斌自序于道光十九年己亥仲春，如此云云，亦深得汉人以"十翼"解经之微旨也矣。（费氏易，意即如此说。详《汉书·儒林传》，已载《读易杂说》篇内，兹不复赘。）

（高润生）

《易鉴》三十八卷（同治甲子重刊本）

清欧阳厚均撰。厚均字福田，号坦斋，湖南安仁人。嘉庆进士，官至御史，以母老告归，主讲岳麓书院。凡二十有七年，弟子著录者三千余人。著有《易鉴》《望云书屋集》《粤东游草》等书。遭洪杨之乱，遗稿多散亡，唯《易鉴》以先刊独存。其著书大旨，以为《大易》一书，圣人所以垂教于天下万世者，罔不切于人事，上自朝廷君相，下及于闾巷士民，诚能观其象变，玩其辞占。大之可以行政莅官，小之亦足以束身寡过。古今来之治法道法，尽备于此，诚千古之宝鉴也，故名其书曰《易鉴》。厚均又以为《易》之为书，原以致用，圣人作《易》以垂训，将欲使天下万世，无不知所从违，故随人、随时、随事皆可用。泥于象数，而不切于人为，空谈义理，而无关于行习，则《易》几为无用之书，非圣人所以立教牖民之意。故其书既尽屏弃汉魏诸儒所用之象数，亦不专尚王弼、程子所谈之义理，它如陈抟、邵子所传之河洛、先后天诸说，亦不阑入一语。凡六十四卦三百八十爻，皆引据古今史事，以相参证。采取于古人者以此，其自加案语者亦以此。大致盖与杨诚斋《易传》同。夫《易》在《明夷》之象，夫子释之曰："内文明而外柔顺，以蒙大难，文王以之。内难而能正其志，箕子以之。"在《复》之初"不远复，无祗悔，元吉"，夫子释之曰："颜氏之子，其殆庶几乎？"其在爻辞，亦有箕子之贞。"帝乙归妹""高宗用伐鬼方"诸文，释者皆以为系上古史事，则是以史事证明《易》理，亦未尝不得《易》之一义。然《易》之本在乎象，故曰"《易》也者，象也"，其要在以明天地阴阳，故曰"《易》以道阴阳"。是故言《易》者，必本象数以发为义理，必原天道以推人事。言义理而舍象数则为无本，推人事而遗天道则为一偏，是二者皆未得也。况乎厚均专以史事推阐《易》理，则《易》之用几与《春秋》史传相同，圣人又何必于《诗》《书》《礼》《乐》之外，别为一《易》？故朱子尝言圣人以《诗》《书》《礼》《乐》教人，而不及于《易》。看来《易》别是一个道理。厚均盖未达朱子之旨。若诚斋杨氏生当南宋之末，其书本感愤时事而作，故其初自名为《易外传》。杨氏其亦知徒以史证经，非说《易》之正宗矣。是以陈栎驳之于前，吴澄议之于后。今厚均不察，尤而效之，未为通才达识也。

（尚秉和）

《周易辑义初编》四卷（道光八年刊本）

清卢兆鳌著。兆鳌字桐坡，湖南安仁人。嘉庆辛酉进士，官万州、化州知州，署潮州府同知。是书据其自序，谓宜奉《程传》及《本义》为正宗。又谓声音之道，感人最深，故六经皆有韵之文。而《三百篇》外，《周易》尤最为活变、最为精密，故谐其音节，备述旧闻，一以贯之云云。按《程传》《本义》，自明以来，即为功令所必读之书，谓为正宗，原不足怪。惟此书所述义理之空疏浅陋，大有出乎程朱之外者，而其所谐之音节，更多无据。如其释"或跃在渊"云，跃渊，乃内卦互兑泽，有日浴咸池之象，犹云楼观沧海日耳。若粘定龙德说，则九二已见而在田，何得隔邻九三，从新又转到渊耶？按乾卦，爻以气表，繇以龙兴。（本干宝语）潜、见、飞、亢，既指龙言，则所谓跃者，非言龙而何？初为地下，故渊指初。初以四为应，故"或跃在渊"。而卢氏乃谓何从转到渊，殆不明初四相应之理，程朱无是浅陋也。又释用九云，爻无论奇耦，总把一画分出中间左右，阳爻则中间实得一分，故每爻算三分。《乾》三奇，三其三则九，此之谓参天。阴爻则中间虚却一分，故每爻算二分。《坤》三耦，三其两则六。此之谓两地。震坎艮为少阳，则两耦一奇为七。巽、离、兑为少阴，则两奇一耦为八。故七八九六之数，皆倚参两而成。按七八九六之数，纯视揲蓍而定。唐僧一行，论之已详，以"乾爻三分，坤爻二分"为说，是卢氏并揲蓍之法皆不明，程朱亦无是空疏也。至其叶音韵之处，如《乾》初九"潜龙"，九二"见龙"，音"龙"为"林"；九五"飞龙"，则音"龙"为"能"；上九"亢龙"，则音"龙"为"黎"。《需》之"有孚"，音"孚"为"肥"。《讼》之"有孚"，音"孚"为"焚"。《泰》之"其孚"，音"孚"为其该切。凡此本皆一字，而任意叶韵，改作异音。又凡经中之龙字、疑字、年字、虞字、泥字、言字、邻字、能字、宜字、庐字、牛字、雷字、灵字、南字、萬字、嬴字、陵字、挛字等，皆音作黎，凡此本异字，而任意叶韵，改作同音，而不知其有可通者，有绝不可通者。其他任意改叶之字，尚不胜枚举。虽朱子《诗传》，亦无是妄诞。夫有清自乾嘉而后，经学昌明，训诂音韵，阐研尤精，即清初昆山顾亭林，亦有《易音》专书，乃卢氏于汉魏古注及清儒纂述，一无所览，而妄著作，适以自示其不学而已。

（尚秉和）

《周易辑义初编》四卷
（道光八年琼南万安书院刊本）

清卢兆鳌撰。兆鳌字桐坡，湖南省安仁县人。此书据叙言，奉《程传》及《朱子本义》为正宗。若乃声音之道，感人最深。故六经皆有韵之文，而《三百篇》外，《周易》尤最为活变，最为精密。虽五方风土各殊，通转又随时代屡易，然天籁所发，达之古今天下同然。按言之长短，声之高下，密咏恬吟，各随天籁。通之以读《三百篇》之例，安见优而游之，有以自求，餍而饫之，有以自趣，不转与义蕴，相深于不尽乎云云。时道光七年，岁次丁亥，孟春月，然则琼南万安书院刊本，亦卢兆鳌流传声音训诂之善本也矣。

（高润生）

《周易辑义续编》四卷（道光二十五年刊本）

清卢兆鳌著。兆鳌字桐坡，湖南安仁人。嘉庆辛酉进士，官万州、化州知州，署潮州府同知。其说《易》屡称来注，盖以来知德为宗，而不扫象。惟于象学，所见甚浅，故每多迂曲之谈。又浪用卦变，故瑜为瑕掩。如说"君子终日乾乾"云，乾为纯阳，日禀阳精，故乾有日象。内卦至三，乾象已成，故称终日。此发先儒所未发，最为卓识。而说"亢龙有悔"云，本卦上与初变大过，过于刚则亢，夫上九居卦之极，穷极致灾，自然之理，又何必变为大过，以申亢义乎！说"龙战于野"云，"天地之大德曰生"，"生生之谓易"，故"天地不变"，则"万物不通"，是谓坤为生物之本。物何以主？由由于"天地交"，以"战"为"交"，甚当也。乃下又云，自"履霜"以来，阴已不无可疑。至于上六，遂以为阳所疑而穷。穷故战，战故不免于血。夫阴阳"同声相应，同气相求"，何相疑之有？疑、凝古通，阴凝阳正相交也，即生物之本也。乃虞氏前说与后说不同，则亲采旧说，而莫能皂白。又如说"鸣鹤在阴"云，鹤为泽鸟，夜深长鸣，是采虞翻以半夜为阴之说。乃又曰艮为丘陵，峻峰之下，涧谷之间，是之谓阴，则又以艮山之下为阴，而莫衷一是。岂知艮纳丙为山阳，二至四艮覆，则山阴矣。《易林》说《中孚》云"熊罴豺狼，在山阴阳"，正释此也。又之正之说，创于虞翻，命爻之不当位者，变而之正。此卦变、爻变之说所由来，在虞氏因易象失传，不知卦象，故命某爻变以为释。夫一卦可变为六十四卦，如此通融，又何解而不得？况虞氏往往命当位之爻变以遂其说，是之不正矣，原不足法，乃虞氏不知其故，但见历代易家恒言爻变，视为天经地义。云某爻变为某卦，无论变与不变，宜就变爻取义，若有所泥，即不免痴人说梦云云，真所谓以其昏昏，笑人昭昭者已。

（尚秉和）

《周易述补》五卷（自刻本）

清李林松撰。林松字仲熙，号心庵，上海人，嘉庆丙辰进士，官户部员外郎。惠栋《周易述》阙下经十四卷，及《序卦》《杂卦》两传。栋弟子江藩与林松俱撰《周易述补》以续之。按林松书《震》《初》二注，自"坤为啬"至"故七日得也"五十七字，"丰亨"注自"二阴之例"至"此卦之谓也"五十四字，与藩注一字不易。是林松已见藩书，沿袭其文之确证。林松援据博瞻，欲驾藩而上之，然究不及藩能谨守惠氏之家法，惠以荀、虞为主，间采郑君、干宝诸家之说。林松补注，如《归妹》六三"归妹以须"注："女兄为须，须有才智之称。《楚词》女须屈原之姊。"《丰》九三"丰其旆"注："旆，继旐之旗，沛然而垂下。""兑，说也"注，引《本义辩证》："其于王事，出军行师，誓士众，征畔逆，动而合宜。""涣亨"注："涣又训文。"训合《中孚》初九"我有好爵，吾与尔靡"之注："靡读为磨，言相磨砺也。"虽根据古训，然非荀、虞诸家之易说也，以补惠书殆失之泛滥矣。至疏文以发挥注义为主，若注无此义，疏尤不应阑入。如《鼎》初六"得妾以其子"疏引《春秋》说："子以母贵，而妾不得体君。""艮其背"疏引《易说》吕氏曰："耳目口鼻，必有所制，制之者礼也。非礼则勿视、勿听、勿言、勿动。"《归妹》九四"归妹愆期"疏引《易说》："《春秋公羊传》：'夫人不偻不可使入。'"《中孚》初九"虞吉"疏："泽虞一名鷖。"皆去注义远甚。至《中孚》"豚鱼吉"，林松以豚鱼为江豚，袭吴草庐《易纂言》之说，已为前人驳正，无庸置喙矣。其第五卷为读《易述》札记，订讹正误，具有心得，则非标榜汉学者所及也。

（柯劭忞）

《周易经史汇纂》四卷附《易经集说》一卷（道光十九年有怀堂刊本）

清查彬撰。彬字伯垫，大兴人，道光十六年进士。官信阳州知州。是书原刻本题《湘芗漫录》，以彬自号湘芗道人。平日著书，凡《易》《诗》《书》《春秋》、三《礼》《孝经》、四书、诸子，皆有考订，合二十四卷，题曰《湘芗漫录》。《周易经史汇纂》附《易经集说》乃漫录之第一种。先镌版，其子燮勤仍其名为《湘芗漫录》，未免名不副实，今改正，列于存目。费庚吉序此书，谓"以经为经，以史为纬，援据精而简择当"，实属揄扬太过。覆其全书，捃摭史事，全无裨于经义。如《乾》初九之"潜龙"引汉高祖为亭长，明太祖为缁衣，以为乐行忧违。九二之"见龙"谓皋、夔、稷、契、伊、周皆足以当之。九三之"乾乾"谓即舜之无德升闻。九四之"在渊"谓西伯之事纣，汉高之下项羽皆近之。上九之"亢龙"谓即益戒舜之罔淫于乐，禹戒舜之无若丹朱傲，以为唐之睿宗，其或庶几。动则有悔，高贵乡公以之。皆影响比附，肤浅已甚。举此一卦，可以概其全书。

（柯劭忞）

《周易通义》十六卷（道光十六年刻本）

清边廷英撰。廷英字育之，任丘人，嘉庆六年辛酉进士，官至礼部员外郎。是书排除象数，专阐义理，忽略天道，而重人事。故其自序谓："圣人教人之法，惟具于四子之书。《大易》一书，实即四子之书之所自出。故《易》言健顺，四子言仁义，《易》言元亨，四子言诚明，名不同而实同。"又谓汉后儒者注《易》，或主象数，或主义理，然皆与四子之学不能归一。廷英中年以后，始因读陆、王书有得于《孟子》本心、《大学》《中庸》慎独之旨，自是之后读《易》则惟以四子之学求之。逐卦逐爻皆必切体之心，切体之人伦日用，以求其致用之实。十年之久，乃觉《易》与四子之学浑合为一，无纤毫之可疑者，至是乃敢笔之书云云。其著书之大旨毕见于是。原廷英之学，既以陆、王为主，故逐卦逐爻皆谓圣人指言心德，教人以尽心尽性之学。故不独不取汉魏儒者之说，即周、程、张、邵、朱诸家之论，亦在所不取。夫《易》原本象数，发为义理，苟舍象数而谈义理，则《易》与《诗》《书》《礼》《乐》何以异，圣人又何必独为此艰深怪奇之词？《易》之理原本天道，指明人事，必谓其专言人事，则天行地势、先甲后庚之语皆为无稽，圣人又何必为此骈枝赘疣乎？斯皆执于一端而未达乎全体者也。至于《易》之推衍极致，则格致诚正修齐平治之道，殆无所不包，即周、程、张、邵、朱固亦不能谓其毫无冥契，何况乎四子？然必谓《大易》之旨与《四书》之说浑合为一者，又固执之论也。盖廷英持理学门户之见，已失持平，而又拘守陆、王之言，姝姝自悦，徒见其褊狭而已。

（尚秉和）

《周易本义补说》五卷（道光刊本）

清蔡绍江撰。绍江字伯澄，蕲水人，嘉庆二十四年进士，历官刑部郎中。据篇首贾桢序，绍江乃其父之门人，常病朱子《本义》，总括《易》义，不易了解，命绍江补注，以期明晰。故其书首列《本义》之注，其所补之注，则低一格，附于朱注之后，故名《本义补说》。其说之善者，如朱注"贲其须"云："二附三而动。"有贲须之象，而不言须义，兹补之云："毛在口曰髭，在颊曰髯，在颐曰须，三至上互有颐体，二在颐下，故为须。"此虽旧说，而文义顿明。又"剥床以足"，朱注不言足象，兹补之云："剥自下始，故曰床足。"又"舍尔灵龟。"《本义》不言龟象，补云："《说卦》：'离为龟'，《颐》《损》《益》三卦亦云龟者，离外实中虚，《颐》《损》《益》亦外实中虚，故亦象龟。"按《易林》以艮为龟，艮亦外坚。兹虽不知艮象，然取象甚切。朱注得此，解说方明。又如"虎视眈眈"，朱注不言虎象，兹云："艮为虎。"《大过》初爻"藉用白茅"朱注只言"茅物之洁者"，兹云："巽为白，为草木，故为茅。"皆足以补朱注之所未备，书内如此者甚多。其说之误者，如"'白贲无咎'，上得志也"。得志谓上九下乘重阴，阳遇阴则通，故云得志。《本义》无说，兹补云："得志谓得其笃实之志。"则不合传旨。又《复》六二《象》："休复之吉，以下仁也。"下谓初九，阳为仁，言阴近阳故吉。兹补云："初阳为仁人，附而顺之，是降下于仁人故吉。"则于传义有违。又如《离·象》"大人以继明照于四方。"继明者谓上离下离，与习坎同，皆重义。《本义》无注，补云："继明，无时而不明也。"则于象旨，稍有不合。又《离》六五《象》："离，王公也。"言上阳下阳，下阳四为三公，上九云王用出征，以上九为王也。五正丽于王公之间，《本义》不注，甚属不合。兹补云："六五所丽者，王公之正位。"即以六五当王公，则违背象意，书内如此者亦多有也。然此书能补《本义》之阙漏，并能言象，不但为朱子之功臣，亦晚近义理家之少有者也。

（尚秉和）

《读易录》十八卷（同治刊本）

清陈克绪撰。克绪字易菴，文安人。是书主于说理，谓孔子《易传》申明文王、周公之义，文王《彖辞》发明卦爻之义。然卦体存乎阴阳，阴阳存乎《河图》《洛书》，读者究明《河图》《洛书》，则识阴阳之性情。识阴阳之性情，则识八爻之才德。识八卦之才德，则六十四卦之《彖辞》、三百八十四爻之《象辞》及孔子《传辞》无不洞然一贯矣。《河图》《洛书》之精蕴，则在太极。太极是阴阳之本，识得太极，始可与言阴阳。两仪之始，理气并于无朕，无朕之朕，不容终閟而其朕勃发矣。以一发两，以两化四，而阴阳分矣。学《易》要旨，不外观象玩辞，观变玩占，观象乃《易》中紧要关目，切不可忽。观象不的《易》中义理，不能明透也。卦爻皆吉，人世亦皆有吉而无凶，凶乃生于刚柔之失德。天下本皆平坦之境，而愚昧失正自入险危。《大象》乃孔子自取，与文王、周公之义皆无涉，乃示人以体《易》之学也。故六十四卦《大象》皆于身世言之。读《彖》《象辞》，从人事上看天理，盖得之矣。是克绪将排除汉儒象数之说，循乎太极阴阳之理，而直求乎性命之道焉。

（孙海波）

《读易录》十八卷（同治间霸县孝友堂刊本）

清陈克绪撰。克绪字易庵，嘉庆副榜，河北省文安县人。据是书原叙，谓："博览周、邵、程、朱诸先儒讲义，贯澈前四圣作《易》系《易》之深思。理数河洛，阐其奥秘；卦爻象象，究其精微；变化生成，通其妙用；位次名义，抉其本原。或从先儒以折中，或由心得以注疏。其出自己见，乃发泄前贤未尽之精蕴也。"又是书前数卷，阐发图书精蕴，与诸卦位次先后之所以然，具有心得，发前人所未发。后数卷，就原书注释，每卦有分注，有总论，皆与前贤之意合。间参以己见，盖于此道三折肱矣。夫注《易》者不下百余家，皆主数。程子《大传》、朱子《本义》则主理。盖理可赅数，数不能外理也。克绪逝世后，其子钧，早逝世。次子铃，字菊斋，号鲁柏山人，先输金数十，然后达知同人随意赞襄。今果集腋成裘，梓已告竣，因泐数语，以志此两书之传，孝子之心，大可嘉也云云。然则孝友堂存本，亦陈易庵精心结撰之善本也矣。

（高润生）

《困翁易学》八卷（道光四年刊本）

清王文潞撰。文潞字坦夫，安化人。以老于明经，晚更号困翁，即以名其书。大旨以《象》为主，阐发义理，证以人事。原本宋儒，而不取先天之别传，亦不取图书之杂说。其谓数起河洛，圣人则之，亦第则其一、二、三、四、五、六之数，于图书无与也。《象》所言东西南北、七日、八月之类，皆无及先天八卦者。《说卦》所言天地、山泽，皆《大易》参伍错综之理，本无先天名目。既无先天，则后天之名可不立。且文王演《易》，即演伏羲之《易》，非变更其制，以示异也。即如长女、中女，重为《家人》，此羲《易》也，文王即以"利女贞"发明之。孔子遂推及于父子兄弟。先甲、后甲，文王《易》也，周公即以父子发明之，孔子即以"终则有始"释之。凡斯之类，圣人之情，先后一揆，故曰："知者观其象辞，则思过半矣。"至于卦必有主，如《乾》之"元亨利贞"，非九五不足以当也，故《象传》结以"首出庶物"推之。《坤》主六二，非"牝马"不足以言贞。《屯》主初九，非"动"不足以亨屯。与夫《蒙》主九二，《需》主九五，《讼》必有对，皆可于《象辞》消息之。惟卦变一说，在伏羲画卦时，初无此意，而既画之际，其情状亦自然呈露。故损、益两卦，遂以卦变取名，而《象传》之"往来""上下"，即其证也。学者苟即象与传而深思之，而后知朱子"经文之旁，自有注解"，其说不诬也。盖文潞自言其意如此，可以识其宗旨矣。至书中于卦爻之辞，时即君臣立言，证以史事，或不免间有牵合，然亦无悖于圣人立教牖民之旨，固非言心、言天、言幻眚支离之说者所可仿佛，微疵固未能累其大体也。同里陶澍比其书如吴沆之《易璇玑》、李光地之《周易观象》，非阿好之言，诚笃论矣。

（叶启勋）

355

《易卦图说》六卷（道光刊本）

　　清胡嗣超撰。嗣超字鹤生，武进人。是书分六卷，卷一论《序卦》，卷二论河、洛，卷三论先、后天，卷四论太极、重卦、变卦、反对，卷五论消息、纳甲、卦气，卷六为《原易说》《原卦说》《元亨利贞说》《吉凶悔吝说》《卦互论》《象辞举例说》《十翼说》《太极图说》八篇，而以《读易雅言》附焉。卷首自序，署道光戊子，卷末《太极图说》则署道光二十七年，盖成书二十年后所补作也。胡氏治《易》，以为易者，道、象、数合者也。离道以求象数者凿，舍象数以言道者妄。言语名物，其象数也，苟遗弃象数以为吾所云云者道耳，夫道则何但《易》哉！是故上自孟、京、荀、虞之十二辟卦、消息、升降、易纬、卦气，下及陈抟、邵雍、朱熹之《河洛图书》《伏羲圆图》《方图》《文王圆图》《太极两仪四象八卦相生图》等，先列旧图，次节取汉、宋、元、明、清儒说以示所宗，次下己意以明中失。观其粗迹，似欲兼综汉宋，而实以宋学为准，故其言消息、纳甲，所援引者，亦不外邵尧夫、朱子发、项平甫、朱元晦、李隆山、魏华父、胡双湖之伦，于河、洛、先天诸图，则主《启蒙》十为《河图》、九为《洛书》之义。凡阴阳、老少、五行、律吕、历数、元会，一切文致以敷佐其说，此自《钩隐图》《汉上易》以来所津津乐道，而清儒胡渭、焦循等已摧陷而廓清之者。胡氏生当嘉道间，犹哓哓讙咋，缴绕不了，是亦不可以已乎！所可异者，卷末有《太极图说》一首，以太极为天一，两仪为日月，四象为四时，大衍之数其用四十有九为虚一不用，并谓"周子、朱子以一圈为太极，▬▬▬为两仪者，支离穿凿，真不可解，虚无作论，假古授图，自欺欺人，逞其臆说。偶得归安吴隆元《易注》有云：'虚一不用，是为太极，两仪四象，正指揲蓍。'忽有触发，得以辟千百年之谬，而改我相沿之过，何乐如之，何快如之"云云。今案以两仪、四象为揲蓍法，《易传》大衍章有明文，以太极、两仪、四象、为太一、日月、四时者，本虞翻说。以四十有九为虚一不用者，本王弼说。胡氏不揣其本，以为出自吴隆元。（隆元，号易斋，归安人，著《易宫》三十八卷，《易学管窥》五卷，见《四库易类存目三》）疑其治经不自注疏入手，考窍之疏，殆所难免。顾念其服膺宋学，致力已多，书成既二十年，一旦发寤，毅然一反其向来之所崇信，视陈、周、邵、朱若土芥，改过不吝，老而弥厉，咨可谓有勇知方者也。即此一节，亦足以风世矣。

（吴承仕）

《易经音训》不分卷
（道光十年大梁书院刊十一经音训本）

首义例，次上、下经，上、下《系》，《序卦》《说卦》《杂卦》。道光时河南巡抚杨国桢，命开封知府存业、知县袁俊汪杰、李亲贤、王治泰、书院山长刘师陆编辑校勘。国桢，崇阳人，嘉庆进士，抚河南七年，悯寒士得书难，刊十三经读本。又以《论语》《孟子》家有其书，去之，祇刊十一经，以便学者，《易》其一也。此本为读本，白文之下，偶注反切，旁择《本义》之解注于旁，后以安徽曾刊十一经读本，故名曰《音训》。其《易经》源流及其传授，汉各家派别，王弼、陆德明、吕祖谦、程子、朱子所阐明之《周易》大义，为学《易》者所必知，则详尽于卷首《集说》中。惟所集之说，及旁引经注，皆倾向义理，偏于宋易，至圣人观象系辞，《周易》根本之所在，以及消息卦、纳甲诸事，为学《易》者所必知，则《集说》中无一语及之。然则学《易》者，祇即是本求之，可断言其无益也。况所集诸说，如程子言："有理而后有象，有象而后有数，得其义则象数在其中，必欲穷究象数，乃寻流逐末，管辂、郭璞之学。"按《易》辞皆圣人观象而系，今舍象而求其辞，义如何得？又以象数为管辂、郭璞之学，是不惟不知管、郭，并《左传》《国语》及汉人解《易》之书为何物，一概不知。盖《易》说之浮泛无根，至《程传》而极矣，朱子即尝驳其说为颠倒，兹书复录之，以惑后学，则不如锡山秦氏九经白文之无弊也。

（尚秉和）

整理者单位：北京师范大学